北京文物与考古系列丛书

北京市考古研究院田野考古报告（第 67 号）

北京老城考古发掘研究报告集

（第一集）

北京市考古研究院　编著

文物出版社

图书在版编目（CIP）数据

北京老城考古发掘研究报告集. 第一集 / 北京市考
古研究院编著. -- 北京：文物出版社，2024. 12.
ISBN 978-7-5010-8642-9

Ⅰ. K878. 35

中国国家版本馆 CIP 数据核字第 20244LQ407 号

北京老城考古发掘研究报告集（第一集）

编　　著：北京市考古研究院

责任编辑：吴　然
封面设计：特木热
责任印制：张　丽

出版发行：文物出版社
社　　址：北京市东城区东直门内北小街 2 号楼
邮　　编：100007
网　　址：http://www.wenwu.com
邮　　箱：wenwu1957@126.com
经　　销：新华书店
印　　刷：宝蕾元仁浩（天津）印刷有限公司
开　　本：889mm×1194mm　1/16
印　　张：19.5　插页：3
版　　次：2024 年 12 月第 1 版
印　　次：2024 年 12 月第 1 次印刷
书　　号：ISBN 978-7-5010-8642-9
定　　价：420.00 元

目　　录

彩版目录

绪　　论

一　老城范围与保护历程

北京老城指明清时期北京城护城河及其遗址以内的区域（含护城河及其遗址），其中二环路内占地面积约 62.5 平方千米。

1982 年 2 月，国务院批转国家基本建设委员会、国家文物事业管理局、国家城市建设总局联合制定的《关于保护我国历史文化名城的请示》，公布了首批 24 个国家历史文化名城；同年出台的《中华人民共和国文物保护法》，明确将保存文物特别丰富并且具有重大历史价值或者革命纪念意义的城市公布为历史文化名城。北京位列其中。

自 1990 年以来，北京市人民政府先后公布了三批历史文化保护区，共 43 片，其中老城内 33 片、老城外 10 片。随后又陆续编制、发布了《北京旧城历史文化保护区保护和控制范围规划》《北京历史文化名城保护规划》《北京旧城 25 片历史文化保护区保护规划》《北京皇城保护规划》等一系列规划文件。

习近平总书记在 2014 年视察北京时提出："北京是世界著名古都，丰富的历史文化遗产是一张金名片，传承保护好这份宝贵的历史文化遗产是首都的职责。"老城作为北京历史文化名城保护的重点地区，如何擦亮这张历史文化金名片是老城保护在新时代背景下的使命和任务。

2020 年 8 月，党中央、国务院批复通过了《首都功能核心区控制性详细规划（街区层面）（2018 年—2035 年）》。"老城不能再拆""应保尽保"，文件对老城整体保护提出了更高的要求。

北京老城具有无与伦比的历史、文化与社会价值，是中国悠久城市建设历史的伟大实证，是中国传统营城理念和建造手法的集大成者，是中华优秀传统文化的精华所在。北京老城作为世界文化名城瑰宝，是中国向世界呈现的重要遗产。加强老城整体保护有助于扩大中国传统文化的竞争力、影响力与传播力，也是全国文化中心建设的核心内容。

二　北京的自然环境

北宋范镇在《幽州赋》中记载："是邦之地，左环沧海，右拥太行，北枕居庸，南襟河济，形胜甲于天下，诚天府之国也。"傍山面海、腹地辽阔的北京，具有优越的自然区位条件。

北京位于中国华北地区北部，中心地理坐标为北纬 39°56′，东经 116°20′，最高峰海拔2303 米，平原地区一般海拔为 30~50 米。北京地处燕山和太行山脉交会地带，西部的西山属太行山北端余脉，北部的军都山属燕山山脉。西部与山西高原毗连北部与内蒙古高原接壤。东北部与松辽平原相通，东南部与黄淮海平原连成一片。北京东、西、北三面环山，东南为平原，形似海湾，被称作"北京湾"。

北京地层除普遍缺失震旦系、奥陶系上统、志留系、泥盆系、石炭系下统、白垩系上统及古近系古新统外，从太古界的古老变质岩系到第四系均有发育。且各时代地层出露良好，厚度大，沉积类型与沉积岩相比较为复杂，生物化石丰富，沉积矿产发育。

北京地处暖温带半湿润地区，气候受蒙古高压的影响，属大陆性季风气候。北京四季分明，春季多风，夏季多雨，秋季天高气爽，冬季寒冷干燥。春、秋两季短促，年平均气温为10℃~12℃，年平均降水量为 500~700 毫米，降水集中在夏季。北京西北高、东南低，河流大多受地势的影响，流向东南注入渤海。

北京小平原坐落在永定河的冲洪积扇上。永定河径流量大，含沙量多，号称"小黄河"。永定河冲积扇较大，分布范围北至清河，南到大清河。永定河河床曾沿冲积扇向两边摆动，汉代时在北京城以北，循今清河台地向北东流入温榆河；魏晋时向南偏移，明清时曾偏移到河北雄县与霸县之间；清康熙二十五年（1686 年）才取今日河道。永定河在平原上曾发育出多条河道，包括古清河、古高梁河、古坝河、古蓟河、古莲花河、古㶟水、古无定河、古浑河、凉水河等，历史时期分布在北京城周边的泉水、湖泊与永定河冲积扇的结构密切相关。永定河多次改道和泛滥，使京津地区的地貌和地表物质复杂化，沉积物以质地较轻的沙壤和轻壤为主，还有一些沙质沉积物。

北京境内河流分属海河流域的大清河、永定河、温榆河—北运河、潮白河和蓟运河五大水系。历史时期分布在北京平原上的湖泊，其水源补给主要来自大气降水和永定河冲积扇潜水溢出带的泉水。与北京老城相关的河湖水系包括内城的什刹海、太液池、二龙坑、泡子河、太平湖、内城御沟、西沟、东沟，外城的三里河、金鱼池、野凫潭（陶然亭）、万柳堂（龙潭湖），周边的玉渊潭、高梁河、通惠河、清河、凉水河，以及护城河水系。

北京地带性植被类型为暖温带落叶阔叶林，并间有温性针叶林分布。动物区系有属于蒙新区东部草原、长白山地、松辽平原的区系成分，也有属于东洋界季风区、长江南北的区系成分，具有由古北界向东洋界过渡的动物区系特征。土壤形成因素复杂，土壤类型多种多样，地带性土壤为褐土[①]。

三　北京的历史沿革

（一）石器时代

北京有丰富的旧石器时代遗存。自 20 世纪 20 年代开始至今，考古工作者在房山区周口店龙骨山北坡石灰岩洞穴内陆续发现了大量文化遗存，包括猿人化石、古生物化石及用火遗迹。这里的猿人属于直立人阶段，被定名为"北京猿人"或简称为"北京人"。文化属于旧石器时代早期，年代距今 70 万~20 万年[②]。

在龙骨山东南隅洞穴内发现有人类牙齿化石，年代距今约 10 万年，被命名为"新洞人"。在龙骨山的山顶洞内发现有完整的人类头盖骨和其他骨骼化石，年代距今约 1.8 万年，其体质特征已接近现代人，属于晚期智人阶段，被命名为"山顶洞人"。该遗址发现有墓葬，出土骨针及装饰品等。

经过多年调查、发掘及资料积累，文化发展、人类演化的链条被不断完善。迄今发现的旧石器时代各阶段遗址和零星石器出土地点共 48 处，分布在北京 9 个区，大多数集中于山区、半山区，平原地区发现较少。另发现多处古生物化石出土地点。

北京老城处于平原地带，发现的旧石器时代遗址较少，主要有东方广场遗址以及阜成门地铁基槽化石出土点、西单化石出土点、建国门化石出土点等，年代均为旧石器时代晚期。

1996 年 12 月，王府井东方广场的施工现场发现了一处旧石器时代晚期遗址[③]。该遗址位于东单头条、王府井大街和东单北大街之间，面积约 2000 平方米。文化遗物来自上、下两个文化层，出土于距地表 11.42~11.78 米和 12.27~12.64 米的河湖相地层中。遗址年代距今约 2.4 万年。清理的遗迹主要为用火遗迹，内含烧骨、烧石、木炭和灰烬等。根据含有切痕和砍砸痕的动物骨骼、拼合的骨制品及烧骨的分布推测，当时人类一边制作石器，一边屠宰和肢解猎物，然后围着火堆进行烧烤。该遗址的发现，对研究旧石器时代晚期用火的历史具有重要意义。出土遗物标本 2000 余件，主要为石制品、骨制品和伴出的哺乳动物化石。石制品主要类型为刮削器、雕刻器，另有石核、石片、石屑、石锤、石钻等。该遗址石制品组合属于周口店第 1 地点、第 15 地点和许家窑遗址等以石片为主要特征的系统。

---

①　付华主编《北京地理》，北京师范大学出版社，2021 年。
②　宋大川主编《北京考古史》，上海古籍出版社，2012 年。
③　李超荣、郁金城、冯兴无《北京市王府井东方广场旧石器时代遗址发掘简报》，《考古》2000 年第 9 期。

北京地区在不晚于 1 万年前已开始进入新石器时代。新石器时代的地质年代属全新世，古人类逐渐采用磨制的方法制造石器、开始制作陶器、定居生活固定化、产生原始农业并饲养家畜。在这一过程中，人们从山洞中迁徙出来，选择平原地区定居。距今 11000～9000 年间为新石器时代早期，地质年代是全新世的初期。距今约 1 万年时，气候温凉偏干；距今约 9000 年时，气候转为温凉湿润。植被为针阔混交林及温带落叶阔叶林—草原。

在北京地区已发现的新石器时代遗址主要有门头沟东胡林遗址、平谷上宅遗址和昌平雪山遗址。门头沟东胡林遗址时代为新石器时代早期，距今约 1 万年。该遗址地处清水河畔的二级阶地上，出土有人类遗骸及骨饰品等，该遗址古人类被定名为"东胡林人"。平谷上宅遗址时代为新石器时代早期，距今 7000～6500 年。大量出土器物具有鲜明的地方特点，但又与中原以及北方地区的新石器文化有一定联系，显示出北京地区在中原文化与北方文化上的交流现象。出土石磨盘、磨棒，说明原始农业在此处已有发展。昌平雪山遗址包括两个不同时期的新石器时代文化，其下层文化为新石器时代中期，距今约 6000 年；上层文化为新石器时代晚期，距今 5000～4000 年，文化性质为龙山文化河北类型。

传世文献记载有熊氏（黄帝部族）活动在阪泉、涿鹿和釜山一带，黄帝曾以涿鹿为都邑。这些地方大多在今北京西北的河北省境内及邻近地区。荤粥、山戎等部族则活动于今北京北部山区。在北京老城内未发现典型的新石器时代遗址。

（二）燕上都蓟城

商代（前 16～前 11 世纪）主要统治区在黄河中下游一带，今北京地区与商代同时的部族或方国，见于记载者有蓟与晏。

西周（前 11 世纪～前 771 年）是周武王姬发灭商后建立的王朝，其主要统治区在黄河中下游地区。《礼记·乐记》记载："武王克殷反商，未及下车而封黄帝之后于蓟。"[①]《史记·周本纪》记载："武王追思先圣王，乃褒封神农之后于焦，黄帝之后于祝，帝尧之后于蓟，帝舜之后于陈，大禹之后于杞。于是封功臣谋士，而师尚父为首封。封尚父于营丘，曰齐。封弟周公旦于曲阜，曰鲁。封召公奭于燕。"[②]北魏郦道元《水经注·漯水注》记载："昔周武王封尧后于蓟，今城内西北隅有蓟丘，因丘以名邑也，犹鲁之曲阜、齐之营丘矣。武王封召公之故国也。"[③]唐张守节《史记正义》记载："燕、蓟二国俱武王立……蓟微燕盛，乃并蓟居之。"[④]

早在武王灭商之前，就有古蓟城存在。西周初年，武王封尧之后（一说黄帝之后）于蓟，

① 《十三经注疏·礼记正义》，第 3344 页，中华书局，2009 年。
② 《史记》卷四《周本纪》，第 127 页，中华书局，1959 年。
③ 〔北魏〕郦道元原注、陈桥驿注释《水经注》，第 216 页，浙江古籍出版社，2001 年。
④ 《史记》卷四《周本纪》，第 128 页，中华书局，1959 年。

又封召公奭于燕。燕即"妟"，亦作"匽"。后来蓟微燕盛，燕遂灭蓟，并迁都蓟城，国势逐渐发展。今房山区琉璃河以北的刘李店、董家林、黄土坡一带，分布有大面积的西周遗址。遗址中出土的部分青铜器，带有铭文，记载了与匽侯有关的事迹。在董家林发现的古城遗址应为燕国初期的都城遗址。

春秋时期，今北京地区主要为燕国疆域，燕国的都城——上都蓟城就建于北京。20 世纪五六十年代，考古工作者就曾对燕上都蓟城遗址进行过调查与试掘，但春秋时期蓟城遗址的确切位置至今未有定论。北京地区春秋时期燕文化遗存发现较少，目前仅见 3 处遗址，分别为房山区的镇江营、塔照和丁家洼，老城内并无发现。

北京地区发现的战国时期燕文化遗存较春秋时期显著增多，类型也更为丰富。尤其值得注意的是位于宣武区（现属西城区）范围内的古蓟城。早在 1952 年，广安门内依归寺就曾发现陶井，叠砌瓦圈，并出土绳纹陶罐和战国方足布铜钱，推断该古井遗址属于战国时期。1956 年，在会城门村至宣武门豁口一带，发现大量陶井，逾 150 口，除少量分布在白云观以西外，约 130 口陶井集中分布于白云观以东至宣武门豁口一段，说明当时人口分布相当集中。根据出土器物判断，陶井的年代为战国至西汉，其中战国时期 36 口、西汉时期 115 口[①]。1965 年以后，在配合城市上下水道、南护城河拓宽工程中，发现 65 口战国至汉代陶井，分布在陶然亭、姚家井、广安门内北线阁、白云观、宣武门内南顺城街至和平门一线[②]。另在琉璃厂、新华街、象来街、校场口、牛街、白纸坊、西单大木仓等地发现了古陶井。1972 年，在韩家潭图书馆院内发现战国时期文化层，出土燕"明刀"和饕餮纹瓦当。1973 年，在法源寺和白纸坊以北发现两处战国时期墓群。

除此之外，还发现了白云观遗址。白云观以西曾有土丘，附近地表可见战国时期的陶片，故该土丘曾被认为是古蓟丘所在，蓟丘东南之地则被认为是蓟城。在白云观以南 1.5 千米处的椿树馆曾发现饕餮纹瓦当。但在 1974 年对白云观以西的土丘进行的发掘中，虽然发现了古城墙遗址，但城墙之下叠压东汉时期墓葬，因此该城墙时代应为东汉之后，是西晋、北魏之后的蓟城遗迹[③]。

目前，对于燕上都蓟城位置的推测莫衷一是，多数学者认为蓟城应位于发现陶井最密集的宣武门至和平门一带。

（三）汉晋蓟城

西汉（前 206~8 年）实行郡国并行制，在全国设置十三州（部），今北京地区属幽州，

① 苏天钧《北京西郊白云观遗址》，《考古》1963 年第 3 期。
② 北京市文物管理处写作小组《北京地区的古瓦井》，《文物》1972 年第 2 期。
③ 苏天均《就北京田野考古发现的资料对古蓟城一些问题的探讨》，《京华旧事存真（第三辑）》，北京古籍出版社，1997 年。

分隶于五郡（国）：广阳国、涿郡、上谷郡、渔阳郡、右北平郡。广阳国汉初称为燕国，后改为广阳郡，首府为蓟城。《汉书·地理志》记载："燕地，尾、箕分野也。武王定殷，封召公于燕，其后三十六世与六国俱称王……蓟，南通齐、赵，勃、碣之间一都会也。"[1] 蓟城是当时重要的经济中心，也是北方的门户重镇。

秦始皇三十二年（前 215 年）颁布了堕坏诸侯城郭令，战国蓟城的城墙可能在秦代已经遭到破坏。汉高祖六年（前 201 年）"令天下县邑城"[2]，在这次全国性的城市重建中，蓟城可能亦在重建之列，但其选址是否发生变化则不得而知，但有必要将燕上都蓟城与汉代蓟城相区分。在上述的古陶井发掘中，汉代陶井下层出土的陶罐与西汉早期器形类似，也有陶井出土"大泉五十"铜钱，说明陶井的使用年代自西汉沿用至王莽时期。

1965 年，在八宝山以西约 500 米处，发现了西晋华芳墓，墓中出土墓志一方，明确记载了墓主下葬的时间为西晋永嘉元年（307 年），埋葬地点为"燕国蓟城西二十里"[3]。墓中出土骨尺一把，长 24.2 厘米，以此尺长度折算晋里，则晋一里合今 435.6 米，二十里则相当于 8712 米。从华芳墓向东 8712 米处为今会城门村附近，说明西晋时期蓟城的西垣当在今会城门村稍东一带。这与上述白云观以西发现的城墙距华芳墓的方位、距离基本相符，进一步印证了该处发现的残破城址即西晋蓟城。

（四）唐幽州城、辽南京城

隋（581~618 年）统一全国后，废燕郡存幽州，大业初年又改幽州为涿郡，均治蓟城。隋亡唐兴，唐（618~907 年）控制涿郡，自称幽州总管的隋将罗艺归于唐，唐改涿郡为幽州，仍治蓟城（又称幽州城）。唐玄宗天宝元年（742 年），幽州改称范阳郡，仍设治于蓟城。节度使安禄山兼领范阳、平卢（治所在今辽宁朝阳）、河东（治所在今山西太原）三镇，在蓟城北面另筑雄武城，治兵积谷。天宝十四载（755 年），安禄山起兵蓟城，后攻占洛阳；翌年，安禄山自称皇帝，国号大燕，年号圣武。安禄山封王置相，以范阳（幽州）为大都，是北京称"大都"之始。后安禄山的部将史思明夺安氏权，自称大燕皇帝，并以范阳为燕京，北京正式称"燕京"。安史之乱成为唐代由盛而衰的转折点，安史之乱平定后，唐肃宗改范阳郡为幽州，自此，幽州成为唐后期一个重要的割据藩镇。

五代期间，契丹崛起于北方的潢河（今西拉木伦河）流域，太祖耶律阿保机于 916 年建国，国号"契丹"，都临潢；947 年，太宗耶律德光改国号为"大辽"。938 年，后晋高祖石敬瑭割幽云十六州给辽，幽州自此成为辽的属地。辽太祖随后升幽州为南京，称幽都府，成为

① 《汉书》卷二八《地理志》，第 1657 页，中华书局，1962 年。
② 《汉书》卷一《高帝纪》，第 59 页，中华书局，1962 年。
③ 北京市文物工作队《北京西郊西晋王浚妻华芳墓清理简报》，《文物》1965 年第 12 期。

辽的五京之一。960年，宋朝继五代之后定都汴梁，遂形成宋辽南北对峙局面。辽开泰元年
（1012年）改幽都府为析津府，南京亦称燕京。辽南京自938年建立至1122年金攻陷时，共
存在185年。在此期间辽南京城的发展，是幽州城从北方军事重镇向政治中心和文化中心转
化的里程碑。

辽南京城沿用唐幽州旧城，加以增减修建。《辽史·地理志》记载："城方三十六里，崇
三丈，衡广一丈五尺。敌楼、战橹具。八门：东曰安东、迎春，南曰开阳、丹凤，西曰显西、
清晋，北曰通天、拱宸。"① 《太平寰宇记》又载："蓟城南北九里，东西七里。"② 路振《乘轺
录》记载："幽州幅员二十五里。"《许亢宗行程录》云燕山府"城周围二十七里"。辽南京城
遗迹现已基本无存，根据考古调查和墓志等资料可大致确定外城墙和城门的位置③。

唐幽州城的东墙约在今西城区烂缦胡同偏西。1951年，东单御河桥出土唐任紫宸夫妇墓
志，任志载"宅兆于幽州城东北原七里余"，其妻桑氏志云"葬于幽州城东北五里"④。1956
年永定门外安乐林出土唐棣州司马姚子昂墓志，志文称"葬于幽州城东南六里"⑤。按：两墓
一座在幽州城东北、一座在东南，大致在南北一条线上，说明幽州城东墙当在此二墓之西北、
西南6~7里（唐里，唐尺约合今29.5厘米）的连线上。1989年，西城区灵境胡同东口外出
土唐纪宽墓志，志文载"葬于郡城东北三里之原"⑥，证实该墓西南3里即幽州城东北垣，今
灵境胡同西南1.5千米大致为头发胡同附近，而头发胡同距离出土任紫宸墓志的东单御河桥
也将近3.5千米（唐代7里），证实头发胡同附近乃唐幽州城东北角。唐景福元年（892年），
沙门南叙撰《悯忠寺重藏舍利记》云："大燕地内，城东南隅，有悯忠寺，门临康衢。"⑦ "大
燕"即指幽州城，"悯忠寺"即今法源寺。悯忠寺位于城东南隅，其东距幽州城东墙不远。清
代赵吉士《寄园寄所寄》云："京师二月淘沟，秽气触人。南城烂面胡同尤甚，深、广各二
丈，开时不通车马。此地在悯忠寺东，唐碑称寺在燕城东南，疑为幽州节度使城之故壕也。"⑧
今新文化街东，旧有大明壕，直抵城下闸口入护城河，与烂缦胡同故壕南北相直，唐时当同
为幽州城东之壕也。因此，唐幽州城东墙当在今烂缦胡同稍偏西之处，东墙最北端至头发胡同。

唐幽州城北墙约在今头发胡同一线。据前文分析，东墙最北端至头发胡同，则北端可能
在头发胡同一线，这与1974年在白云观附近"蓟丘"工地所发现的西晋蓟城之北墙的延长线
一致。自白云观北之小河向东流，穿东西太平胡同，达头发胡同之北的受水河胡同，似幽州

① 《辽史》卷四〇《地理志四》，第494页，中华书局，1974年。
② 〔宋〕乐史撰、王文楚等点校《太平寰宇记》卷六九《幽州》，第1399页，中华书局，2007年。
③ 中国社会科学院考古研究所《中国考古学（宋辽金元明卷）》，第165~173页，中国社会科学出版社，2023年。
④ 周绍良主编《唐代墓志汇编》，第1967、1994页，上海古籍出版社，1992年。
⑤ 北京市文物研究所《北京市文物研究所藏墓志拓片》，第274页，北京燕山出版社，2003年。
⑥ 北京市文物研究所《北京市文物研究所藏墓志拓片》，第273页，北京燕山出版社，2003年。
⑦ 《全唐文》卷九二〇，第5658页，中华书局，1983年。
⑧ 〔清〕赵吉士辑撰，周晓光、刘道胜点校《寄园寄所寄》，第491页，黄山书社，2008年。

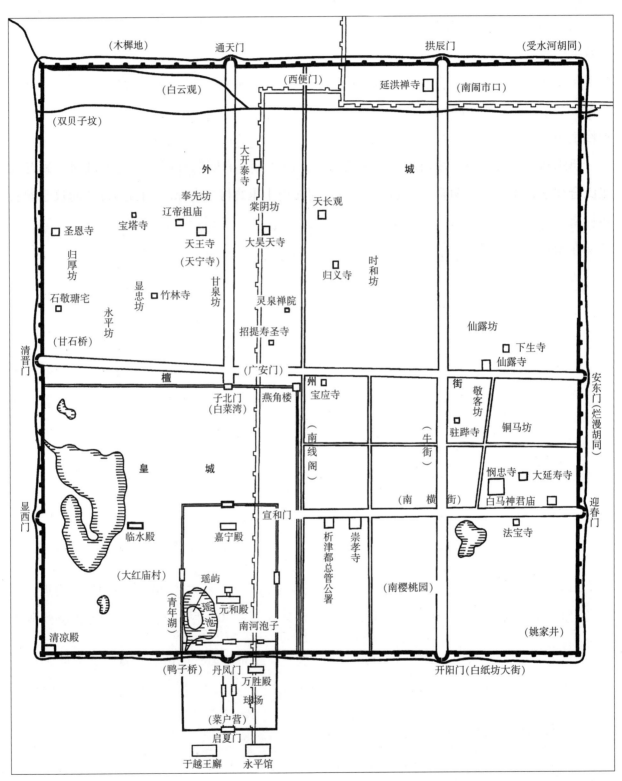

图一　辽南京城复原示意图

（引自《中国考古学·宋辽金元明卷》，中国社会科学出版社，2023 年）

城之北护城河。《日下旧闻考》卷三七记载，康熙二十年（1681 年）在西安门内发现唐故濮阳卞氏墓志，志文云："窆于幽州幽都东北五里礼贤乡之平原"[1]。1956 年，爱民街出土唐卢龙节度使都押衙周元长墓志，志文云："葬于蓟城东北七里龙道之古原。"[2] 1976 年，北海中学教学楼前出土唐宋在初及夫人蔡氏墓志，志文云："归窆于幽都县界礼贤乡龙道村。"[3] 周、宋二墓相距约 0.5 千米。1929 年，在今西城区二龙路教育部院内出土唐仵钦墓志，志文云："咸亨元年，迁枢于城东北五里之平原。"[4] 说明唐初幽州城北墙在今二龙路西南约 2.5 千米，恰恰是头发胡同一线。

唐幽州城南端大致在今白纸坊东西街一带。1965 年，右安门外四顷三村发现唐王郅与妻崔氏合葬墓，出土墓志两合。崔志云："窆于府城南十里姚村之南原。"王志云："起坟于蓟县姚村南一里之原。"[5] "府城"即幽州城，由两方墓志可知，姚村在幽州城南 10 里，二人合葬墓又在姚村南 1 里，则该墓距离幽州城共计 11 里，即今四顷三村北约 5.5 千米乃唐幽州城南垣。1985 年，丰台槐房乡六必居酱菜园工地发现唐王时邕墓志，志文载："卜葬于蓟县南一十五里广宁乡鲁村东一里之原。"[6] 今四顷三村以北约 5.5 千米、六必居酱菜园以北约 7.5 千米，大致在今白纸坊东街一带。又《光绪顺天府志·坛庙》记载："崇效寺，唐刹也，在白纸坊。唐刘济舍宅为寺，地在唐城之内。元至正初重葺（见明碑）。"[7] 据此可知崇效寺所在的白纸坊在唐幽州城之内，则白纸坊之南即今白纸坊东西街一带当为幽州城南垣。

唐幽州城西墙大致在今会成门村稍东一带。1974 年，北京钢厂院内出土唐涿州范阳县主簿兰陵肖公夫人侯氏墓志，志文云："殡于幽州幽都县西三里许原。"该墓是所见唐墓中距城郭最近之者，唐幽都县东 3 里、今北京钢厂东约 1.5 千米，即幽州城之西墙。今北京钢厂东约 1.5 千米大致在今会城门稍东一带。1959 年，海淀区紫竹苑三虎桥出土唐卢公夫人赵氏墓志，志文云"葬于府城西北十里"[8]。府城即幽州城，在今三虎桥东南约 5 千米。1966 年，西八里庄出土唐云麾将军青山州刺史李永定墓志，志文云："葬于郡西北十五里。"[9] 郡指幽州城，时为范阳郡治。今三虎桥东南约 5 千米、西八里庄东南约 7.5 千米大致都在会城门村东附近，尤其是 1965 年在八宝山以西 500 米处发现的西晋永嘉元年（307 年）华芳墓，华芳为幽州刺史王浚的夫人，其墓志云："假葬于燕国蓟城西二十里。"墓中出一把晋尺，长 24.2 厘米弱，以该尺折算一晋里合今 435.6 米。从华芳墓地向东二十晋里（8712 米）则至今会城门村稍东，

① 〔清〕于敏中等编纂《日下旧闻考》卷三七《京城总纪》，第 590 页，北京古籍出版社，2001 年。
② 北京市文物研究所《北京市文物研究所藏墓志拓片》，第 276 页，北京燕山出版社，2003 年。
③ 赵其昌《京华集》，第 49 页，北京燕山出版社，2014 年。
④ 鲁晓帆《唐仵钦墓志考释》，《首都博物馆论丛》（2011 年），北京燕山出版社，2011 年。
⑤ 北京市文物工作队《北京市发现的几座唐墓》，《考古》1980 年第 6 期。
⑥ 北京市文物研究所《北京市文物研究所藏墓志拓片》，第 276 页，北京燕山出版社，2003 年。
⑦ 〔清〕周家楣等编纂《光绪顺天府志》，第 109 页，北京古籍出版社，2000 年。
⑧ 北京市文物研究所《北京市文物研究所藏墓志拓片》，第 278 页，北京燕山出版社，2003 年。
⑨ 鲁晓帆《唐李永定墓志考释》，《首都博物馆丛刊》（第九辑），地质出版社，1994 年。

时即唐幽州城西墙所在地。今莲花河过甘石桥之小河，似为唐幽州城西故壕。

（五）金中都

女真继契丹之后，从混同江（今松花江）上兴起，首领阿骨打于 1115 年称帝，国号金（1115～1234 年），定都会宁。天会三年（1125 年），金攻克辽南京城。天德三年（1151 年），扩建辽南京城，"壬辰，诏广燕城，建宫室"，"四月丙午，诏迁都燕京"。天德五年（1153 年），海陵王从会宁府抵燕京，"以迁都诏中外"，改元贞元，以燕京为中都，府曰大兴①。此后又经 62 年，到金末贞祐二年（1214 年），在蒙古军队进攻之下，金被迫迁都开封。金中都陷落后，宫阙被焚毁，但中都城未废，终元之世，中都与大都并存，称为南城。明洪武元年（1368 年），徐达攻克大都时南城依然存在。永乐十七年（1419 年）筑北京南城垣和嘉靖二十二年（1543 年）筑北京外城时，先后将南城东北角和东半部圈入北京城内。此后金中都迹逐步消失，只剩下大城的西南隅，至今则仅余部分残迹。

金中都以辽南京城为基础加以扩建，是蓟城故址上所兴建的最后一座大城。文献记载"燕城之南广斥三里""西南广斥千步"，东扩较少（因避燕王冢），北与辽南京城北城墙基本相合②。外城平面近方形。

一般认为，金中都北城墙沿用唐幽州城和辽南京城北垣，并向东、西两侧扩展。今白云观北侧之东、西尚有断垣，向东可至今头发胡同稍北到翠花街，向西延伸到会城门村至黄亭子，黄亭子与翠花街间即金中都北城墙。东城墙明初已毁，东护城河与北护城河之拐角在宣武门内翠花湾。沿贾家胡同东夯土墙、黑窑厂西台地、陶然亭正北稍东直至窑岗子，即为金中都东城墙。凤凰嘴村有一段长 30 余米金代土城墙，向东经鹅凤营北、万泉寺、祖家庄和三官庙南，有断断续续的土城墙残迹，又在丰台区右安门外玉林小区（凉水河北 50 米处）发现水关遗址，这一线应为南城墙。自凤凰嘴土城墙之南，有与土城平行东流的萧太后护城河（今凉水河），即中都南城墙护城河。西城墙西北角在今军事博物馆南的黄亭子，南端在凤凰嘴村西南角，其间有断断续续的土城墙残迹。广安门外申（深）州馆南有湾子村，该村曾发现石桥、水口子、枯河道，即为金中都西护城河遗迹③。

关于金中都外城的周长，历来说法不一。《大金国志·燕京制度》记载"都城四围凡七十五里"，《明太祖实录》卷三四记载"周围凡五千三百二十八丈，南城故金时旧基也"，《春明梦余录》记载"元之南城，周围五千三百二十丈，即金之故基"，后两者所述基本相同。周长 5328 丈，合 16905.744 米，合 29.6 明里、30.29 金里、31.83 唐里。考古工作者确定金中都

---

① 《金史》卷五《海陵本纪》，第 97、100 页，中华书局，1975 年。
② 于杰、于光度《金中都》，第 13、14 页，北京出版社，1989 年。
③ 于杰、于光度《金中都》，第 17～19 页，北京出版社，1989 年。

的周长为 16963 米，两者大体相同。

金中都东、西、南三面城垣各开三门，北城垣开四门，共十三门。《金史·地理志》记载："（金中都）城门十三，东曰施仁、曰宣曜、曰阳春，南曰景风、曰丰宜、曰端礼，西曰丽泽、曰颢华、曰彰义，北曰会城、曰通玄、曰崇智、曰光泰。"① （图二）

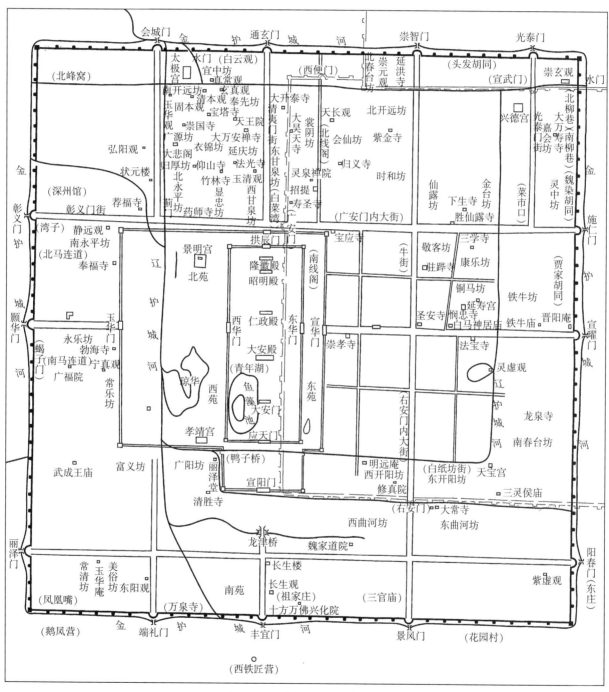

图二　金中都城复原示意图

（引自《中国考古学·宋辽金元明卷》，中国社会科学出版社，2023 年）

---

① 《金史》卷二四《地理志》，第 572 页，中华书局，1975 年。

　　金中都外城诸城门的位置，经考古调查结合文献考证，其情况大致如下。东城墙城门，正门称宣曜，在辽南京城迎春门东，位于今西城区南横街东口与贾家胡同交会之处；其南称阳春，在永定门车站北、南岗子土垣之南、四路通以北东庄村处；其北称施仁，在辽南京城安东门之东，位于今骡马市大街魏染胡同南口处。西城墙城门，正门称颢华，在辽南京城显西门之西，位于蝎子门处；其南称丽泽，在凤凰嘴之北；其北称彰义，在辽南京城清晋门之西，位于广安门外大街湾子处。南城墙城门，正门称丰宜，在辽南京城丹凤门南，位于祖家庄南、石门村东、西铁匠营村北凉水河之北；其东称景风，在辽南京城开阳门之南，位于右安门外大街与凉水河交叉处稍北；其西称端礼，在今万泉寺偏西南处，凉水河上有桥，或为门外护城河桥的遗址。北城墙城门，正门称通玄，即辽南京城通天门，位于白云观东北，真武庙之南；其西称会城，在今会城门村附近，位于木樨地南河流向东拐弯处的河湾稍南；其东称崇智，即辽南京城拱辰门，在今南闹市口内东太平街西口和西太平街东口交会处偏南；再东为光泰门，约在今头发胡同东口附近①。

　　关于金中都的内城和宫城，《金图经》记载："（宫）城之四周九里三十步。""南城之正东曰宣华、正西曰玉华，北曰拱宸门。"《大金国志·燕京制度》记载："自天津桥（龙津桥）之北宣阳门，内城之南门也。""应天门，内城之正南门也"。《日下旧闻考》引《金史志》："宫城之前廊东西各二百余间。"引《揽辔录》："循东西御廊北行，将至宫城。"《大金国志》记载："西至玉华门曰同乐园"，同乐园内的"西华潭，金之太液池也"，因其在西华门之西而名西华谭。《北行日录》记载："敷德门，其东廊之外，闻是东苑，楼观晕飞。"

　　金中都的内城和宫城建于辽南京子城基址之上，其范围较辽南京子城略大。内城，又称子城或南城，实际是皇城，大致在金中都外城中央偏西，平面呈倒"凸"字形。皇城四门为宣阳、宣华、玉华、拱辰。皇城与宫城之间有东西廊（千步廊），千步廊两侧有中央衙署、太庙等附属建筑，以及西苑（同乐园）、北苑、东苑（东园）。皇城内还有太常寺、殿前都检点司、宣徽院、太府监、少府监等为皇室服务的机构（图三）。

　　皇城内包宫城，宫城是在辽代宫城基础上，经增统、改建和扩建而成的。宫城周长为九里三十步，平面呈长方形。宫城东、西门为东华门和西华门，正南门是应天门，北面宫门名称待考。宫城四隅有角楼。《金图经》记载："（宫城）内殿凡九重，殿三十有六，门阁倍之。正中曰皇帝正位，后曰皇后正位。位之东曰内省，西曰十六位，乃妃嫔所居之地也。"金中都宫城总体布局是按中、东和西三路配置，宫城中路南端即应天门。今白纸坊西大街城外与滨河路交叉路口南70余米的鸭子桥西里3号楼附近发现一处南北长约36米的夯筑遗迹，应当为应天门遗址②。向北有大安门、大安殿，大安殿是宫城正殿，为举行重要仪式和庆典场所。向

　　① 于杰、于光度《金中都》，第21～24页，北京出版社，1989年。
　　② 北京市文物研究所《北京西厢道路工程考古发掘简报》，《北京文物与考古》第四辑，1994年。

图三　金中都城皇宫城、皇城复原示意图

（引自《中国考古学·宋辽金元明卷》，中国社会科学出版社，2023 年）

北为仁政门、仁政殿，为日常朝会场所。再北是后宫，建有昭明殿、隆徽殿。东路在中路之
东，为东宫、寿康宫和内省所在地。西路有鱼藻池、中宫建筑群、西宫，西宫为诸妃嫔居所。

皇城之外，中都城内还有行宫（兴德宫）和南园（南苑，又名熙春园）。

金中都城内主要大街以城门命名，如彰义门街、光泰门街、丰宜门北街等，有三条大街贯穿。其中东西横街两条，一是施仁门和彰义门间大街，二是阳春门和丽泽门间大街；南北向纵街一条，即城东崇智门和景风门间大街。

金中都城内的居民区，区划成坊。诸坊分属左、右警巡院，坊设坊正；坊的周围及坊内有街和巷。《日下旧闻考》卷三七引《元一统志》记载，西北二隅42坊，东南、东北隅20坊，共62坊。金中都城内原辽南京城范围内虽然仍保留旧坊制，但其坊界已被打破，金中都62坊的位置多数不明。

金中都城形制布局承袭、改造了辽南京城，同时参照了北宋东京开封城的形制布局，并以开封城宫城为蓝本，根据实际情况有选择地移植、再创造。是从宋开封类型到元大都及其以后的明、清北京城演变过程中的重要过渡环节，有不容忽视的影响。

（六）元大都

1206年，蒙古首领成吉思汗建国于斡难河上。1215年，蒙古军队攻占金中都，改置燕京路，总管大兴府。至元元年（1264年），改燕京路仍为中都，大兴府如旧。至元四年（1267年），忽必烈下令营造新城，新城选址以中都城东北近郊金大宁宫为中心。至元八年（1271年），建国号元。至元九年（1272年），改中都为大都。至元二十一年（1284年），置大都总管府，大兴府废。

至元十二年（1275年）元大都城宫城大内建成，至元十三年（1276年）大城建成。又先后于至元十一年（1274年）和至大元年（1308年）建隆福宫和兴圣宫；至元十四年（1277年）建太庙；至元十年（1273年）建社稷坛；至元二十二年（1285年），颁布中都旧城迁居大都新城用地规定，全面营建大都；至元二十九年至三十年（1292~1293年），完成积水潭（海子）下游通惠河漕运工程。全城规模至此基本定型。元末顺帝时（1333~1368年）虽曾扩建三宫，改浚太液池西岸宫苑河渠，但在整体城市布局上并无改变（图四）。

元大都城平面呈长方形，根据考古勘测，北城墙长6730、东城墙长7590、西城墙长7600、南城墙长6680、周长28600米，面积50余平方千米。大都城共有城门11座，南面三门，东为文明门、中为丽正门、西为顺承门；北面二门，东为安贞门、西为健德门；东面三门，北为光熙门、中为崇仁门、南为齐化门；西面三门，北为肃清门、中为和义门、南为平则门。从南城墙中央丽正门向北，经灵星门、崇天门、宫城内大明殿、延春阁，出厚载门、御苑至大天寿万宁寺中心阁，为大都城在规划设计上的中轴线。

宫城位于全城南部中央，大明殿为前朝，延春阁为后宫。宫城北部为御苑，宫城西部为太液池。太液池西岸，南为隆福宫，北为兴圣宫。三宫鼎峙，形成以太液池为中心的宫苑区。三宫周围绕以萧墙，又称红门拦马墙。

宫城两侧根据"左祖右社"的制度，建太庙于齐化门内以北，建社稷坛于平则门内以北。

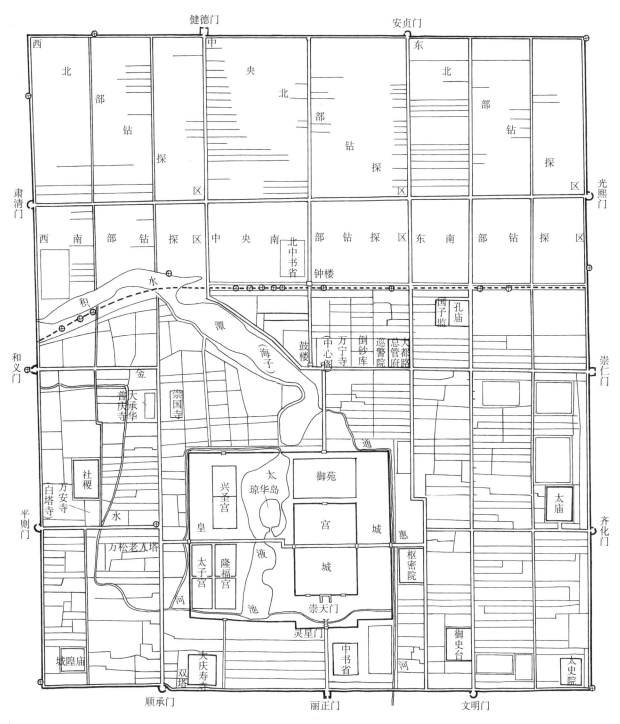

图四　考古勘探发掘元大都城址、居住址和遗迹位置图
（引自《元大都》，文物出版社，2024年）

中央官署最主要的如中书省、枢密院和御史台，都按"风水"地理的"星位"排列。早期中书省在积水潭以北的凤池坊、御史台在肃清门内，均远离宫城，极为不便，后乃改建御史台于文明门内澄清坊，迁中书省于丽正门内以东的五云坊，故有南、北二中书省之称。至顺二年（1331年），以北省为翰林院，南省为中书省，枢密院则一直在宫城东华门外保大坊。地

方政府如大都路总管府和巡警二院在灵椿坊，其位置当全城之中。城内仓库面积巨大，主要分布在大城门内。万亿库规模最大，位于和义门内海子北岸。寺观等宗教建筑散布全城，其中皇家所建寺观如大天寿万宁寺，位于宫城正北，居全城中心。

城内河湖水系经人工调整又增开渠道。其中金水河、太液池宫廷水系，水源在玉泉山诸泉；积水潭、通惠河水系，引白浮诸泉及瓮山泊水。金水河从太液池流出，经宫城前方注入通惠河，以补充漕运用水。又有旧渠道从积水潭上游引水东下，从光熙门南流出城外。

大城城门内大街构成全城主干道。主干道相交形成若干长方形居住区，居住区中又有等距离东西向若干条胡同，组成整齐的街道体系。大街宽二十四步（约合 37.2 米），小街宽十二步（约合 18.6 米），胡同宽六步（约合 9.8 米）。除相互正交的主干道外，在积水潭沿岸与河道附近又有斜街和丁字街。

全城划分 49 坊，为行政管理地段。由于不建坊墙，坊界可根据情况改划，元代末年，可能已不止 49 坊。

城内商业区主要有 3 处，积水潭北岸斜街至鼓楼、钟楼一带为全城最繁华的商业区。通惠河漕船可直达积水潭内，积水潭北岸有漕船停泊码头，直接带动这一地区市场的繁荣。另外两处商业区是西市（包括马市和羊市）和枢密院角市，分处东、西两城。各城门外关厢地区多有临时性集市。城内手工业以官办作坊为主，各随其衙署分散于城内各处。民营手工业作坊多集中在鼓楼、钟楼一带各街巷。

大都城平面设计在我国封建社会后期都城建设中占有重要地位，为日后北京城建设奠定了基础。

（七）明北京城

明（1368～1644 年）初，建都南京县。惠帝建文四年（1402 年），朱棣以"靖难"为名，夺取帝位，改元永乐，改北平为北京，称"行在"，准备迁都。永乐四年（1406 年）开始改建北京城池，营造宫殿。永乐十八年（1420 年）基本竣工，遂迁都，以北京为京师。万历二十一年（1593 年），今北京地区主要在顺天府界内，也包括宣府镇、延庆直隶州和北方朵颜部所占领的一部分。

明于洪武元年（1368 年）八月攻陷元大都，立即将北城墙向南缩移约 2.5 千米，遂将积水潭最西部分隔在城外；翌年改大都为北平府；永乐元年（1403 年）改北平府为顺天府，以北平为北京。永乐四年（1406 年）开始营建新宫；永乐十七年（1419 年）移建北京南城墙于旧址以南近 1 千米；永乐十八年（1420 年）新建宫殿竣工，南郊增筑的天坛与山川坛亦同时告成，遂正式迁都北京；嘉靖三十二年（1553 年）增建城南外垣，因有内、外城之分。北京城的平面布局至此定型。其平面呈"凸"字形，面积约 62 平方千米。内城九门，外城七门，全城平面设计仍沿用元大都城中轴线，并向南延伸，北端始于新建的钟楼与鼓楼，南端止于天坛与山川坛（今先农坛）之间的永定门，全长近8千米（图五）。

明皇城位于北京内城中部，是在元大都旧址上改建而成的，其南、北、东三面城墙较旧址稍有开拓（图六）。南城墙在今东、西长安街北侧，北城墙在今地安门东、西大街南侧，东城墙在今东黄城根，西城墙在今西黄城根。皇城设四门，南为承天门，北为北安门，东为东安门，西为西安门。承天门内经端门至午门，其间距远过前代。在午门前中心御道的左右两侧，新建了太庙和社稷坛，结果既保持了"左祖右社"的传统规制，又加强了其与宫城之间

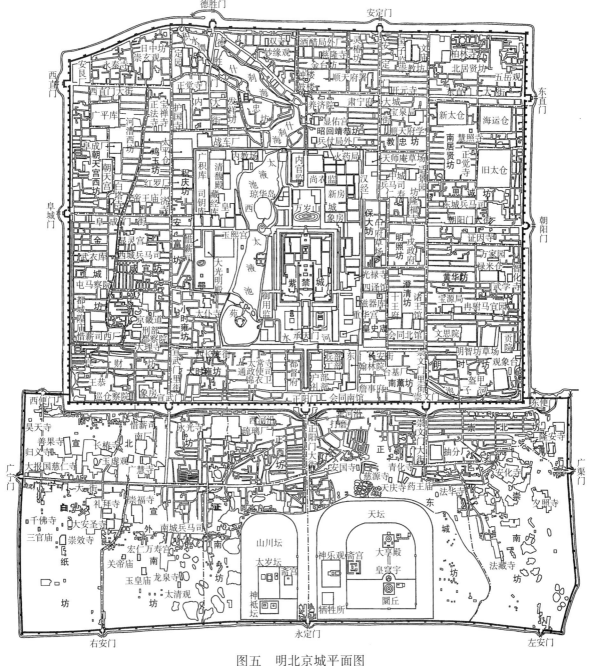

图五　明北京城平面图

（引自《北京历史地图集》，北京出版社，1998 年）

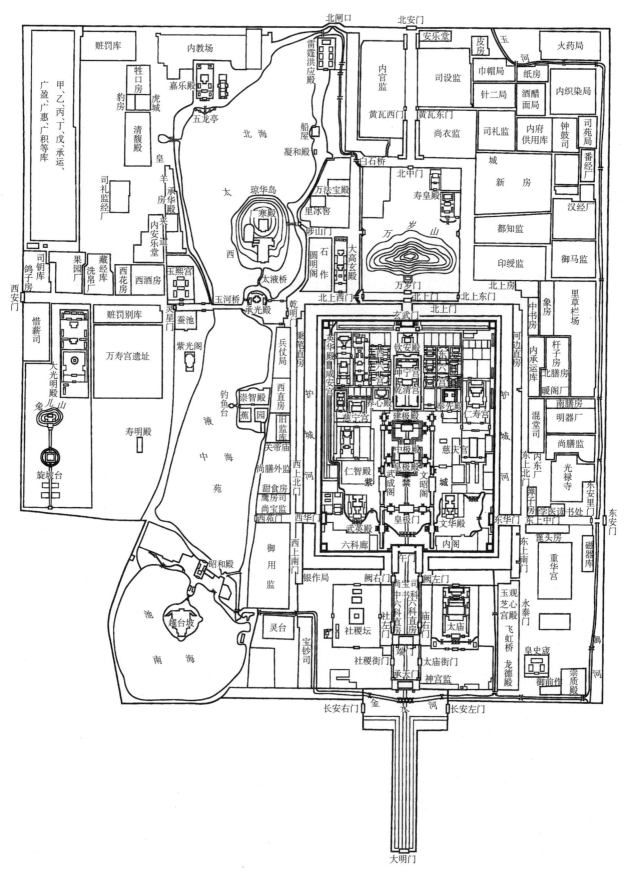

图六　明北京城皇城平面图

（引自《北京历史地图集》，北京出版社，1998 年）

的空间联系，还获得了平面布局上更为突出的艺术效果。承天门南面有外金水桥和 T 形宫廷广场，广场东、西、南三面绕以红墙。东、西两侧分别筑长安左门和长安右门，正南面筑大明门。广场东、西红墙内侧各有连檐通脊的千步廊，外侧是中央衙署所在地，包括宗人府，吏、户、礼、兵、工五部及其他院、监右为五军都督府及锦衣卫等。除三法司（刑部、都察院、大理寺）外，中央主要官署集中在宫城前方两侧，改变了元大都城官署分散的布局。

宫城即紫禁城，位于皇城中央（图七）。南北长 960、东西宽 720 米，周垣 3.5 千米。宫城开四门，南为午门，北为玄武门，东为东华门，西为西华门。宫城四周新凿护城河，条石砌岸，俗称筒子河。又引水自城西北隅入，沿西墙内侧南流，经西华门内东折，经午门内，绕文华殿后，继而南转，经东华门内至城东南隅出城，流注筒子河，是为内金水河。其流经路线与明初凤阳中都城的设计相似，具有供水与排洪的功能。宫殿仿自南京，分为"外朝"和"内廷"。"外朝"以三大殿为主，即奉天殿、华盖殿、谨身殿，为处理朝政和举行重大仪礼之处；三大殿东西两翼对称建有文华殿和武英殿。"内廷"以三宫为主，即乾清宫、交泰殿、坤宁宫，为皇帝及后妃生活起居之处；其东西两翼分别建有东六宫和西六宫。其后为御花园，称宫后苑，景泰六年（1455 年）增建。御花园东西两侧为乾清宫之东、西五所。宫城平面设计较元代大内有所改进，外朝三大殿和内廷三宫距离缩短，联系更加密切。布局左右对称，规制更加严整。

宫城之北，在元朝后宫延春阁故址上堆筑土山，高十四丈七尺（约合今 46.67 米），命名为万岁山。山上五峰并峙，主峰恰当全城中轴线上。因此，万岁山不仅作为全城的制高点标志着明北京内城的几何中心，而且还有压胜前朝的用意，故亦称"镇山"。万岁山东北隅有寿皇殿、观德殿等建筑。

宫城之西为西苑，相沿为皇城内宫苑区。太液池中有琼华岛和瀛洲岛。昔日岛上有木桥，连接太液池东西两岸，明代废东桥，填为平地，又改西桥为石桥，曰玉河桥。桥两端各筑牌坊，西口金鳌，东曰玉蛛，因有"金鳌玉蛛桥"之称。明代又在太液池南端开拓湖面，是谓"南海"。而金鳌玉蛛桥南北湖面别称"中海"与"北海"，是谓"三海"。西苑以西的皇城西南部，即元代隆福宫故址一带，有万寿宫、大光明殿、兔儿山、旋坡台等；西苑以西的皇城西北部，即元代兴圣宫故址一带，有清馥殿及内府诸库。皇城东南部又有小南城，为一处独立的宫殿群。主要建筑有重华宫、崇质殿等，旁有玉芝宫；其西南隅是皇史宬。皇城东北部、西北部以及宫城东西两侧，多是内官衙署，如各种监、局、厂、作、房、库等，直接为皇室服务，亦是官办手工业的集中地区。

元大都城内外水道至明初已多埋塞，白浮瓮山河早已断流。永乐时期改建北京城，又废弃金水河故道，仍引玉泉山泉水汇入瓮山泊，由城北流注积水潭。积水潭南部改称什刹海，沿什刹海南岸另辟新渠，南下入太液池。另从太液池北闸口分流，经白石桥入宫城，为内金

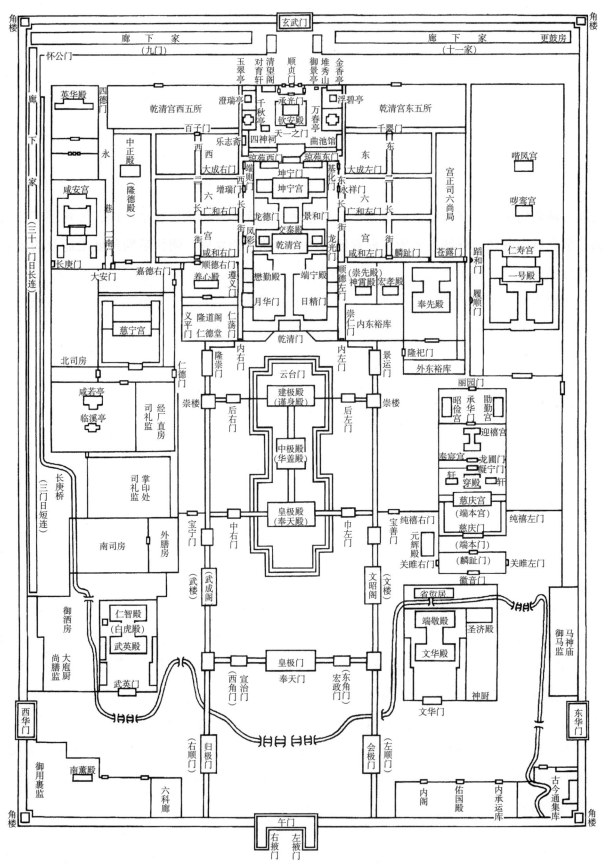

图七　明北京城紫禁城平面图

（引自《中国考古学·宋辽金元明卷》，中国社会科学出版社，2023 年）

水河；又从太液池南部分流，经承天门前向东，为外金水河。内、外金水河在太庙东南隅汇合，东入玉河（即元通惠河上游），流出内城入南护城河。

全城共分 36 坊，内城 28 坊，外城 8 坊，分属东、西、南（外城）、北、中五城管辖。长安街以北的内城街道仍沿大都城之旧；长安街以南以及外城街道大都沿用旧路，或在已废沟渠上改建新路。

全城商业区分布在鼓楼和西四牌楼附近。鼓楼附近商业区由于漕船不能入城，规模已较元代大为缩小。西四牌楼附近仍沿元代西市，而元代枢密院角市则已改为定期灯市。内城西南隅都城隍庙庙会，在全城中最为繁华。官办手工业大部分仍集中在皇城内，民营手工业店铺分散在城内各处。外城主要为工商业区，明代中期开始发展，明代后期外城工商业的繁盛程度已超过内城。

明代中期以后，私家园林在北京城内逐渐发展，多分布在积水潭南岸与东岸、内城东南隅泡子河附近以及外城金鱼池北岸等地，多是地势低洼和临近湖泊之处，便于引水造园。

明初城市户口骤减，据洪武八年（1375 年）统计，全城 8 万余人。永乐以后，人口增加，万历初年全城人口已超过 20 万，崇祯时期可能已近 30 万人。

明北京城的改建，进一步突出了宫城的地位，加强了全城中轴线上的纵深效果，突出地体现了皇权至上的主题思想。

（八）清北京城

清代（1644~1911 年）继明代之后，建都北京，沿用明代旧城，总体布局未改变，街道系统大体如旧，仅在局部建置和市政管理上有所不同（图八）。例如在皇城前中央官署集中地区，废除明代五军都督府，府址内建筑皆析为民居，又迁三法司（刑部、都察院、大理寺）于皇城前之西侧，即明代后军都督府与锦衣卫等所在处，从而改变了皇城中央官署左右对称的布局。明代若干仓、厂，如安民厂、广平库、天师庵草场、新太仓、台基厂、盔甲厂等，或废为民居，或改建为王府。

清皇城与明皇城相同，仍设四门，仅南门改名为天安门、北门改名为地安门，其余二门沿用旧称。天安门外广场、长安右门亦如旧，唯大明门改称大清门。天安门内由端门至午门以及太庙与社稷坛，俱仍旧制。地安门内明代万岁山改名为景山，俗称煤山，山上五峰并列。乾隆十五年（1750 年），在五峰顶上各建一亭，中峰一亭名万春，适当全城中轴线上。与明代不同，清皇城东安、西安、地安三门内均允许居民迁住。明代内官各衙署所在地，大部分转变为居民胡同，如内官监胡同、织染局胡同、酒醋局胡同、惜薪司胡同等。皇城内水系较明代无甚改变。太液池别称"三海"，始于明代，至清代始渐流行。

紫禁城仍沿明代旧制。明末紫禁城建筑大半为农民起义军焚毁。顺治初年，仍依旧基开

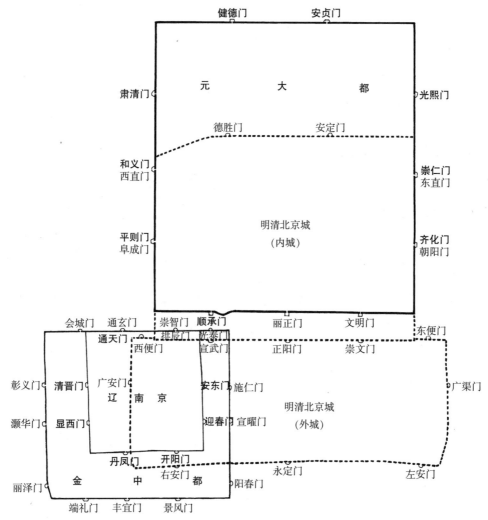

图八　辽南京城、金中都城、元大都城与明清北京城位置关系图
（引自《元大都》，文物出版社，2024 年）

始重建，工程浩大，进展迟缓，至康熙二十五年（1686 年）才基本完成；其后又屡经增建和维修，至嘉庆年间（1796～1820 年）规模始定。紫禁城四门，仅北门改名为神武门，其余三门仍沿用旧称。紫禁城建筑一如明制，主体建筑分前朝、后廷。前朝三大殿改称太和殿、中和殿、保和殿。太和殿为设朝之处，凡逢国家重大典礼，如朝会、赐宴、命将出师及任命重臣等，均于此举行。太和殿后为中和殿，升朝之前先于此接见内阁及各部大臣；每当出祭太庙、社稷之前，亦在此准备。中和殿后为保和殿，为宴请外宾、举行殿试之所。前朝两侧，文华殿与武英殿东西并列如旧。前朝、内廷之间，东侧有奏事所，西侧有军机处。后廷三大宫仍沿用旧称，为乾清宫、交泰殿、坤宁宫。乾清宫为召见大臣之处，交泰殿存放御玺，坤宁宫为帝后寝宫。坤宁宫后为御花园，花园北侧为钦安殿，祀玄天上帝。其后即神武门。后廷两侧仍为东、西六宫，为帝后、嫔妃起居和生活之处。康熙十八年（1679 年）建毓庆宫、惇本殿，康熙二十一年（1682 年）改建咸安宫；康熙二十七年（1688 年）建宁寿宫，雍正九

年（1731年）建斋宫，乾隆七年（1742年）建建福宫，乾隆十六年（1751年）将明咸安宫旧址改建为寿安宫，乾隆三十九年至四十一年（1774~1776年）建文渊阁。此外，紫禁城东北隅的养性殿、乐寿堂、颐和轩等殿堂和乾隆花园，西北隅的重华宫、延春阁和西花园，以及慈宁宫、西寿康宫等，亦系清代新建或改建①。

四　老城考古发掘与资料整理

本书收录了关于北京老城考古的研究文章2篇和发掘报告（简报）7篇。发掘报告（简报）涉及的遗址均位于老城范围内，其中西城区6处、东城区1处，涉及年代从唐代至清代，时间跨度长；遗址包括城墙、建筑基址、墓葬、灰坑、井等，类型丰富（图九）。

《老城考古启示录》，总结了老城考古的发展历程和考古成果，归纳了老城考古的五点作用，并对未来的老城考古工作做出展望，提出"六要"原则。作者为郭京宁。

《清代京城内古器物的出土情况与意义》，梳理了多项关于清代古器物出土的记载，包括西晋墓砖，唐代卞氏墓志、王仲堪墓志，辽代李内贞墓志、仙露寺舍利石匣、经幢，元代进士题名碑和玉印章。分析了以上材料所反映的历史细节及其与考古资料的对应关系，讨论了其对于研究老城城市演变的作用。作者认为以往作为金石学资料的古器物对于今后北京老城历史与考古研究有重要作用，老城考古也存在多角度研究方法。作者为孙勐。

《西城区受壁街唐墓发掘简报》，涉及的遗址位于西城区西北部，东为赵登禹路，南邻大茶叶胡同，北为翠花街，地处西城区受壁街（西二环路—赵登禹路）市政道路及地下停车场建设工程P4停车场工程项目占地范围内。发掘时间为2019年8月。发掘唐代砖室墓1座。该墓葬的发掘对于认识唐代幽州城至金中都、元大都乃至明清北京城的发展和演变以及老城内地下文物的保护等具有一定价值。作者为曹孟昕、黄星、王祯哲。

《西城区白纸坊元代1号井遗址发掘简报》，涉及的遗址位于西城区西南部，白纸坊西街以北，菜园街以东，属于元大都南城白纸坊范围。发掘时间为2022年6月。该井在一定程度上填补了元大都南城考古的空白，且出土的元代瓷器较为精美。作者为李永强、徐旻。

《西城区北昆1号井、2号井发掘简报》，涉及的遗址位于西城区西南部，南邻北京第十五中学，北为陶然亭路，西邻菜市口大街，处于北方昆剧院住宅楼项目占地范围内。发掘时间为2020年11月。发掘元、明时期砖井2座。出土陶瓷器、银盒、铜权、铜钱、石碑等。作者为陈龙、古艳兵。

《东城区御京花园南区遗址考古发掘报告》，涉及的遗址位于东城区西北部，北距地安门

---

① 侯仁之主编《北京历史地图集》，北京出版社，1998年。

东大街约 350 米，东邻北河沿大街，南邻嵩祝院北巷。发掘时间为 2015 年 7~8 月。发掘揭露城墙基础一处，出土部分琉璃构件及大量瓷片。该遗址应为明永乐时期建造的原皇城东墙，印证了文献记载的"城墙改筑"，为研究明代皇家建筑形制提供了重要依据。作者为郭京宁、杨茜。

《西城区法源寺后街（东段）景观提升项目明清遗迹发掘报告》，涉及的遗址位于西城区西南部，北紧邻莲花胡同，东紧邻烂缦胡同，南邻七井胡同，西邻西砖胡同，地处法源寺后街（东段）景观提升项目占地范围内。发掘时间为 2019 年 5~7 月。发掘布设探沟 1 条，发掘面积为 100 平方米，清理了探沟文化层堆积和灰坑 5 座。出土了大量明清时期瓷器，釉色、品种丰富，为研究明、清时期的瓷器提供了珍贵的实物资料。作者为张玉妍、黄星、王宇新。

《西城区北昆清代墓地发掘简报》，涉及的遗址位于西城区西南部，南邻北京第十五中学，北为陶然亭路，西邻菜市口大街，处于北方昆剧院住宅楼项目占地范围内。发掘时间为 2020 年 11 月。发掘清理清代墓葬 22 座，出土少量陶器、瓷器、铁器、铜器、银器、石器等。作者为陈龙、古艳兵。

《西城区中央音乐学院内清代建筑基址发掘简报》，涉及的遗址位于西城区西部，北为清醇亲王南府，处于中央音乐学院运动馆项目占地范围内。发掘时间为 2018 年 8~10 月。发掘清理清代墙址 2 处、牌楼门 2 处、影壁 1 处、排水沟 1 条以及路面 1 处。当属醇亲王府南府临街门前院落的组成部分。该遗址的发掘为日后遗址保护、清代王府研究以及北京城历史研究提供了实物资料。作者为曹孟昕、孙浩然。

2023 年 12 月，张玉妍整合全部资料，汇编报告。

研究篇

老城考古启示录

郭京宁

城市考古是以古代城市为对象的考古研究，其研究对象十分复杂，几乎囊括了考古学所有纵向领域，如陵墓考古、建筑考古、手工业考古、宗教考古、民族考古等。这些领域又与古代社会的政治、经济、军事、文化、宗教、科技等研究密切相关。所以，城市考古在考古学中占有重要的地位。

北京老城，指以北京二环路以内（含护城河及其遗址）为主的区域，属于"首都功能核心区"的主体部分。这片区域因为是燕山南麓四条交通大道的交会地，又处于古高梁河和古㶟水之间，是"北京湾"中建城的首选之地。目前这片区域最早和城市有关的考古发现始自战国，此后的西晋蓟城、唐幽州城、辽南京城、金中都城皆选址于此，又历经元明清三代另行规划、建设和完善。不同时代的文化遗存叠压，是典型的古今重叠型城市。中轴线居中，外城、皇城、宫城相套。老城之内，宫殿衙署、棋盘路网、历史水系交错，是北京传统文化的核心区。老城考古，既是北京考古的特色，又是北京考古的重点。

老城内最早的考古发现为距今 2.2 万年的王府井东方广场旧石器人类活动地点，此外还有西单旧石器地点以及北京饭店、地铁建国门站、中央电视台的古生物化石等。但它们恐怕与之后的北京城没有太多的关系。自 20 世纪 50 年代起，考古工作者就十分关注和努力探寻燕上都蓟城与汉代蓟城的具体方位。1956 年在会城门村到宣武门豁口一带，发现古陶井 151 口，其中战国时期 36 口、汉代时期 115 口。1965 年在陶然亭姚家井、广内大街北线阁、白云观、宣武门内南顺城街、和平门外海王村等处发现古井 65 口。1973 年、1974 年先后在白纸坊以北发现两处战国时期燕文化墓群。这些发现为判断燕上都蓟城、汉代蓟城的位置和范围提供了重要线索。

唐幽州城和辽南京城并无直接的考古实证留存。根据墓志推测唐幽州城的位置与《水经注》所记的北魏蓟城位置基本一致。陶然亭、北京大学第一医院等地唐代墓葬和新街口、百万庄辽代墓葬的发现，为寻找两城的边界指出了方向。

金中都城是在辽南京城的基础上向东、西、南三面扩建而成的，其主要区域横跨现在的丰台区和西城区，东边界在陶然亭公园南北一线、南边界在南二环以南的位置、西边界在西三环以东的丽泽商务区一带。

金中都内发现了兵营、宫苑、水系、城墙、马面、护城河、里坊、街巷、皇家寺院、塔基地宫等各类遗迹。它们的时代往往不是单纯的，上下还发现了唐、辽、元、明、清各时期的遗存，对研究唐幽州、辽南京、金中都、元大都、明清北京城的城市更迭有重要作用。外城内西南隅发现的十字路口，辽、金、元三代沿用，是研究金中都城内街巷布局的实例。这些发现推测与金中都外城东开阳坊、开远坊、显忠坊、南永平坊、南苑等密切相关。城西南处发现的唐代、辽代墓葬，证明金中都城是在唐幽州城、辽南京城的基础上扩展的。

东开阳坊发现疑似辽南京城南护城河一段，为确认辽南京城南城墙和开阳门的准确位置提供了重要线索。坊内发现的建筑组群，整体呈中轴对称分布，辽、金时期沿用，是金中都范围内唯一经全面揭露且保存较好的"官式建筑"群。

考古确定了早期鱼藻池北岸和西南岸、晚期鱼藻池东岸和南岸的位置，为复原金代鱼藻池水系、研究鱼藻池湖岸盈缩变化提供了重要资料。鱼藻池被确定为半岛，纠正了"湖心岛"旧说，为研究金代园林艺术提供了实物资料。

从 20 世纪 50 年代至今，在元大都遗址内发现了城垣及相关设施、街巷、院落、道观等各种遗迹数十处，比较重要的有和义门瓮城城门遗址、通惠河堤岸遗址、水关遗址、后英房院落遗址、福寿兴元观遗址等。这些考古工作基本厘清了元大都的形制与规模，为研究元大都的历史沿革、都城范围、规划设计、布局形制、路网水系及居民的生活、手工业生产技艺、商业贸易等情况提供了大量详细、可靠的材料。

故宫内的考古工作先后发现了东城墙南段内侧的墙基、铺砖地面、排水沟、大型夯土基础等遗迹，明代廊房建筑和器物埋藏坑、慈宁宫花园东院遗址、隆宗门西广场北侧建筑遗迹"三叠层"、断虹桥的散水及其垫层、长信门遗址、清造办处遗址、永康右门外瓷器坑等，逐渐揭开元代以来宫殿神秘的面纱。

北京中轴线附近发掘了永定门外中轴路、天桥、珠市口段排水渠、正阳桥及镇水兽、鼓楼以西 35 号院、北海医院和天意市场等，证明了元、明、清、民国历代沿用中轴路的事实。

老城内的重要考古发现还有故宫外的长庚门段内金水河西侧明代建筑基址、明代北皇城墙基址、东皇城墙基址、东安门遗址、早期皇城墙遗址、玉河遗址、毛家湾瓷器坑、醇亲王南府临街门南侧院落、外交学会、普渡寺、恭王府银安殿遗址、国子监后轩遗址等，学术意义纷呈，展现了老城丰富的历史文化底蕴。

根据这些考古发现，可将北京老城划分为四个空间：皇帝及皇族支配空间——宫城，国家官署等支配的空间——皇城（内城），官吏百姓生活空间——外郭城，以及城市公共系统占用空间——防卫设施、交通道路设施、给排水设施等。

老城考古的作用主要有以下五点：

揭变化。金中都内各坊、街的考古发现，揭示了城市里坊制和街巷制并存的情况，代表了中国古代封建城市规划由中期转到后期的特点，玉河的考古发现表明了不同时期河岸的变迁和建筑方法的异同。

立地标。北海中学前出土的唐代墓志推断出龙道村的位置，鱼藻池的发现为复原金中都提供了坚实的地理坐标。

阐规划。古代城市中，最显示规划特征的就是公共系统空间。因此，对于老城内公共系统空间（城门、防卫、道路、给排水系统等）的考古工作成为最重要的方向之一。金中都水关遗址、城墙设施、护城河、顺城街等发现表明了当时城市的规划格局；西板桥及灵境胡同古河道的发现，明确了元代以来老城内金水河进入故宫的路线。

证历史。根据西晋华芳墓志推断，西晋蓟城的西城墙在今天的会城门附近，从而确定西晋蓟城的存在；根据唐代墓志的记载至少复原了幽州城 26 里坊、20 乡、24 村的名称、定位及划界。

活场景。考古发现把金中都的城市景观分为城墙、城门及宫殿景观、园林景观、宗教景观、市井景观。后英房元代住宅遗址院落布局采用“一正两厢”的格局，是明清北京四合院的前身。住宅的主院及两侧的旁院东西宽度近 70 米，南北方向占满两条胡同之间的距离，基址规模为元代 8 亩，并发现了大量“文玩”类文物，表明主人的社会地位较高。

老城考古，其特点是研究对象为遗迹遗物中规模最大、内涵最复杂、面临保护形势最严峻的遗址类型；其核心目标在于理清城址在每个时期的形制布局和功能分区，并了解城市在不同时期的继承沿用和革新变化；其方法应以田野考古为基础，文献学、规划设计、历史地理学、城市史、环境考古、聚落考古等多学科合作。实际工作中，要坚持“六要”的原则：

要建立地理信息系统，这是开展工作的基础。已知的考古信息要汇集到一张大比例图上，其比例至少应为二千分之一，才有可能把已知遗迹标示清晰。同时设定城市坐标系，并预设统一的分区编号、探方编号和遗迹单位编号，以便今后的点滴考古发现能统一纳入。

要兼具宏观和微观，这是开展工作的视角。既要整体了解，大处着眼，不拘泥于一砖一瓦，关注遗迹和文化堆积的全局变化，以点连线，以线连面，有的时候还要跳出老城，金融大厦、国家电网大楼等不同工地施工的剖面连起了元大都南护城河的走向；又要管中窥豹，见微知著，从二七剧场路工地发现的唐代墓砖推导出了早于金口河的唐代古代河道。

要有精准的时段划分，这是开展工作的前提。以聚落考古和城市考古的理念为先导，只有置于同一时间框架下，才能形成同时期城市正确的考察前提，所做的研究才是有意义的。古今重叠型城市的变化往往快于旷野型城市，所以要尽可能地进行最小时段的划分。

要坚持长期、持续、有计划的考古发掘与研究，这是开展工作的路线。因为老城考古受制于操作面，不太可能创造出理想的发掘规模，多数只能借助于建设工程，把零星的考古发现像七巧板一样整合起来。例如什刹海周边的考古发现拼出了湖岸不同时期的位置。

要有耐心和恒心，这是开展工作的情怀。老城的考古发现往往支离破碎，不太可能在短时间内形成重要研究成果，而且很可能有无法解释的现象，要耐得住寂寞，这个过程很虐心。并且，老城内的施工建设往往面积过小，无法纳入正常的考古流程，需要主动出击，寻找线索，要有"不破楼兰终不还"的信念和毅力。

要重视文化遗产保护，这是开展工作的目标。因为每一处考古遗存的发现都是这座城市发展的历史见证。冰山虽露一角，意义不容小觑。

"六要"不仅针对北京的老城考古，对于其他城市的城市考古，也具有启示意义。

老城考古，任重道远。

清代京城内古器物的出土情况与意义

孙　勐

清代京城的形制、布局和范围，直接承袭了明代北京城，可向上追溯至元大都城，代表了中国古代都城规划、营造史上最终的辉煌①。因皇家和官方政府重视、金石学逐渐发展、收藏风气盛行、学者的自觉以及地方史志的完备等诸多因素②，在清代，关于京城内出土古器物的记载不断增多，并成为京城历史文化积淀、发展脉络的重要组成部分。清代京城的城墙、护城河及其内的区域，也就是我们所说的北京老城或旧城，早已成为首都文化构建的重要组成部分，从当前和今后保护历史文化名城北京旧城③、首都功能核心区作用的发挥、北京老城考古工作和研究的角度来讲，这些发现（器物、文字、出土地点、所属遗存、伴出遗物等）仍旧有着不容忽视和不可替代的实证价值。

一　西晋墓砖

西晋墓砖于清光绪十年（1884 年）出土于菜市口以南的南半截胡同。"黄冈洪御史良品宅，在南半截胡同，后院旷地，时有大蛇。光绪甲申之冬，时寻蛇出入之迹，得一穴，启之，此专（砖）在焉，文云：元康元年，太岁在辛亥，九月七日，番公行造。十七字。盖古冢也。元作天，元康元年，即永平元年，改元在三月间。"④

按元康年号，历史上曾用过两次，首次为汉宣帝的第三个年号（前 65~前 61 年），延续五年。第二次为西晋惠帝的第三个年号（291~299 年），延续九年。前者的元年为丙辰，而后者的元年为辛亥，与砖铭所记相合。"太岁在辛亥"，"太岁"是古代天文占星家假设出来的，《周礼·冯相氏》贾疏"岁星为阳，人之所见；太岁为阴，人所不睹"⑤。这里特书"太岁"，

---

① 侯仁之《元大都城与明清北京城》，《故宫博物院院刊》1979 年第 3 期。
② 清代是北京方志发展的鼎盛时期，参见阎崇年《北京方志探述》，《学习与研究》1982 年第 8 期；谭烈飞主编《北京方志提要》，第 3 页，中国书店，2006 年。
③ 徐苹芳《论历史文化名城北京的古代城市规划及其保护》，《文物》2001 年第 1 期。
④ 〔清〕周家楣等编纂《光绪顺天府志·金石志二》，第 6727 页，北京古籍出版社，1987 年。
⑤ 《十三经注疏·周礼注疏》，第 1767 页，中华书局，2009 年。

或与其用在墓葬之中有关①。砖铭中的"元作天"，可与安徽淮南寿县东门外西晋墓中出土的砖铭相对应②。周家楣等推断该地为古冢，从目前的考古发现来看③，至确。南半截胡同位于法源寺（悯忠寺）东侧，二者东西直线距离不足 300 米。若按居、葬分离的观念，该墓应位于西晋蓟城东城墙外。南半截胡同与位于其西北部的西晋王浚妻华芳墓④直线距离约 20 千米。这对于确定西晋蓟城以及汉、唐幽州城的位置都具有较为重要的价值。

二　唐代墓志

（一）卞氏墓志

卞氏墓志于清康熙二十年（1681 年）出土于西安门内。"康熙辛酉西安门内有中官治宅掘地，误发古墓，中有瓦炉一，瓦罂一；墓石二方，广各一尺二寸。一刻卞氏墓志四字，环列十二辰相，皆兽首人身。一刻志铭而书作志，志题曰：大唐故濮阳卞氏墓志。志文曰：贞元十五年，岁次己卯，七月癸卯朔，夫人寝疾，卒于幽州蓟县蓟北坊，以其年权窆于幽州幽都东北五里礼贤乡之平原。是今之西安门去唐幽州城东北五里而遥矣。"⑤

西安门是皇城的西门，"西安门在皇城西稍北，与景山相对"⑥。根据文献记载，卞氏墓志出土于墓葬之中，可以判断该墓志出土于原位，未遭到过多的后期扰动。墓志出土位置与志文记载"权窆于幽州幽都东北五里礼贤乡之平原"相结合，为探讨唐代幽州城的具体方位提供了更为准确的资料。文中对该墓志的构成、尺寸和纹饰均有记述，墓中所出两方墓石，大小相等，一方刻兽首人身的十二生肖像，一方为志文，可知两石为一合完整的墓志——前者为志盖，后者为志石。从目前所知的唐代墓志材料来看，墓志纹饰中兽首人身十二生肖出现的时间在唐玄宗开元后期⑦。朱彝尊为卞氏墓志作了跋文⑧，墓志全文后被收录于《全唐文》之中⑨，当时应有拓片存世⑩，不过，卞氏墓葬的处理方式和墓志的具体去向已不得而知。另

① 南京市博物馆《江苏江宁官家山六朝早期墓》，《文物》1986 年第 12 期。

② 吴兴汉《寿县东门外发现西汉水井及西晋墓》，《文物》1963 年第 7 期。

③ 张利芳《西晋至北朝时期北京地区墓葬变化的考古学观察》，《中原文物》2022 年第 4 期。

④ 北京市文物工作队《北京西郊西晋王浚妻华芳墓清理简报》，《文物》1965 年第 12 期。

⑤ 〔清〕于敏中等编纂《日下旧闻考》卷三七《京城总纪》，第 590 页，北京古籍出版社，2001 年；〔清〕吴长元《宸垣识略》卷一《建置》，第 11、12 页，北京古籍出版社，1983 年；〔清〕朱一新《京师坊巷志稿》卷上，第 45 页，北京古籍出版社，1982 年。

⑥ 〔清〕吴长元《宸垣识略》卷四《皇城二》，第 74 页，北京古籍出版社，1983 年。

⑦ 卢亚辉《唐代墓志纹饰中的十二生肖》，《古代文明》（第 15 卷），上海古籍出版社，2021 年。

⑧ 〔清〕朱彝尊著、王利民等校点《曝书亭全集》卷四九《跋八》，第 527 页，吉林文史出版社，2009 年。

⑨ 〔清〕董诰等《全唐文》卷九九五，第 10315、10316 页，中华书局，1983 年。

⑩ 《全唐文·凡例》说明了该书收录金石文献的原则："金石之文类多剥蚀。资考证则据现在拓本以存其真，录唐文则贵援引足本以还其旧。凡石本剥蚀而板本完善足信者即据以登载，其无可据则注明阙几字存证。唯残阙过甚仅留数字无文义可寻者，不录其文。非金石单词只句见于后人援引无首尾可编次者，亦同此例。"

外，与墓志伴出的随葬器物有瓦炉一、瓦罂一，现在推测可能为陶三足炉、罐或瓶类的器物。从器物的数量和组合情况看，或者当时没有记录完整，或者该墓已遭到早期盗扰，仅残存两件器物。

（二）王仲堪墓志

王仲堪墓志于清乾隆五十四年（1789 年）出土于广渠门内①。该墓志出土后，最初被翁方纲的次子翁树培收藏，"志于乾隆间在广渠门内出土，为翁树培所得。夜有光怪，送至寺壁，徐松为之记，吴荣光书，亦刻嵌壁中"②。徐松所作的记，详述了该墓志出土后的流传经历。"唐王仲堪墓志，乾隆己酉、庚戌间，出于京师广渠门内。翁检讨树培宜泉得之，置卧榻下，秘不示人。既而时作无怪，或中夜见绯衣坐榻隅。宜泉惧不敢有。嘉庆中，诏开唐文馆，余充总纂官，遂以石属余，曰：不以此时表彰之，使前贤姓氏湮没不传，吾之罪也。余亟命工拓数十纸，既录其文以补馆书之遗，并分赠海内金石家。此碑苏斋老人曾跋其尾，谓：所云相国彭城郡王者，幽州节度使刘济也。所云：奉使于蒲者，河中节度使浑瑊也。铭曰曰字，犹见唐以前古意。石藏余家二十有九年，道光丁酉移置崇效寺院壁。崇效寺刘济舍宅事，见析津志载永乐大典。仲堪为刘济参谋，故使与幕府相依。北平徐松记。是年三月，南海吴荣光书。"苏斋老人即为翁方纲，清代书法家、文学家、金石学家，"尤精金石之学"，见载于《清史稿·文苑传》③。翁方纲认为王仲堪墓志的书法"犹见唐以前古意"，后康有为与之所见略同，"唐碑古意未漓者尚不少……体裁峻绝……不失六朝矩矱"④。徐松，字星伯，大兴人，嘉庆十年（1805 年）进士，辑有《宋会要辑稿》《中兴礼书》，著有《唐两京城坊考》《唐登科记考》，撰有《西域水道记》《汉书西域传补注》等⑤。徐松二十九岁进入全唐文馆，担任提调兼总纂官，负责编修《全唐文》。也正是以此为契机，王仲堪墓志才由出土后的秘而不宣到公开面世，才由私藏于家中到安置于崇效寺西院廊壁之内。从上述记载中可知，王仲堪墓志出土的具体环境与状况并不清楚，即王仲堪墓葬是否也位于墓志的出土地点，仍不敢妄断。但是，该墓志保存完整，志文史料价值重要，并且有拓片流传，因而得以被收录于《全唐文》之中⑥。

除了卞氏墓志、王仲堪墓志之外，还有恒王府典军王景秀墓志、太子洗马崔载墓志⑦等，墓志是清代京城内出土最多的唐代器物。

---

① 〔清〕周家楣等编纂《光绪顺天府志·金石志二》，第 6754 页，北京古籍出版社，1987 年。
② 周肇祥著、宋惕冰等整理《琉璃厂杂记》，第 10 页，北京联合出版公司，2016 年。
③ 《清史稿》卷四八五《文苑传二》，第 13394、13395 页，中华书局，1977 年。
④ 〔清〕康有为著，孙玉祥、李宗玮解析《广艺舟双楫》卷三《卑唐第十二》，第 169、170 页，北京图书馆出版社，2004 年。
⑤ 《清史稿》卷四八六《文苑传三》，第 13413、13414 页，中华书局，1977 年。
⑥ 〔清〕董诰等《全唐文》卷六一四，第 6203 页，中华书局，1983 年。
⑦ 鲁晓帆《北京出土唐代崔载墓志考释》，《中国国家博物馆馆刊》2013 年第 8 期。

三　辽代墓志、石函与经幢

（一）李内贞墓志

李内贞墓志于清乾隆三十六年（1771年）出土于琉璃厂。"又今琉璃厂在正阳门外，而近得辽时墓碑，称其地为燕京东门外之海王村。"[①] 文中所提及的墓碑，就是李内贞墓志。"辽李内贞志石乃乾隆三十六年工部郎中孟潝得之窑厂取土处，以其为古墓所在，因复封识，存其旧。"[②] 志文为："辽御史大夫李内贞墓志。大辽故银青崇禄大夫检校司空行太子左卫率府率御史上柱国陇西李公讳内贞，字吉美，汸沕人。唐庄宗时举秀才，除授将仕郎，试秘书省校书郎，守雁门县主簿，次授儒林郎试大理寺，守妫州怀来县丞。乱后归辽，太祖一见器之，加朝散大夫检校工部尚书兼御史中丞，赐紫金鱼袋，兼属珊都提举使。太宗初，改银青光禄大夫检校尚书右仆射兼御史大夫，世宗加检校尚书左仆射。故燕京留守南面行营都统燕王达喇以公才识俱深，委寄权要，补充随使左都押衙中门使兼知厅勾，次摄蓟州刺史，次授都举银冶都监。景宗改检校司空兼御史大夫上柱国，次行太子左卫率府率。保宁十年六月一日薨于卢龙坊私第，享年八十。其年八月八日，葬于京东燕下乡海王村。"[③] 该墓志出土后，钱嘉学派的重要人物钱大昕专门撰写了《记琉璃厂李公墓志》："乾隆庚寅三月，琉璃厂窑户掘土得古墓，棺椁不具而骨节异常人，旁有一石，视其文则'辽故银青崇禄大夫、检校司空、行太子左卫率府率兼御史大夫、上柱国陇西李公墓志铭'也。提督两窑厂、工部郎中孟君潝募人改葬于故兆东二十步，别买石书李公官位表于道，而志石则仍瘗之。越十数日，予始得闻，亟往，欲椎拓其文，不可得，世竟无拓本，惜哉！闻孟君曾令吏写一通，索而读之，文骈丽，颇可诵。李公仕契丹，子姓皆通显，而姓氏不载正史，恐后之人过此地者，终不知为何许人也，故记其略云。"[④] 钱大昕在记述了墓志出土、志文取得的经过后，抄录了志文。钱大昕所录志文的前半部分与《日下旧闻考》中所记虽有出入，但大体相同。其中，有一点需要注意，两者的录文中都既有"崇禄大夫"，又书"光禄大夫"。按辽朝避太宗德光的名讳，将"光禄大夫"改为"崇禄大夫"，"崇禄即光禄也，避辽讳改名"[⑤]，而此墓志中二者并存，一种可能是当时抄录有误，另一种可能是辽朝避讳并不严格[⑥]。钱大昕所录墓志的后半部分为李内贞的妻、子及家庭状况，《日下旧闻考》中未见收录。"先娶殷氏女，有三子；后娶何氏女，生二

---

① 〔清〕于敏中等编纂《日下旧闻考》卷三七《京城总纪》，第589页，北京古籍出版社，2001年。
② 〔清〕于敏中等编纂《日下旧闻考》卷六一《城市》，第1008页，北京古籍出版社，2001年。
③ 〔清〕于敏中等编纂《日下旧闻考》卷六一《城市》，第1007、1008页，北京古籍出版社，2001年。
④ 〔清〕钱大昕撰、吕友仁校点《潜研堂集》卷一八《杂著二》，第299、300页，上海古籍出版社，2009年。
⑤ 〔清〕钱大昕著，方诗铭、周殿杰校点《廿二史考异》卷八三《辽史》，第1134页，上海古籍出版社，2014年。
⑥ 姜维东、郑丽娜《辽代避讳问题研究》，《史学集刊》2018年第6期。

男。弟僧可延，天顺皇帝授普济大师，赐紫。长子瓒，金紫崇禄大夫、检校司空、南奚界都提纪使兼御史大夫。次子玉，燕京都麹院都监、金紫崇禄大夫、检校司空兼御史大夫、上柱国。次子琰，银青崇禄大夫、检校尚书右仆射兼御史大夫、上柱国、前大石银冶都监。次子珆，前辽兴军节度推官、将仕郎、试秘书省校书郎。次子璟，摄宜州观察推官。"之后，钱大昕对墓志中的人物、官职与官制以及证史、补史之用做了阐述。钱大昕是李内贞墓发现后主动前去索取志文的学者，也是对该墓志做了最详细考证的学者。后陈述《全辽文》①、向南《辽代石刻文编》② 等收录李内贞墓志时，均综合了钱大昕和《日下旧闻考》的录文。

　　李内贞墓志出土后，多家著作竞相记载，如戴璐《藤阴杂记》③、吴长元《宸垣识略》④、朱一新《京师坊巷志稿》⑤、缪荃孙《辽文存》⑥、周家楣等《光绪顺天府志》、富察敦崇《燕京岁时记》⑦、陈宗蕃《燕都丛考》⑧、夏仁虎《旧京琐记》⑨、汤用彬《旧都文物略》⑩ 等。按琉璃厂，起源于元朝在此设置的烧制琉璃瓦的琉璃窑，得名于明朝在此设立的琉璃厂衙。而李内贞墓志发现后，"今人呼琉璃厂为海王村"⑪，可见其影响之大、之广。与此可相比较的是一方出土于明末清初的唐代《钜鹿时偰墓志铭》，"此碑在蓟县海王村，岸圮而出"⑫，其志文中记载"葬蓟县燕下乡海王村之南原"⑬。该墓志的具体年代和出土时间要早于李内贞墓志，其中也明确记载了海王村，并在出土后也引起了相关学者的注意，但是社会影响力和传播度确实不及李内贞墓志，应与金石学发展的程度和琉璃厂作为京城文化中心的兴盛有关。

　　李内贞墓志是第一方见于文献正式记载的辽代墓志，对于辽南京乃至辽史的研究都具有相当重要的史料价值。金、元两朝修《辽史》时，官方、私人均曾提议广泛搜求墓志，"这三国实录、野史、传记、碑文、行实，多散在四方，交行省及各处正官提调，多方购求，许诸人呈献……以备采择"⑭。苏天爵也明确指出："唐以来则稗官、野史及百家谱录、正集、别集、墓志、碑碣、行状、别传，皆不敢疏。"⑮ 不过《辽史》在清代饱受诟病，"见闻既隘，

① 陈述辑校《全辽文》卷四，第 86、87 页，中华书局，1982 年。
② 向南《辽代石刻文编》，第 53~55 页，河北教育出版社，1995 年。
③ 〔清〕戴璐《藤阴杂记》卷一〇，第 94 页，北京古籍出版社，1982 年。
④ 〔清〕吴长元《宸垣识略》卷一〇《外城二》，第 186 页，北京古籍出版社，1983 年。
⑤ 〔清〕朱一新《京师坊巷志稿》卷下，第 252 页，北京古籍出版社，1982 年。
⑥ 〔清〕缪荃孙《辽文存》，第 69、70 页，吉林人民出版社，1998 年。
⑦ 〔清〕富察敦崇《燕京岁时记》，第 51 页，北京出版社，1961 年。
⑧ 陈宗蕃《燕都丛考》，第 10 页，北京古籍出版社，2001 年。
⑨ 夏仁虎著、骈宇骞点校《旧京琐记》，第 232 页，北京出版社，2018 年。
⑩ 汤用彬等《旧都文物略·名迹略上》，第 147 页，北京古籍出版社，2000 年。
⑪ 夏仁虎著、骈宇骞点校《旧京琐记》，第 232 页，北京出版社，2018 年。
⑫ 〔清〕叶奕苞《金石录补（附续跋）》卷一八，第 340 页，上海古籍出版社，2020 年。
⑬ 〔清〕顾炎武《金石文字记》卷四，《顾炎武全集》第五册，上海古籍出版社，2011 年；另见〔清〕周家楣等《光绪顺天府志·金石志二》，第 6756 页，北京古籍出版社，1987 年。
⑭ 《辽史》附录《修三史诏》，第 1554 页，中华书局，1974 年。
⑮ 〔元〕苏天爵著，陈高华、孟繁清点校《滋溪文稿》卷二五《三史质疑》，第 427 页，中华书局，2007 年。

又藏功于一载之内，无暇旁搜。潦草成编，实多疏略"①；"自古史家之患在于不博，而《辽史》尤其牵率之甚者"②；"《辽史》太简略……《辽史》又有太疏漏者"③；"辽史最为简略"④；"辽之文献无征，简率弗称，识者病之"⑤；"宋辽二史芜秽漏略特甚"⑥ 等等。因此，李内贞墓志的发现，对于辽史的证、补具有重要的史料价值。

（二）仙露寺舍利石匣

仙露寺舍利石匣于清康熙二十六年（1687 年）五月出土于宣武门西南。"匣旁有记，自称讲经律论大德志愿录并书，乃辽世宗天禄三年瘗舍利佛牙于此。记后有千人邑三字，盖社名也。施主姓名，首列帝后诸王大臣，下及童男小女……又记有建窣堵波之文，疑当时石匣置于塔下，塔久废而石匣仅存土中。匣已无盖，其舍利佛牙又不知何时散佚也。"⑦ 根据铭文所记，可知石匣应为盛放、供奉佛牙舍利的石函，很可能最初被安置于塔基地宫之中。从出土状况看，石匣所在的塔基已无存，其盖已遗失，匣内物品也已不见，因此石匣的出土存在两种可能，一是其所属遗迹已被破坏，该石匣被移动后埋藏于此；另一是其所属遗迹被破坏，石匣也被扰动，但是石匣仍在原地被埋藏。若按第一种情况，则将石匣出土地定为仙露寺所在地是存在疑问的。清代诸家均认同第二种情况，断定石匣出土的地点应是仙露寺的所在地。"京师仙露寺，《明一统志》《寰宇通志》皆不载，《顺天新旧志》亦无之。近菜市西居民掘地得石匣，乃辽世宗天禄三年所瘗，中藏舍利无有也。匣如石樽而短小，旁刻僧志愿记，具书布施金钱姓名，其盖已失。始知此地即仙露寺遗址，地名千人邑，故比丘尼皆曰邑头尼。""记后有千人邑三字，具列大辽皇帝、皇后、东明王夫人、永宁大王、燕主大王、国舅相公、宣徽令主李可兴、洛京留守侍中刘瑀、齐国夫人张氏男三司使道纪衙院马九、故太师侍中赵思温男延照、司徒李允、药师努华喜、寺行仙、马知让、邑头尼定徽、幼澄、喜婆，舍利六百三十三粒，钦送到舍利一百一十粒。"⑧ 仙露寺的修建，据《元一统志》记载："在旧城仙露坊。按燕台土地记：唐高宗乾封元年所建，光启中修三门，至辽圣宗太平十年鸠工重修，倚碣石之故基，面筑金之遗迹。重熙九年二月尚书户部侍郎张震撰记。"⑨ 另据《析津志》：

---

① 〔清〕永瑢等《四库全书总目》卷四六《正史类二》，第 413 页，中华书局，2003 年。
② 〔清〕钱大昕撰，吕友仁校点《潜研堂集》卷一八《杂著二》，第 300 页，上海古籍出版社，2009 年。
③ 〔清〕赵翼著、王树民校证《廿二史札记校证》卷二七《辽史》，第 611、615 页，中华书局，2013 年。
④ 〔清〕赵翼《陔余丛考》卷一三《辽史》，第 237 页，中华书局，2006 年。
⑤ 〔清〕赵一清撰、罗仲辉校点《东潜文稿》卷上《辽史拾遗序》，第 9 页，辽宁教育出版社，1998 年。
⑥ 梁启超《中国近三百年学术史》，第 337 页，商务印书馆，2017 年。
⑦ 〔清〕于敏中等编纂《日下旧闻考》卷五九《城市》，第 969、970 页，北京古籍出版社，2001 年。
⑧ 〔清〕于敏中等编纂《日下旧闻考》卷五九《城市》，第 969 页，北京古籍出版社，2001 年；〔清〕吴长元《宸垣识略》卷一〇《外城二》，第 188 页，北京古籍出版社，1983 年。
⑨ 〔元〕孛兰肹等撰、赵万里校辑《元一统志》卷一，第 32 页，中华书局，1966 年。

"玉虚宫前。万寿寺支院。重熙九年二月记。"① 可知该寺始建于唐代，辽代重修，到元代以后可能已经毁弃了。考唐幽州城 26 坊中无仙露坊，辽南京城始有以"仙露"为名的坊，金中都沿用，因而《元一统志》中记为"旧城仙露坊"。仙露坊位于宣武门内的西南，则将石匣出土地推断为仙露寺所在地，也是具有一定合理性的。不过，将石匣铭文中所记"千人邑"，定为"地名"，实误；定为"社名"，不确。朱彝尊较早注意到该石匣铭文中所记"千人邑"，并结合《重修云居寺一千人邑会之碑》提出较为合理解释，"合此碑观之，则知'千人邑'者，社会之名尔"②。

（三）经幢

经幢一件，于清乾隆三十九年（1774 年）发现于白纸坊善果寺外西部的菜地之中，后被移放置善果寺保存③。"善果寺在宣武门外西南二里白纸坊，旧名唐安寺。"④ 经幢刻有铭文两篇，一篇是《辽会同中原建佛顶尊胜陀罗尼幢记》，其中有阙文，但有明确纪年，"时会同九祀，龙集敦牂，为元月二十一日，谨记"，而不知建幢的具体原因、安置地点和相关人物等。另一篇是《辽重移尊胜陀罗尼幢记》，"维大辽保宁元年九月十五日，都亭驿使太原王公恕荣为皇妣自会同九年巨舍资（阙）广陈胜事，于兹金地，特建妙幢……就奉福寺文殊殿前又建法幢，于灏村之坟，京东之墓，各置佛顶尊胜陀罗尼幢一所……迄后当院隆盛檀（阙）复近僧堂，又兴佛殿，斯幢当路，须至闭遮，乃移旧基于殿之右"。若文中"佛殿"是指"文殊殿"，那么这件经幢很有可能属于奉福寺，则于敏中等学者对将该经幢认定为归义寺之物的说法提出异议，是较为合理的。

四 元代进士题名碑和玉印章

（一）进士题名碑

清代国子监中有元朝进士题名碑三方⑤，"本朝国子监祭酒吴苑于启圣祠土中得之"⑥。这三方题名碑，"一为正泰国子贡试名记，蒙古、色目、汉人，皆有正副榜。一为至正十一年进士题名记，蒙古、色目列三甲，状元为朵列图；汉人、南人列三甲，状元为文允中。皆无榜

① 〔元〕熊梦祥著、北京图书馆善本组辑《析津志辑佚·寺观》，第 70 页，北京古籍出版社，1983 年。
② 〔清〕朱彝尊著、王利民等校点《曝书亭全集》卷五一《跋十》，第 538 页，吉林文史出版社，2009 年。
③ 〔清〕于敏中等编纂《日下旧闻考》卷五九《城市》，第 962 页，北京古籍出版社，2001 年；〔清〕吴长元《宸垣识略》卷一〇《外城二》，第 195 页，北京古籍出版社，1983 年。
④ 〔清〕于敏中等编纂《日下旧闻考》卷五九《城市》，第 959 页，北京古籍出版社，2001 年。
⑤ 〔清〕吴长元《宸垣识略》卷六《内城二》，第 119 页，北京古籍出版社，1983 年。
⑥ 〔清〕于敏中等编纂《日下旧闻考》卷六七《官署》，第 1108 页，北京古籍出版社，2001 年。

眼、探花。一为至正丙午国子中选题名记，蒙古赐正六品，色目赐从六品，汉人赐正七品，亦皆有正副榜"①。"至正十一年进士题名碑：监丞文烨篆额，祭酒王思诚撰记，无书人姓名……国子监公试题名记：祭酒张翥撰记，无书人姓名……国子监公试题名记：有记，无撰书人姓名。"② 元朝科举是中国古代科举制变化与转折的重要阶段，从元仁宗开始设科取士，一直到元朝灭亡，共计开科十六次。"又择日，诸进士诣先圣庙行舍菜礼，第一人具祝文行事，刻石题名于国子监。"③ 十六科进士都有题名碑立于国子监，只是到了明代，"尝闻阮安督工建太学时，悉取前元进士碑，磨去刻字，置之隙地。今三年一立石，皆此物也"④。正是由于这种损毁，导致后世学者不得不进行元朝进士的重构，由此也可见这三方出土的元代进士题名碑的史料价值。

（二）玉印章

玉印章一件，于清康熙七年（1668 年）出土于正阳门外的御河之内，"得玉印如升，篆文人不能识。少宰孙北海承泽家居，闻之曰：此元顺帝祈雨时所刻龙神印也，各门俱有之。盖雨后即埋地下耳"⑤。元代印章，皇帝之玺，至元元年七月己亥，"定用御宝制：凡宣命，一品、二品用玉，三品至五品用金"⑥。百官之印，诸王为金印，正一品至正三品用银印，从三品以下为铜印，并且尺寸、形制、重量也有严格的规定⑦。结合现存元代印章看，玉质印章所代表的等级较高，并且多与宗教人士或活动有关⑧。正阳门外出土的玉印应为宗教用印，但是尺寸较大，较为特殊。元代印文主要为汉字和八思巴文两大类，出土的这件玉印具体使用的是哪种文字并不清楚，但应为九叠篆。印文的识读者孙承泽，字耳北，一作耳伯，号北海，又号退谷，一号退谷逸叟、退谷老人、退翁、退道人，仕明、投李、降清。孙承泽晚年著述颇多，其中《春明梦余录》和《天府广记》是两部非常有名的北京地方史料。孙承泽最主要的住宅应是前门外的孙公园，"孙少宰承泽故居在章家桥西，名孙公园"⑨，距离玉印的出土地不远。孙承泽熟悉前朝掌故，并精于书画鉴藏，能够推断玉印的时代、用途与功能等，不足为奇。北京地区出土的元代印章数量和种类都有限，仅见八思巴文"威州军兵千户印""提举

---

① 〔清〕吴长元《宸垣识略》卷一六《识余》，第 328 页，北京古籍出版社，1983 年。

② 〔清〕文庆等《钦定国子监志》卷六三《金石志一〇》，第 1110 页，北京古籍出版社，2000 年；〔清〕周家楣等《光绪顺天府志·金石志三》，第 6840、6843、6844 页，北京古籍出版社，1987 年。

③ 《元史》卷八一《选举志一》，第 2026 页，中华书局，1976 年。

④ 〔明〕叶盛撰、魏中平校点《水东日记》卷二八《旧碑石》，第 279 页，中华书局，1980 年；〔清〕王士祯撰、靳斯仁点校《池北偶谈》卷三《谈故三》，第 51 页，中华书局，1997 年。

⑤ 〔清〕戴璐《藤阴杂记》卷五，第 47 页，北京古籍出版社，1982 年；〔清〕吴长元《宸垣识略》卷一六《识余》，第 341 页，北京古籍出版社，1983 年。

⑥ 《元史》卷五《世祖本纪二》，第 98 页，中华书局，1976 年。

⑦ 陈高华等点校《元典章》卷二九《礼部二》，第 1039 页，中华书局、天津古籍出版社，2011 年。

⑧ 程竹敏《西藏文管会收藏的元代印章》，《文物》1985 年第 9 期。

⑨ 〔清〕吴长元《宸垣识略》卷一〇《外城二》，第 185 页，北京古籍出版社，1983 年。

诸路通行宝钞印"① 等，因此这件玉质龙神印即便没有实物保存下来或者不知所踪，仍对今后的研究具有较为重要的参考价值。

五 初步认识

按清代京城的划分与命名，"国家定鼎燕京，宫殿之外，环以紫禁城。紫禁城外，重以皇城，甃以砖，朱涂之，上覆黄琉璃瓦"②，"京城周四十里，高三丈五尺五寸。门九……外城包京城南面，转抱东西角楼"③，即由内向外分别为紫禁城（大内）④、皇城、内城和外城（外罗城）。上述古器物的出土地点，主要集中在皇城、内城和外城。这些古器物，主要为墓砖、墓志、舍利石函、经幢、石碑、玉印，均有铭刻，且多有明确纪年，以唐、辽、元三代为主，这与清代京城同唐幽州城、辽南京城、元大都城的空间位置有着密切关系，基本上见证了北京地区从州郡治所向帝国都城的演变过程，是今后北京老城历史与考古研究的重要资料。

上文所述清代京城内出土的古器物，均为偶然发现，但是与现代首都北京的考古和研究有不同方面和程度的联系。按王仲堪墓志所记，墓主生前曾为幽州大都督府节度参谋，即为节度使刘济的重要幕僚。王仲堪墓志后被存放于崇效寺内，该寺为刘济追念其父刘怦而舍宅修建⑤。刘怦、刘济父子是中晚唐时期北方藩镇势力中的代表人物，《旧唐书》《新唐书》中均有传⑥。刘怦的葬地，《金史》中有线索。刘颍在金章宗时任东上阁门使并兼宫苑令，负责管理皇家园林。"初，南苑有唐旧碑，书'贞元十年御史大夫刘怦葬'。上见之曰：'苑中不宜有墓。'颍家本怦后，诏赐颍钱三百贯改葬之"⑦。金中都的南苑即南园，又名广乐园、熙春园，位于今菜户营一带的丰宜门外⑧。刘怦墓葬迁至何处，目前尚不清楚，但其子刘济之墓已在房山长沟被发掘⑨，葬地与其墓志中所记可相吻合⑩。根据文献记载和考古发现，虽然刘怦、刘济父子未葬于一处的原因仍有待探讨，但是作为长官的刘济和作为故吏的王仲堪的墓志均被发现，一西一东，也称得上是千年的机缘。

① 张宁《记元大都出土文物》，《考古》1972年第6期；中国科学院考古研究所等《记元大都发现的八思巴字文物》，《考古》1972年第4期。
② 〔清〕于敏中等编纂《日下旧闻考》卷三九《皇城》，第612页，北京古籍出版社，2001年。
③ 清仁宗敕撰《大清一统志》卷一《京师一》，第2、4页，上海书店，1984年。
④ "紫禁城在皇城中。"〔清〕吴长元辑《宸垣识略》卷二《大内》，第22页，北京古籍出版社，1983年。
⑤ 〔元〕孛兰肹等撰、赵万里校辑《元一统志》卷一，第28页，中华书局，1966年。
⑥ 《旧唐书》卷一四三，第3898~3901页，中华书局，1975年；《新唐书》卷二一二，第5973~5975页，中华书局，1975年。
⑦ 《金史》卷七八《刘颍传》，第1775页，中华书局，1975年。
⑧ 阎文儒《金中都》，《文物》1959年第9期；王灿炽《金中都宫苑考略》，《北京社会科学》1987年第2期。
⑨ 刘乃涛《刘济墓考古发掘记》，《大众考古》2013年第2期。
⑩ 〔唐〕权德舆《故幽州卢龙军节度副大使知节度史管内支度营田观察处置押奚契丹两番经略卢龙等使开府仪同三司检校司徒兼中书令幽州大都督府长史上柱国彭城郡王赠太师刘公墓志铭并序》，《权德舆诗文集》卷二一《墓志铭》，上海古籍出版社，2008年；〔清〕董诰等《全唐文》卷五〇五，第5138~5140页，中华书局，1983年。

　　李内贞墓志是最早出土并见诸记载的辽代墓志，其所属的墓葬也是目前所知距离辽南京城最近的辽代墓葬，但是在 20 世纪六七十年代的考古中，发现了两方辽代墓志，推断应是明代时就已经出土的器物。"六十年代初我们就对明代北城墙一线的拆除工作，进行了勘查和发掘，在城基下不断发现有唐、辽、金、元各代墓碑、石刻等。这些石刻大多相互叠压堆砌整齐。辽张俭墓志即在桦皮厂以西 70 余米的城基下发现的，十分明显是作为明代初年所筑城墙的基础用石，而不是墓葬出土……1973 年夏，桦皮厂以东区后桃园一段城墙拆除时发现，辽张俭之子——张嗣甫墓志。以上遗物的发现足以说明，明代北面城垣基础用石，时代不一，来源是多方面的。"① 通过这一考古发现，根据墓志的所属遗迹、埋藏环境、出土状态等情况，可知张俭、张嗣甫父子两人的墓志至迟在明代初期就已经被发现，只不过由于种种原因，没有引起当时官方和学者们的重视，仅是作为城墙的基石又被埋入地下。另外，像唐代侯元知墓志②等也是出土后作为城墙基础的用石，而未见著录。

　　清代京城，也就是北京老城，沿用明代北京城，并与之完全重合；而其北部叠压在元大都城的南部之上，其西南部叠压于唐幽州城、辽南京城和金中都城的东北部之上，是典型的古今重叠型城市。北京老城的考古既属于城市考古③，也属于历史时期考古④，在实际操作和研究的理念、方法、手段等方面应充分结合这两个考古学分支的特点。因此，本文所述的古器物，虽非考古发掘品，但也是北京老城考古研究的重要对象和资料。关于北京老城考古，从概念的界定上，其整体的空间集中在明清北京城的范围内，相对固定，但由于古代城市的发展、演变不仅与同区域、相叠压的城市有关，还与道路、水系、村落等密切相关，因此在研究中需向外扩展。而从时间的角度来看，老城定形于明清时期，基本清楚，但由于与唐、辽、金各代，甚至是战国、秦汉、魏晋时期的城址有所重叠，因此在研究中需向上追溯。北京老城作为古代都城，是一个遗迹构成极其复杂、多样的综合体，并且其选址、兴建、使用等既受到自然环境等客观条件的限制，也受到社会政治、经济、军事、文化等人文因素的影响，因此其考古学研究的对象和内容不仅包括其时空范围内的各类遗迹和遗物，还应涵盖与之相关的各种历史因素。

　　上述清代京城内出土的古器物是北京老城演变、发展过程中重要的直接见证。若将视野进一步扩大，通观整个清代，可知这一时期是北京地区古器物出土并见诸记载的最为丰富的一个历史阶段。同治六年（1867 年），北京近郊（或说卢沟桥）出土的"亚"盉等西周初期

　① 黄秀纯《辽张俭墓地辩证》，《考古》1986 年第 10 期；《"无产阶级文化大革命"期间出土文物展览简介》，《文物》1972 年第 1 期；黄秀纯《辽代张俭墓志考》，《考古》1980 年第 5 期；齐心《北京出土辽张嗣甫墓志考》，《考古》1983 年第 11 期。

　② 赵其昌《唐幽州村乡初探》，《中国考古学会第一次年会论文集》，文物出版社，1980 年。

　③ 宿白《现代城市中古代城址的初步考查》，《文物》2001 年第 1 期；刘未《辽金燕京城研究史——城市考古方法论的思考》，《故宫博物院院刊》2016 年第 2 期。

　④ 李梅田《从考古志到考古学——兼谈历史考古研究方法论》，《故宫博物院院刊》2017 年第 5 期。

燕国青铜器^①，对北京建城史的研究价值不亚于咸丰年间（或道光年间）山东寿张出土的"梁山七器"中的太保诸器^②。道光元年（1821年），在西直门外出土的"唐节度随使押衙王晟墓志"与其妻"张氏墓志"，"石色纯白，厚至五寸。志文刻有花边，而石之四周复加雕刻"^③，史料价值亦不逊于上述卞氏墓志和王仲堪墓志。这些不同地点、不同时期的古器物，尽管并非出土于北京老城之内，但是对于古代北京由区域城市发展到都城的变迁脉络也具有相当重要的研究价值。

清代京城内古器物出土之时，正值传统金石学臻于鼎盛的时期；而我们开展北京老城考古之际，恰逢新时代考古学日渐繁荣之时。中国特色、中国风格、中国气派考古学的形成^④，在研究方法、对象和内容上，都与传统金石学有着密不可分的承袭、借鉴和糅合的关系^⑤。因此，北京老城考古与研究持续、深入的开展，有必要对以往出土的、作为金石学资料的古器物进行梳理，从而为今后相关工作的推进奠定坚实的基础并提供可靠的参考。

---

① 陈梦家《西周铜器断代》，第50页，中华书局，2004年。
② 陈颖飞《梁山七器出土时间与具体器物新考》，《形象史学》2022年第3期。
③ 周肇祥著、宋惕冰等整理《琉璃厂杂记》，第16页，北京联合出版公司，2016年。
④ 韩建业《中国特色考古学的主要内容》，《考古》2021年第4期。
⑤ 陈星灿《中国史前考古学史研究（1895~1949）》，第52页，生活·读书·新知三联书店，1997年；杜金鹏《百年考古学发展，千年金石学基础——中国特色考古学二元渊源论》，《自然与文化遗产研究》2021年增刊。

报告篇

西城区受壁街唐墓发掘简报

2019 年 8 月 6~8 日，为配合北京市西城区受壁街（西二环路—赵登禹路）市政道路及地下停车场工程项目建设，北京市考古研究院（北京市文化遗产研究院）对占地范围内进行了考古勘探和发掘。发掘区位于西城区西北部，东靠赵登禹路，南邻大茶叶胡同，北为翠花街（图一）。中心点坐标为北纬 39°55′37.64″，东经 116°21′33.04″，海拔约 55 米。本次考古工作发掘面积共 39 平方米，发现一座唐代砖室墓（编号 2019BXSHM1，以下简称 M1），虽保存较差，但在北京地区考古发现中具有较为典型的特征，现将发掘情况简报如下。

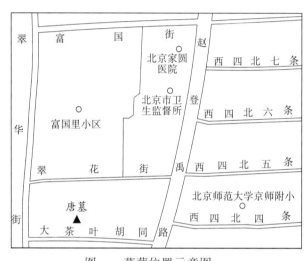

图一　墓葬位置示意图

一　遗址地层堆积情况

该区域曾为富国里菜市场，后经拆除，地表地势较为平坦。发掘区域地层自上而下可分为 3 层。

第①层：厚约 2 米。灰褐色土，土质疏松，内含大量建筑垃圾。

第②层：厚 0.55 米。浅黄色土，土质较致密，较为纯净，无包含物。

第③层：厚度未探明。黄色沙土，较为纯净。

二　墓葬形制

M1 开口于第②层下，向下打破第③层，墓口距地表 2.2 米。墓口西北部有 2 个明显的盗洞痕迹。M1 为单墓道单室砖室墓，方向 191°，南北通长 8.11、宽 1.01~4.16 米，主要由墓道、墓门、甬道、墓室等部分组成（彩版一：1；图二）。

墓道平面近喇叭形，南窄北宽，口大底小。口长 3.33、口宽 1.01、深 0~2.34 米。墓道南半部为斜坡状，坡长 2.06 米，坡度 15°。墓道北半部为阶梯式，共 5 级台阶，从上至下逐渐变宽。墓道两壁为直壁，墓壁较规整，未发现工具加工痕迹。墓道内填花土，含有料姜石，土质较硬。

墓门位于墓道北侧，与墓道相连，拱券式。面阔 1.18、内高 1.81 米。墓门两侧从下至上，先用青砖以"二顺一丁"方式砌筑四层，其上内侧开始起券形成拱顶，顶部仅存一层青砖，拱残高 0.65 米。拱券两侧先用青砖以"二顺一丁"方式砌筑一层，再以"一顺一丁"方式砌筑一层。之上各有一仿木长方形直棂窗，窗长 0.46、高 0.2 米。直棂窗上下各以一层平砖为框，左右各以一层卧砖为框，内用五块青砖卧式斜向排列，应为破子棂条（彩版一：2）。直棂窗上残存五层错缝平铺的青砖，其中位于底部的三层青砖略向外凸，顶部的两层青砖略向内收，可能为门楼部分。墙体最外侧各残存一仿木立柱，略凸出于墙体，由两排立砖竖向砌筑五层而成。

甬道位于墓门北侧，过洞式。残存进深 0.96 米。拱券北侧顶部已坍塌，仅残存南侧部分。地面西侧残存南北向排列的两块平砖，东南角残存一块平砖。甬道北侧西半部残存一层卧式斜向青砖，共 10 块，应为封门砖。

墓室位于甬道北侧，与甬道相连。平面近圆形，破坏严重，墓顶无存，周壁多仅存基础部分，西南部尚有局部墙体残留。墓室内为遭受扰动的黄褐色回填土，土质疏松，内含料姜石和大量青砖残块等。墓室土圹南北长 3.64、东西宽 4.04 米。圹壁竖直，北、东、西三壁多仅存底部一层平砖。墓室西南壁保存最好，从下至上，先用青砖以"二顺一丁"方式砌筑四层，之上再以青砖错缝平砌五层。西南壁的转角处为一仿木立柱，呈半圆形，凸出墓壁。立柱由四排青砖竖向砌筑而成，其中外侧两排为一面打磨成圆弧状的楔形青砖，中部两排为长方形青砖；柱头铺作为把头绞项造。墓室东南壁仅存底部青砖，以"二顺一丁"方式砌筑两层。东南壁转角处仅存仿木立柱的底部，做法与西南壁立柱相同。

墓室墙壁以内，主要由地面和台基组成。墓室地面位于墓室东南部，平面近扇形。地面为原生土，略低于甬道砖铺地面，无法确定是否原有铺地砖。墓室台基位于墓室北部和西南部，与墓壁相连。平面呈曲尺形，高于地面。台基主要用黄褐色土回填而成，土质较硬，未见夯打痕迹，亦未见包含物。台基外侧边缘砌筑青砖。根据台基现存青砖的位置，大体可将台基分为两部分。一部分平面呈半圆形，位于墓室北部，其北侧和东、西侧均与墓壁相连，与甬道、墓门相对。北侧边缘和南侧立面砌砖，东端已被破坏，残存立面底部为须弥座状，上部为壸门。无法确定台基表面是否原有铺砖。这一部分台基很可能是用来安放葬具或墓主尸

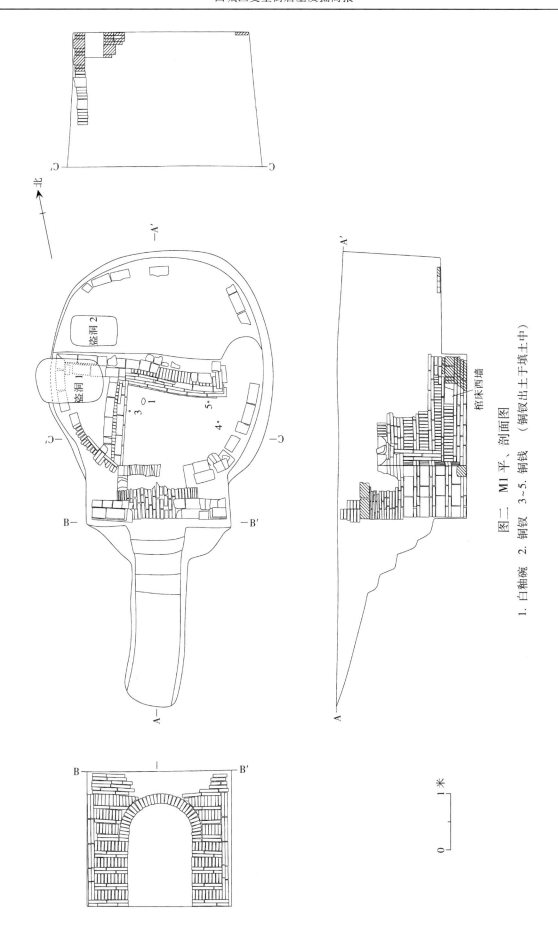

图二 M1 平、剖面图

1. 白釉碗 2. 铜钗 3~5. 铜钱 (铜钗出土于填土中)

骨的棺床（彩版一：3）。台基之上未发现葬具，人骨发现于墓室南半部东侧，散乱但堆积较为集中，推测应为盗墓所致。另一部分台基平面近扇形，位于墓室西南角，其北侧与棺床西南部相连；其东侧边缘和立面砌砖，立面底部用三层平砖错缝砌筑，上部基本被破坏，仅残存北端壸门。无法确定其表面是否原有铺砖。台基表面北侧有一道东西方向的青砖，将此部分台基与棺床分割开来，推测这一部分台基很可能是专门用来放置随葬器物的器物台。墓内青砖均为长方形，一面饰绳纹，其余三面为素面。长 35、宽 17.5、厚 5 厘米（彩版二：1；图三）。

图三　青砖拓片（1/3）

三　随葬器物

墓葬被破坏严重，仅在墓室填土上部发现铜钗 1 件，在墓室地面西侧发现白釉碗 1 件、铜钱 1 枚，南部地面东侧发现铜钱 2 枚。

白釉碗　1 件。

M1：1，残。侈口，圆唇，弧腹，假圈足，足墙外侧有一周削痕。白釉泛黄，内壁满釉；外壁中上部有釉，底部和圈足未施釉。胎体较厚。内壁一侧上部有月牙形窑粘，内底有三个支钉痕迹，呈三角形分布。素面。口径 12.5、足径 5.5、高 4.2 厘米（彩版二：2；图四：1）。

铜钗　1 件。

M1：2，残，已变形。整体呈 U 形。钗首略粗，两端尖细。顶部两侧的对称部位均饰两道棱状突起。残长 14.6~15.8、钗首宽 1.1 厘米（彩版二：3；图四：2）。

铜钱　3 枚。其中 2 枚残损、锈蚀严重，钱文已无法辨识。

M1：3，锈蚀较严重，大体可以辨认出为"开元通宝"（彩版二：4）。

对出土铜器仅做简单的除锈处理，在确保文物完整性，即不会对文物本体造成损坏的前

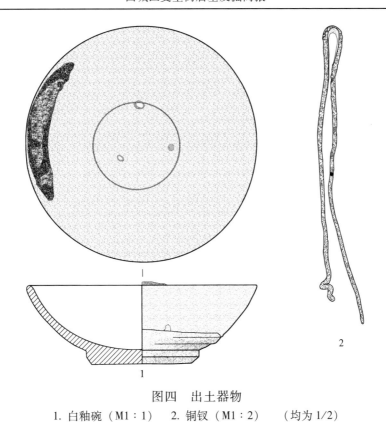

图四　出土器物
1. 白釉碗（M1∶1）　　2. 铜钗（M1∶2）　　（均为1/2）

提下，为了解和认识其合金成分，使用美国 NITON 公司的便携式 X 射线荧光能谱仪 XL3T950，以常见金属模式对铜钗和铜钱进行了检测（表一）。

四　结　语

（一）墓葬时代

M1 墓室平面近圆形，此种墓室形制在北方地区出现于唐代初期，北京地区则要晚至唐代中期才开始出现[①]。M1 的形制与北京大兴新城北区 12 号地唐墓 M1[②]、通州次渠唐墓 M5[③]、通州潞城唐开成二年（837 年）艾演墓[④]、西城丰盛胡同唐龙纪元年（889 年）李殷辅墓[⑤]、北

表一　　　　　　　　　　　　　　　　铜器常见金属成分表（%）

成分位置	Cu 铜	Pb 铅	Sn 锡	Fe 铁	Bi 铋	Ni 镍	Sb 锑	Co 钴	Ag 银	Ti 钛	Mg 镁
铜钗首部正中	82.74	1.147	6.015	0.622	0.087	0	0.072	0	0.338	0.14	0
铜钗首部一侧	82.67	1.214	4.382	0.847	0.069	0.064	0.048	0.025	0.244	0.172	0
铜钱正面	52.743	29.542	15.936	1.514	0	0.089	0	0	0	0.088	0
铜钱背面	54.816	26.987	15.737	1.88	0	0	0	0	0	0.102	0

京大学第一医院唐墓 2016BYM1⑥等相似。从墓葬形制判断，M1 年代应为唐代中晚期。

北京地区发现的唐代砖室墓均为南北向，以墓室位于北部、墓道置于南部者为主。少量墓葬为墓道置于南部、墓室位于北部，如西城灵境胡同唐天宝十二年（753 年）纪宽墓⑦。M1 的墓室位于北部，与北京唐墓常见的墓向一致。

北京地区唐墓的墓道主要为斜坡状或台阶式，基本居于墓室南侧的正中位置。M1 的墓道南段为斜坡状，北段为台阶式，是较为特殊的一种形制，此种形制亦见于大兴新城北区 12 号地唐墓 M7⑧。M1 甬道内残存三块平砖，应为铺地砖，与北京其他唐墓甬道内多为原生土地面的情况有所不同。北京唐墓中多为一道或两道以"人"字形方式砌筑的青砖封门，M1 甬道北侧残存的封门砖，证明该墓至少有一道封门，符合常见做法。

北京地区唐代砖室墓内均有高于地面的台基，其内填土通常连为一体，根据位置和平面形状不同，可以分为 4 型。A 型，台基位于墓室北部，占据墓室空间的 1/3 至 3/4，随墓室形状呈梯形、弧边梯形或半圆形等。B 型，台基位于墓室西部或东部，以前者常见，约占墓室空间的 1/2，随墓室形状呈半圆形或长方形等。C 型，台基平面呈曲尺形，可分为 2 亚型，Ca 型外边缘呈"匚"形，占据墓室内的大部分空间；Cb 型外边缘为近似 Z 形，见于北京大学第一医院唐墓 2016BYM1、通州次渠唐墓 M9⑨等。D 型，台基平面呈"凹"字形，随墓室形状其外边缘为"∩"或"Π"形，遍布整个墓室。A 型、B 型台基均主要用作棺床；C 型、D 型台基应是唐代中期以后出现的新形制，根据台基的局部特征和功能，可分为棺床和器物台两大部分。M1 的台基外边缘呈"匚"形，是典型的 Ca 型。

北京地区唐代砖室墓的主体结构用青砖以"二顺一丁"方式砌筑，此种形制至唐代中期以后才基本确定下来，M1 墓壁符合这一做法。此外，北京唐墓中的仿木结构与做法，唐代中期才逐渐开始流行，主要有门楼、立柱、假门、直棂窗、灯檠等⑩。其中，直棂窗主要见于墓室内部墙壁之上，很少使用于墓门周侧。延庆唐开元二十二年（734 年）侯臣墓的墓门门券之上砌有影作直棂窗⑪，这应是北京地区最早在墓门处制作直棂窗的唐代砖室墓；海淀八里庄王公淑夫妇合葬墓（唐开成三年，838 年）的墓门外西墙上残存一砖砌直棂窗⑫。M1 在墓门外两侧的墙体上砌直棂窗的做法与王公淑夫妇合葬墓基本相同。

带墓道墓葬的方向通常是以墓道所在的直线方向为参考标准而确定，即墓葬建筑本身的朝向。墓主头向或者葬具方向，与墓葬方向或异或同，这需要与棺床的位置、形制相结合进行考察。北京地区的唐墓，若棺床位于北部，绝大部分墓主或者葬具方向为东西向，且以头向西者居多。若棺床位于东侧或者西侧，则绝大部分墓主或者葬具方向为南北向，且以头向南者居多。M1 遭严重破坏，未见在原始位置的人骨或葬具，推测葬具为东西向。

M1 出土白釉碗与丰台大红门唐墓 M3 中出土的白釉碗⑬形制基本相同，具有唐代晚期器物的特点。U 形铜钗又名折股钗，简单地对弯而成，是北京唐墓中常见的一类发饰或首饰，

M1 出土铜钗首顶部两侧的对称部位饰两道棱状突起，是唐代晚期流行的样式。

综合墓葬形制、结构与随葬器物，可以推断 M1 为唐代晚期墓葬。

（二）墓葬方位

M1 开口于第②层下，距地表 2.2 米。地表以下 2 米均为现代回填渣土，因此 M1 最后一次被破坏的时间很可能是近现代时期。M1 建成后，应屡遭毁坏。考虑到其所处地理位置，可以推断，M1 遭到破坏与唐代以来北京城位置、规模、功能和地位等的变化有密切关系。

据唐幽州城四至范围——北城墙位于西单南侧头发胡同，东城墙位于宣武门大街偏西，南城墙位于陶然亭、广安门外的三路居和骆驼湾一线，西城墙位于广安门外南观音寺往北至会城门村稍西一线，可知 M1 位于唐幽州城外的东北部。唐幽州城"蓟城南北九里，东西七里"[14]，郭下治二县，幽都县"管郭下西界，与蓟分理"[15]，即西部及北部属幽都县，东部及南部属蓟县。幽州城外设置乡、村，分属两县管辖。其中，蓟县下辖二十二乡，幽都县下辖十二乡。根据 M1 周边发现的唐墓和出土墓志的相关记载[16]，其位置应在幽都县礼贤乡的范围内。

辽南京城沿用唐幽州城，城外乡、村的设置也未大规模改变，重熙五年（1036 年）张嗣甫墓志[17]可为佐证，据此推断 M1 处于辽南京城外的东北部。金海陵王以辽南京城为基础修建金中都，"天德三年，广燕京城"[18]，只是向东、西、南三面有所扩展，其东北角在宣武门内南翠花街，可知 M1 也位于金中都城外的东北部。不过，有一点需要注意，金代统治者对以今北海公园的琼华岛一带为中心的离宫，即大宁宫或称"北宫""北苑"的开发与兴建，很可能导致 M1 所属区域在人文与行政环境上的变化，即不同于唐、辽时期的城外乡、村。

元大都城是另行择地选址的新筑之城，由外郭城、皇城和宫城三大部分组成。其外郭城的北城墙位于今北三环和北四环之间，东、西城墙的南段与明清北京城的东、西城墙一致，南城墙位于今东、西长安街南侧。据此可知，M1 位于元大都城西南部，其位置由原来位于城外，改在了城内。需要特别指出的是，大都城内的西部开凿金水河，引玉泉山水，自和义门（今西直门）南水关入城，曲折南下，转至皇城西南隅外后分为两支[19]。金水河由南向北这一段河道，即今赵登禹路，M1 则恰位于这一段河道的西侧。《光绪顺天府志》记载："明代坊名多沿元旧，其地今尚可稽，散见于前。又《梦余录》之保泰，即保大，安福即安富，河漕西坊即西城坊。"[20]则 M1 很可能属于元大都的西城（成）坊，"西成坊，在正西，取尚书平秩西成之义以名"[21]。

明清时期的北京城是在元大都城的基础上改建而成的，总体而言是北缩南扩，则 M1 的位置改为处在明清北京城内的西北部。M1 位于大茶叶胡同和翠花街之间偏南处、赵登禹路西侧，在明代属于河漕西坊[22]；大茶叶胡同时称茶叶胡同，翠花街尚未得名，处于茶叶胡同和栅栏胡同之间[23]，赵登禹路在当时为河漕。M1 所属区域在清代属于内城西城，茶叶胡同名称未变，翠花街也称小翠花街，赵登禹路在当时为西沟沿，俗称臭沟[24]。本次考古发掘所配合项目名称中的"受壁街"，是现在的名称，指西二环路—赵登禹路一段。"受壁"之名，始见于民国时期，称受壁胡同，位于赵登禹路东侧、大茶叶胡同东部偏北，即今天的西四北四条；明代为鸣玉坊的熟皮胡同，清代改作臭皮胡同。

M1 的墓葬形制、建筑结构和随葬器物在北京地区考古发现中都具有较为典型的特征。其所在区域位于北京旧城之中，具有历史文化和地理环境的标识作用，对于认识唐代幽州城至金中都、元大都乃至明清北京城的发展、演变以及旧城内地下文物的保护等具有重要价值。对出土铜器进行的合金成分检测分析，为了解唐代北京出土铜器内在性特点提供了重要数据。

附记：领队和发掘人员为曹孟昕，绘图、摄影、修复由曹孟昕、黄星完成。

执　笔：曹孟昕　黄　星　王祯哲

注　释

① 刘耀辉《试论北京地区唐墓》，《北京文博》（1998.4），北京燕山出版社，1998 年；王乐《试论京津唐地区隋唐墓葬》，《中原文物》2005 年第 6 期；胡传耸《北京地区隋唐墓葬分期与年代研究》，《北京文博文丛》2011 年第 1 辑，北京燕山出版社，2011 年；齐东方《中国北方地区唐墓》，《7~8 世纪东亚地区历史与考古国际学术讨论会论文集》，科学出版社，2001 年；齐东方《隋唐考古》，第 87 页，文物出版社，2002 年。

② 北京市文物研究所《大兴新城北区 12 号地唐代墓葬发掘简报》，《文物春秋》2010 年第 4 期。

③ 北京市文物研究所《北京通州次渠唐金墓发掘简报》，《文物春秋》2015 年第 1 期。

④ 北京市文物研究所《北京市通州区唐开成二年幽州潞县丞艾演墓》，《考古》2019 年第 2 期。

⑤ 北京市文物研究所《西城区丰盛胡同唐代壁画墓发掘简报》，《北京文博文丛》2011 年第 1 辑，北京燕山出版社，2011 年。

⑥ 北京市文物研究所《北京大学第一医院唐墓发掘简报》，《中国国家博物馆馆刊》2021 年第 10 期。

⑦ 北京市文物研究所《北京近年发现的几座唐墓》，《文物》1992 年第 9 期。

⑧ 北京市文物研究所《大兴新城北区 12 号地唐代墓葬发掘简报》，《文物春秋》2010 年第 4 期。

⑨ 北京市文物研究所《北京通州次渠唐金墓发掘简报》，《文物春秋》2015 年第 1 期。

⑩ 于璞《北京地区仿木构墓葬初论》，《北京文博文丛》2013 年第 1 辑，北京燕山出版社，2013 年。

⑪ 王武钰《延庆县铝箔厂唐代壁画墓》，《中国考古学年鉴（1992）》，文物出版社，1994 年。

⑫ 北京市海淀区文物管理所《北京市海淀区八里庄唐墓》，《文物》1995 年第 11 期。

⑬ 北京市文物研究所《丰台大红门唐、元代墓葬发掘简报》，《北京文博文丛》2020 年第 4 辑，北京燕山出版社，2020 年。

⑭ 〔宋〕乐史撰、王文楚等点校《太平寰宇记》卷六九《幽州》，第 1399 页，中华书局，2007 年。

⑮　《旧唐书》卷三九《地理志二》，第 1516 页，中华书局，1975 年。

⑯　赵其昌《唐幽州村乡初探》，《中国考古学会第一次年会论文集》，文物出版社，1980 年。

⑰　齐心《北京出土辽张嗣甫墓志考》，《考古》1983 年第 11 期。

⑱　《金史》卷八三《张浩传》，第 1862 页，中华书局，1975 年。

⑲　侯仁之《元大都城与明清北京城》，《故宫博物院院刊》1979 年第 3 期。

⑳　〔清〕周家楣等编纂《光绪顺天府志·京师志十四坊巷下》，第 432 页，北京古籍出版社，2001 年。

㉑　〔元〕孛兰肹等撰、赵万里校辑《元一统志》卷一，第 7 页，中华书局，1966 年。

㉒　〔清〕孙承泽著、王剑英点校《春明梦余录》卷五《城坊》，第 35 页，北京古籍出版社，1992 年。

㉓　〔明〕张爵《京师五城坊巷胡同集》，第 12 页，北京出版社，1962 年。

㉔　〔清〕朱一新《京师坊巷志稿》，第 128 页，北京出版社，1962 年。

西城区白纸坊元代 1 号井遗址发掘简报

　　白纸坊 1 号井遗址（编号 J1）位于现北京市西城区白纸坊西街以北，菜园街以东，属于元大都南城白纸坊范围（图一）。2022 年 6 月，北京市考古研究院（北京市文化遗产研究院）对其进行了发掘。井中出土了大量精美元代瓷器，且在一定程度上填补了元大都南城考古的空白，具有重要价值。现将发掘情况简报如下。

一　地层堆积

　　J1 位于发掘区西部，被探方 T0401 东南隔梁叠压。J1 开口于第③层下，距现地表约 1.7 米。

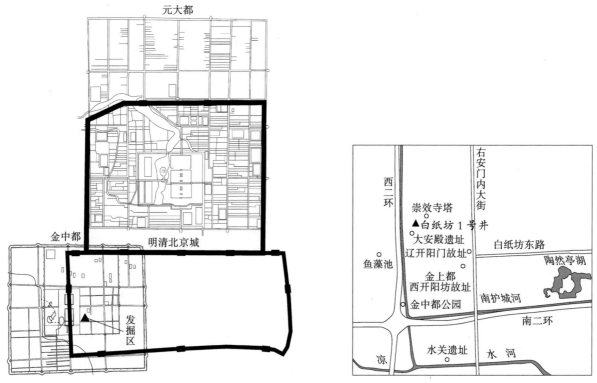

图一　遗址位置示意图

J1 平面呈圆形，开口下 0.5 米处为砖砌井壁，井壁规整平顺，以灰砖错缝平砌而成，自上而下逐渐外扩，井底置有榫卯结构的井盘（图二）。井口直径 1、井底直径 1.2、井深 3 米。用砖规格为 28 厘米×14 厘米×4 厘米。井内填土分为 5 层。

第①层：灰褐色土，土质疏松杂乱。厚 1.05~1.2 米。包含灰陶砖渣。

第②层：浅灰褐色土，土质较疏松。距井口 1.05~1.2 米，厚 0.5~0.68 米。该层出土各类瓷器残片，包括钧瓷、磁州窑瓷、龙泉窑青瓷、景德镇窑青白瓷等，可辨器形有盘、碟、罐、盆等。

第③层：灰褐色土，土质疏松湿润。距井口约 1.7 米，厚 0.3 米。该层出土景德镇窑青白瓷可复原器、龙泉窑青瓷盘及玉带扣 1 件。

第④层：灰黄色土，内含大量粗沙。距井口约 2 米，厚 0.5 米。未发现遗物。

第⑤层：黄色土，沙土较为纯净。距井口约 2.5 米，厚 0.5 米。出土铁打捞钩 1 件。

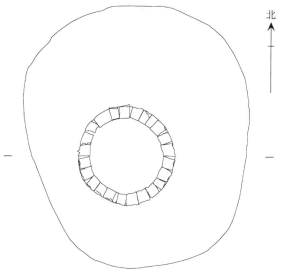

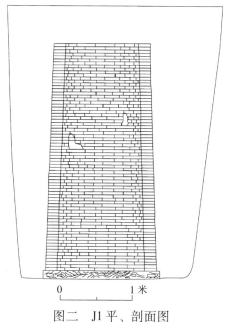

图二　J1 平、剖面图

二　出土器物

J1 出土器物包括陶器、瓷器、铁器和玉器。

（一）陶器

残片　1 件。

J1：31，敞口，尖圆唇，疑似弧腹。胎呈灰色，内、外壁均有修坯痕。复原后口径约 11.5、残高 5 厘米（图三：1）。

（二）瓷器

以生活用器为主，可修复瓷器 19 件，另有大量残片，无法复原。可辨器形有杯、盘、

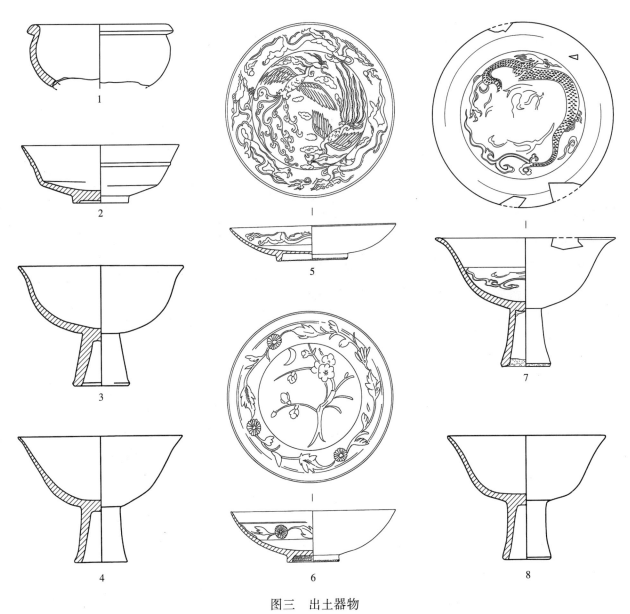

图三　出土器物

1. 陶器残片（J1∶31）　2. 景德镇窑青白釉碗（J1∶7）　3、4、7、8. 景德镇窑青白釉高足碗（J1∶1、3、2、8）
5. 景德镇窑青白釉盘（J1∶4）　6. 景德镇窑青白釉碟（J1∶6）　（5 为 1/4，余为 1/3）

碗、碟、罐、盆、瓶等，涉及窑口有景德镇窑、龙泉窑、磁州窑、钧窑、定窑，以及黑釉
瓷等。

1. 景德镇窑

青白釉高足碗　4 件。

J1∶1，可复原。敞口，尖圆唇，弧腹，高圈足。通体施青釉，满布龟裂纹，圈足底部及
内壁无釉，露红褐色底胎。内底及外腹部剔刻有花卉图案。口径 13.7、足径 4.4、高 9.8 厘米
（彩版三∶1、2；图三∶3）。

J1∶2，可复原。敞口，尖圆唇，弧腹，高圈足。通体施青白釉，圈足底部及内壁无釉，

露浅红褐色底胎。内腹壁中部饰凸弦纹一周，其下模印云龙纹，流云、龙鳞清晰可辨，龙爪为三趾，龙头等部位模糊不清。口径 14.7、足径 3.8、高 10 厘米（彩版三：3、4；图三：7）。

J1：3，可复原。敞口，尖圆唇，弧腹，高圈足。通体施青白釉，圈足底部及部分内壁无釉，露乳白色底胎。内腹壁中部饰凸弦纹一周，其下模印云龙纹，流云、龙鳞清晰可辨，龙爪为三趾，龙头等部位模糊不清。此云龙纹与标本 J1：2 所饰云龙纹虽相似但不同。口径 13.7、足径 4.4、高 10.2 厘米（彩版三：5、6；图三：4）。

J1：8，可复原。敞口，尖圆唇，弧腹，高圈足。通体施青白釉，圈足底部无釉，露灰白色底胎。内腹壁下部及内底剔刻弦纹一周及龙纹。口径 13、足径 4、高 10.2 厘米（彩版四：1、2；图三：8）。

青白釉碗　2 件。

J1：7，折腰碗，可复原。敞口，尖圆唇，折腰，平底，小圈足。胎土细白，内、外壁施满釉，底足露卵白釉色胎。内壁印菊瓣纹，底心压印双鱼纹，外壁腰部饰宽平凸棱纹一周。口径 12.8、足径 4.5、高 4.6 厘米（彩版四：3、4；图三：2）。

J1：20，残。弧腹，平底，圈足。胎土细白，内、外壁施满釉，底足露卵白釉色胎。内腹壁模印云龙纹，龙身和云朵清晰可辨，内底中心模印金刚杵纹，杵铃两两相对，外底有墨书题记，不可辨识（彩版四：5）。

青白釉盘　1 件。

J1：4，可复原。敞口，尖圆唇，浅弧腹，圈足。通体施青白釉，圈足底部无釉，露灰白色底胎。腹内壁与内底交界处剔刻有弦纹一周，底心为对凤纹，两只凤鸟展翅腾飞，首尾相衔，空隙处衬以流云。两只凤鸟形象有别：一只头生肉冠，闭喙，五支尾羽呈卷曲状，或为雄性；另一只无肉冠，似张口鸣叫，五支尾羽呈伸展状，或为雌性。内腹壁饰三条首尾相衔的龙纹，其间以火珠间隔，龙均为三趾。口径 18、足径 7.8、高 3.7 厘米（彩版四：6；图三：5）。

青白釉碟　1 件。

J1：6，敞口，尖圆唇，弧腹缓收，平底，圈足。通体施青白釉，外底无釉，露灰白色底胎。内壁有模印装饰，因压印而形成"月亮底"，底心为梅梢月纹，腹壁饰缠枝菊纹一周，腹内壁与内底交界处剔刻有弦纹一周。口径 13.4、足径 4.2、高 4.2 厘米（彩版五：1；图三：6）。

2. 龙泉窑

青釉盘　1 件。

J1：5，可复原。敞口，圆唇，弧腹缓收，圈足。胎土灰白，釉层肥厚，釉色青中微泛黄，外底有涩圈泛火石红一周，足脊局部露胎。内底因压印而形成"月亮底"，底心贴塑折枝菊纹，花蕊与叶脉清晰饱满，叶间戳印"福""寿"二字。口径 27.8、足径 17.6、高 5 厘米

（彩版五：2、3；图四：1）。

3. 磁州窑

碗　2 件。

J1：37，残存部分腹部至底部。弧腹，圈足。残存部分通体施灰色釉，断面露灰色底胎。复原后足径约 7.7、残高 2.6 厘米（图四：6）。

J1：39，敞口，圆唇，斜直腹，近底处微有折感，圈足，脐底。灰白胎稍粗疏，施化妆土，内、外壁均有修坯痕。内壁满釉，外壁半釉，釉色白中闪黄，有龟裂纹开片，半木光。内底心绘褐彩两周，其内用褐彩行书一“牛”字。口径 19.8、足径 7.9、高 7.4 厘米（彩版五：4；图四：2）。

碟　2 件。

J1：23，敞口，圆唇，斜弧腹，圈足。内、外壁上腹部及口沿处施黑褐色釉，底胎呈灰褐色，内、外壁均有修坯痕。口径 8.5、足径 4.1、高 2.1 厘米（图四：9）。

J1：38，敞口，尖圆唇，弧腹，圈足。口部至外壁上腹部、内壁及内底均施灰白色釉，内、外壁均有修坯痕。口径 15、足径 4.5、高 4.3 厘米。

梅瓶　1 件。

J1：18，敞口，尖圆唇，束颈，丰肩，弧腹，圈足。外壁施黑釉，如墨似漆，内壁及内底均施黑色釉水。外壁腹部留有轻微轮制凸棱，内、外壁均有修坯痕。外底心用墨书题写行楷“守正”二字。口径 5.8、最大腹径 21.6、足径 12.2、高 34.6 厘米（彩版五：5；图四：10）。

盆　3 件。

J1：33，残存部分口部至腹部。敞口，折沿，方唇微内凹，疑似弧腹。残存部分内壁施乳白色釉，绘黑彩弦纹及点状纹饰，外壁施黑褐色釉，釉面较粗糙。断面露灰色底胎。复原后口径约 48.2、残高 7.2 厘米（图四：8）。

J1：34，残存部分口部至腹部。敞口，折沿，方圆唇，疑似弧腹。残存部分内壁施乳白色釉，绘黑彩弦纹、点状纹饰及花卉图案，外壁施黑釉。断面露灰色底胎。复原后口径约 48、残高 5.2 厘米（图四：5）。

J1：35，残存部分口部至腹部。敞口，折沿，方圆唇，疑似弧腹。残存部分内壁及口沿处施乳白色釉，且布有龟裂纹，腹部绘黑彩弦纹及条状纹饰，外壁腹部施黑釉。断面露灰白色底胎，内、外壁均有修坯痕。复原后口径约 32.8、残高 6 厘米（图四：7）。

4. 钧窑

碗　15 件。

J1：10，残存部分口部及腹部。敞口，尖圆唇，弧腹。胎色灰白，通体施青釉，有开片。

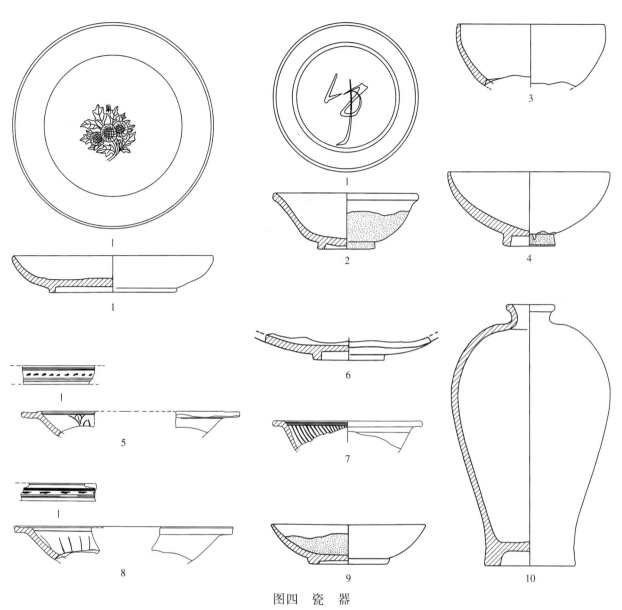

图四 瓷器

1. 龙泉窑青釉盘（J1：5） 2、6. 磁州窑碗（J1：39、37） 3、4. 钧窑碗（J1：10、11-1） 5、7、8. 磁州窑盆
（J1：34、35、33） 9. 磁州窑碟（J1：23） 10. 磁州窑梅瓶（J1：18） （5、7、8 为 1/8，6 为 1/4，9 为 1/2，
余为 1/5）

复原后口径 20、残高 8.2 厘米（图四：3）。

J1：11-1，可复原。敞口，尖圆唇，弧腹，圈足。通体施天青色釉，有流釉现象，口沿外施橄榄绿色釉，圈足及外底无釉，露红褐色底胎。口径 22.2、足径 7.3、高 9.8 厘米（图四：4）。

J1：11-2，可复原。敞口，尖圆唇，弧腹，圈足。通体施天青色釉，且布有龟裂纹，部分流釉，口沿处施黑绿色釉，圈足及外底无釉，露褐色底胎。口径 18、足径 5.6、高 8.2 厘米（彩版五：6；图五：1）。

J1：11-3，可复原。敞口，尖圆唇，弧腹，圈足。通体施橄榄绿色釉，且布有龟裂纹，部分流釉，圈足及外底无釉，露红褐色底胎。口径 22、足径 6、高 10.6 厘米（图五：2）。

J1：11-4，残存部分口部及腹部。敞口，尖圆唇，疑似弧腹。残存部分通体施天青色釉，且布有龟裂纹，口沿处施橄榄绿色釉，断面底胎呈灰色。复原后口径约 19.2、残高 7 厘米（图五：3）。

J1：11-5，残存部分口部及腹部。敞口，尖圆唇，疑似弧腹。残存部分通体施天青色釉，且布有龟裂纹，口沿处施橄榄绿色釉，断面底胎呈灰白色。复原后口径约 23.2、残高 7.6 厘米（图五：4）。

J1：12，残存部分腹部及完整底部。疑似弧腹，圈足。残存部分通体施青釉，部分流釉，圈足及外底部分无釉，露灰色底胎。足径 6、残高 8 厘米（图五：5）。

J1：13，残存部分口部及腹部。敞口，尖圆唇，疑似弧腹。残存部分通体施天青色釉，口沿处施浅橄榄绿色釉，断面露灰色底胎。复原后口径约 21.8、残高 7.8 厘米（图五：6）。

J1：21，敞口，尖圆唇，弧腹，圈足。通体施天青色釉，部分流釉，口沿处施橄榄绿色釉，外底部及外底周边无釉，露紫褐色底胎。口径 19、足径 5、高 8.2 厘米（图五：7）。

J1：26，残存部分口部及腹部。敞口，尖圆唇，疑似弧腹。残存部分通体施天青色釉，口沿处施橄榄绿色釉，断面露深灰色底胎。复原后口径约 23、残高 8.5 厘米（图五：9）。

J1：27，残存部分口部及腹部。敞口，圆唇，弧腹。残存部分通体施天青色釉，口沿处施浅橄榄绿色釉，断面露灰色底胎。复原后口径约 23.5、残高 7 厘米（图五：8）。

J1：28，残存部分口部及腹部。微敞口，尖圆唇，疑似折弧腹。残存部分内、外壁上腹部均施天青色釉，口沿处施橄榄绿色釉，断面露深灰色底胎。复原后口径约 18、残高 5 厘米（图五：10）。

J1：29，残存部分口部及腹部。微敞口，尖圆唇，疑似弧腹。残存部分内、外壁上腹部均施天青色釉，口沿处施橄榄绿色釉，断面露深灰色底胎。复原后口径约 11.8、残高 2.9 厘米（图五：11）。

J1：30，残存部分口部及腹部。敞口，尖圆唇，疑似弧腹。残存部分通体施乳白色釉，断面露灰色底胎。复原后口径约 24.6、残高 5.4 厘米（图五：12）。

J1：36，残存部分腹部及完整底部。弧腹，圈足。残存部分通体施青色釉，外底及周边无釉，露浅褐色底胎，断面露深灰色底胎。足径 6、残高 2.3 厘米（图五：14）。

盘　1 件。

J1：22，可复原。敞口，尖圆唇，浅弧腹，圈足。通体施天青色釉，口沿处釉薄呈橄榄绿色，足底部及周边无釉。外腹部留有轮制凸棱。口径 16.8、足径 6.4、高 4.6 厘米（图五：15）。

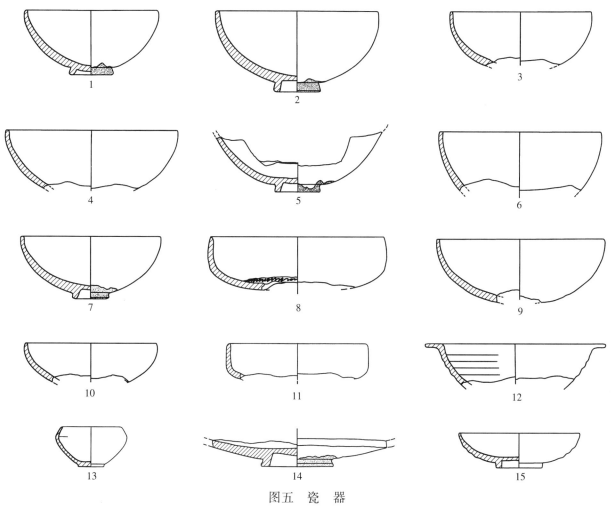

图五　瓷　器

1~12、14. 钧窑碗（J1：11-2、11-3、11-4、11-5、12、13、21、27、26、28、29、30、36）
13. 黑釉杯（J1：24）　　15. 钧窑盘（J1：22）　　（11、13、14 为 1/3，余为 1/5）

5. 黑釉瓷

杯　1 件。

J1：24，可复原。敛口，尖圆唇，折肩，斜弧腹，假圈足。外壁肩部、内壁及内底均施黑褐色釉，口沿处施黄褐色釉，底胎呈灰色，内、外壁均有修坯痕。口径 5、最大腹径 6、底径 2.3、高 3.2 厘米（图五：13）。

瓶　1 件。

J1：14，残存部分腹部及完整底部。疑似斜弧腹，平底。夹砂灰陶，残存部分通体施黑色釉，部分下腹部及外底无釉。外腹部留有明显轮制凸棱，内、外壁均有修坯痕。底径 8.6、残高 25.8 厘米（图六：1）。

罐　1 件。

J1：25，残存部分口部及肩部。敞口，尖圆唇，束颈，疑似丰肩，肩部疑有一系，已残损无法辨认。残存部分外壁口部至肩部、口沿内侧均施黑色釉，断面露灰色底胎。内壁有修

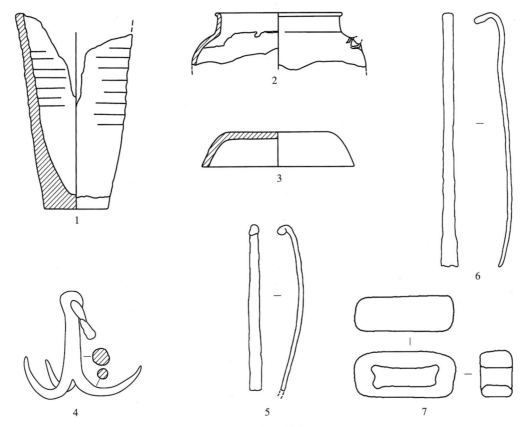

图六　出土器物

1. 黑釉瓶（J1：14）　2. 黑釉罐（J1：25）　3. 黑釉器盖（J1：40）　4~6. 铁捞钩（J1：15-1、15-3、15-2）　7. 骨带扣（J1：16）　（1、2 为 1/5，7 为 1/1，余为 1/3）

坯痕。复原后口径约 17、残高 7.6 厘米（图六：2）。

器盖　1 件。

J1：40，圆帽状，顶呈轻微圆弧状。顶径 9、底径 12.6、高 2.8 厘米（图六：3）。

（三）铁器

捞钩　3 件。

J1：15-1，残。上部分呈圆柱状，顶端有一穿孔，孔内套有一圆环，下部分叉呈三条圆锥柱体，向外撇，向上弯曲。宽 9.9、高 8.9 厘米（图六：4）。

J1：15-2，残。整体呈扁条状，一端弯曲呈钩状。长 20.4 厘米（图六：6）。

J1：15-3，残。残存部分呈扁条状，一端弯曲呈钩状。残长 13.2 厘米（图六：5）。

（四）骨器

带扣　1 件。

J1：16，残。象牙质地，整体近似长方体，中部有一条状穿孔。长 2.8、宽 1.2、穿孔长

1.9、穿孔宽 0.5 厘米（图六：7）。

三　结　语

（一）年代判断

J1 出土瓷器残片丰富，除了一般性的瓷器品种外，还有部分品质优良的上乘瓷器。大部分瓷器可见鬃眼、开片、施釉不均等现象，部分典型瓷器显示出明显的时代特征。大件器物如罐、瓶、壶的胎体普遍厚重坚实，施釉不均，大部分钧瓷施釉不及底，有明显流釉现象。小件器物腹壁较为轻薄，底部厚重，有下沉手感，腹壁纹饰模印清晰、底部纹饰模印痕迹较浅，如出土的 4 件青白釉高足碗，体现了典型的元代景德镇窑青白瓷特点，可称为景德镇窑青白瓷中卵白釉之精品。卵白釉是元代景德镇窑创烧的一种高温釉，因釉色似鹅蛋，呈现出白中微泛青的色调而得名。其品质优良，多有印花装饰，题材以云龙纹和缠枝花卉纹最为常见，因施釉属乳浊釉，且近器底釉层厚重，故纹饰不太清晰。这些特点正与 J1 所出的景德镇窑青白瓷器特征相符。从纹饰看，在景德镇窑青白釉高足碗 J1∶2 的腹壁中部，凸弦纹下模印云龙纹，龙身细长弯曲，流云、龙鳞清晰可辨，龙爪为三趾，龙头等部位模糊不清，具有典型的元代云龙纹特点。青白釉盘 J1∶4 饰三龙与两凤纹饰，流畅生动，凤尾羽毛舒展飘逸，与元代凤纹洒脱、夸张的特征相符。青白釉碟 J1∶6 内底心模印梅梢月纹，清新别致，此类纹饰见于北京元耶律铸墓青白釉斗笠碗、北京怀柔黄釉褐彩梅梢月纹碗和江西高安元代瓷器窖藏卵白釉斗笠碗①。这种纹饰常见于宋元金银酒器②，元代继承并应用于瓷器装饰中。

从瓷器的制作和装饰风格看，除上述景德镇窑瓷器外，J1 出土的其他窑口瓷器也具有典型的元代特征。龙泉窑瓷器胎土灰白，釉层肥厚，釉色青中泛黄，外底一周涩圈泛火石红，足底局部露胎，内底压印成"月亮底"。钧窑瓷器釉色以天青色为主，个别器物釉色存在浓淡、深浅的区别，灰褐胎，外底有蘸釉法施釉留下的"元宝底"。景德镇窑青白釉折腰碗、磁州窑白釉褐彩碗在既往元代考古中有较多发现，学界多将这两种碗的年代划定在元代中晚期，尤其是青白釉折腰碗，在江西、安徽等地墓葬、窖藏中多有发现③。

结合 J1 开口于明代地层下的层位关系，推断 J1 出土瓷器的废弃年代为元代中晚期。

本次发掘地点位于北京市西城区白纸坊街道，该地在元代属于元大都南城范围内。以往元大都的相关发现多集中于北京旧城内，而南城的元代考古目前尚处于空白。J1 出土瓷器窑口丰富，发现云龙纹、凤纹等纹饰，说明其拥有者具有一定的社会身份。该批瓷器的散落不同于通常残次废弃品的处理方式，根据遗迹性质和遗物年代判断，这批瓷器残片之所以会在水井中出现或与当时的一场内战有关，即文献中记载发生在天历年间的"两都之战"。两都之战是元代中期发生在统治集团内部的、争夺最高统治权的战争，因大都（今北京）的元武宗与上都（今内蒙古正蓝旗东北）的泰定帝两系势力为争夺帝位而引发，是元代中期社会矛盾激化的产物。虽然大都方面最终取得了胜利，但此次内战却削弱了元朝统治的力量，对元朝后期的政治、经济和社会生活等各个方面都产生了重要影响，也是元朝由盛转衰的转折点之一。J1 出土瓷器的拥有者具有一定社会地位，或在此次内战中被波及。

（二）价值意义

J1 出土瓷器窑口众多，制作工艺较精细，云龙纹、凤纹装饰和卵白釉瓷器的出现，充分说明其拥有者的地位不同寻常。另外，瓷器上其他一些装饰工艺也能反映出器物的价值、使用者的道德品质及时代风气。

三件器物装饰有菊纹，包括景德镇窑青白釉高足碗 J1：1、青白釉碟 J1：6 以及龙泉窑青釉盘 J1：5。在元代瓷业生产中，菊纹被广泛装饰于龙泉窑、景德镇窑器物中，更有青花、卵白釉、青釉等众多品种，题材则有缠枝菊、折枝菊、团菊等。元代文人崇奉陶渊明，陶渊明的生活方式、审美取向在元代社会产生了深刻影响，带有陶渊明标签意味的物象如"菊""柳""松"，曾大量出现于元代绘画中，菊纹常见于元代瓷器上也是陶渊明对元代多维、立体影响下的结果。在龙泉窑青釉盘 J1：5 底心贴塑的折枝菊纹空隙间，模印有"寿""福"二字，采用正刻反印的方式，使文字反面朝向观者，呈现出镜面效果。通常情况下，为了让器物主人在使用器物时能明显看到器物的装饰纹饰，增添器物美感，会使文字朝向使用者，方便使用、辨读。造成此种情况的具体原因不明，猜测可能在制作过程中，文字正面镌刻在模具上，使得最终制成反面效果。瓷器上菊纹与"福""寿"二字共存，明确了"长寿菊"的概念在元代已经出现或普及。在中国文化与文学作品中，有关菊花的书写与意象早在先秦的文献资料中就有记述。屈原曾在《离骚》中以"明事"写"隐喻"，借写食菊来表达对长生的向往："春兰兮秋菊，长无绝兮终古""朝饮木兰之堕露兮，夕餐秋菊之落英。"在古往今来众多文人志士的影响下，直至今天，菊花仍有长寿、隐逸之意。

J1 出土瓷器多为日常生活用品，且部分为饮酒器具，除四件青白釉高足碗外，还有磁州窑黑釉梅瓶 J1：18。既往考古发现过数例元代梅瓶，如北京良乡元代瓷器窖藏出土"内府"铭白釉梅瓶④，学界认为此类梅瓶为盛酒器。能拥有四件高足碗和黑釉梅瓶，足以彰显 J1 瓷器主人的雅士气质。而绘有梅梢月纹的青白釉碟 J1：6，虽然不是典型的饮酒器，但推测其使用的场景应与饮酒相关，如以往发现的带有梅梢月纹的斗笠碗和高足碗，都是典型的酒具。煮酒赏梅，作诗吟对，元人在入主中原的同时，也充分吸收和继承了汉人的传统与雅致，而"咏梅"也是元代诗坛依然盛行的诗题之一。元代中后期的山阴（今浙江绍兴）人韦珪酷爱梅花，称自己读书处为"梅雪窝"，曾作《梅花百咏》一卷；一些居住在大都的色目诗人对生长在南方的梅花有着异乎寻常的喜爱，如贯云石、萨都剌；丞相耶律铸也留下数篇咏梅的诗词。

青白釉碗 J1：20 内底上模印有一金刚杵纹，反映了元代的宗教信仰情况。元代施行宽松的宗教政策，道教、伊斯兰教、基督教等多教并存，但藏传佛教最受元代统治者尊崇，享有"国教"的超然地位，在这样的背景下，一些佛教典型图像如金刚杵、八吉祥、杂宝、梵文、莲花等就被广泛应用于金银器、铜镜、瓷器等装饰中，北京毛家湾瓷器坑曾出土两件装饰有金刚杵的元代瓷器[5]。青白釉碗 J1：20 内底模印的十字金刚杵，相比于一字形金刚杵纹饰，更常见于实用器物装饰中，不仅具有装饰美感，又有藏传佛教的独特含义。因此，推测 J1 瓷器的主人或许是一位藏传佛教信徒。

综上所述，J1 出土瓷器纹饰中所见龙凤纹，说明使用者的社会地位等级较高，梅梢月、缠枝菊、"守正"等纹饰体现了使用者自身的文化修养和道德追求，金刚杵纹则反映当时社会流行藏传佛教，器主可能有佛教信仰。该遗址的发掘，总体勾勒出以 J1 器主为代表的一批元代贵族士人的精神世界，以及元朝入主中原、进入汉族传统体系后，对汉人传统文化既被动又主动地吸收与继承。

附记：领队为李永强，参与发掘的人员有陈龙、殷淼、李长，摄影王宇新、刘晓贺，绘图赵芬明、黄星、李长。

执 笔：李永强 徐 旻

注 释

① 张柏主编《中国出土瓷器全集》（北京卷），第 94、125 页，科学出版社，2008 年；杨道以《高安窖藏的元代白瓷》，《收藏家》2000 年第 12 期；

② 扬之水《宋元金银酒器中的盘盏散盏与屈卮》，《收藏家》2008 年第 2 期。

③ 杨道以《高安窖藏的元代白瓷》，《收藏家》2000 年第 12 期；剑波《安徽歙县元代窖藏白瓷》，《收藏家》1998 年第 4 期。

④ 田敬东《北京良乡发现的一处元代窖藏》，《考古》1972 年第 6 期。

⑤ 北京市文物研究所《北京毛家湾出土瓷器》，第 22、33 页，科学出版社，2008 年。

西城区北昆1号井、2号井发掘简报

为配合北昆住宅楼基建项目，2020年9~10月，北京市文物研究所〔现北京市考古研究院（北京市文化遗产研究院）〕对该项目地块区域进行了全面考古勘探工作，并于当年11月对该地块内发现的遗迹进行了抢救性发掘，发掘总面积242平方米。发掘区位于北京市西城区陶然亭路与菜市口大街交叉处的东南角，南邻北京市第十五中学，北靠陶然亭路，西邻菜市口大街，东北距北京市中心直线距离约3.8千米（图一）。

本次发掘共清理墓葬22座、砖井2口。出土少量陶器、瓷器、铁器、银器、铜器、石器及石碑等。根据出土器物判断，墓葬年代均为清代，砖井年代分别为元代和明代。现将砖井发掘情况简报如下。

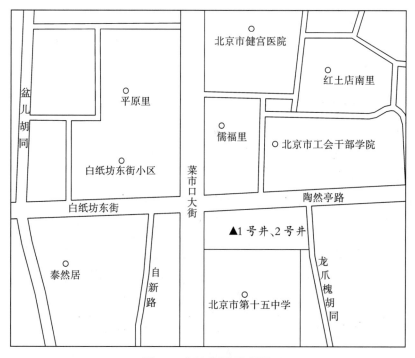

图一　遗址位置示意图

一　地层堆积

受发掘区地形及工程建设影响，难以整体布方，现以勘探探孔及 M7 北部发掘区域的地层堆积为例（图二），介绍如下。

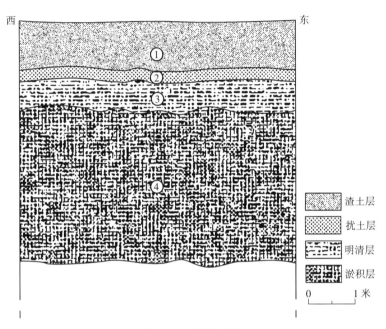

图二　地层剖面图

第①层：渣土层。厚 0.8~1.2 米，土色较杂乱，土质较软，结构疏松。含大量建筑垃圾。

第②层：扰土层。厚 0.2~0.3 米，灰褐色土，土质较软，结构较疏松。含少量碎石。

第③层：明清层。厚 0.5~0.7 米，灰褐色沙土，土质较软，结构较疏松。含少量烧土颗粒。

第④层：淤积层。厚 2.7~3.7 米，灰褐色沙土，土质软，较致密、纯净。

二　1 号井（J1）

（一）形制

J1 为圆形竖穴土坑砖井，开口于第③层下，开口距地表 1.8~2 米。土坑开口直径 4.8~5 米，坑底直径不详。坑内以青砖错缝平砌井壁，近直壁，1.8 米处向内收，平底，底部为黄褐色沙土层。井底有木质井托，井托为八角形，厚 0.15 米。砖均为素面，砖长 30、宽 14、厚 4 厘米。井开口直径 3、井底直径约 2.1、深约 3.02 米（彩版六：1；图三）。

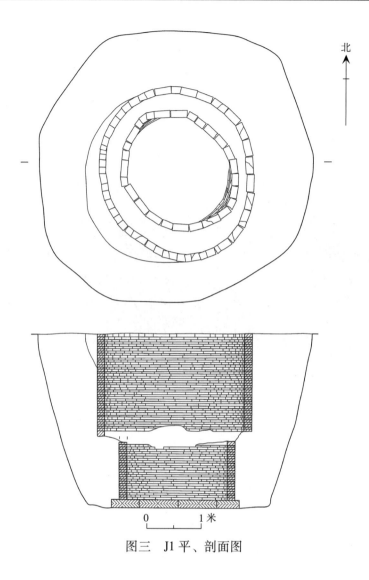

图三　J1 平、剖面图

井内堆积共 2 层：第①层厚约 1.8 米，土质疏松，为灰褐色沙土，夹杂有大量砖块，砖块上有白色石灰，包含人骨、铁器、陶瓷器以及铜钱等；第②层清理厚约 1.2 米，土质疏松，为黄褐色沙土，夹杂少量砖块，包含较多陶瓷器残片、铁器以及有明显元代特征的褐色瓷片等。

（二）出土器物

共 7 件，包括瓷瓶、碗、碟、罐及铜权、铜钱。

瓷瓶　1 件。

J1：3，残，颈部及以上缺失。圆肩，鼓腹，中腹缓弧收，下腹微曲收，平底微凸，圈足。灰胎，白釉，涩足。腹径 17.6、足径 10、残高 29 厘米（彩版七：1；图四：1）。

瓷碗　1 件。

J1：5，敞口，圆唇，斜弧腹，平底，矮圈足。灰胎，满施蓝灰釉，涩足。口径 22、足径

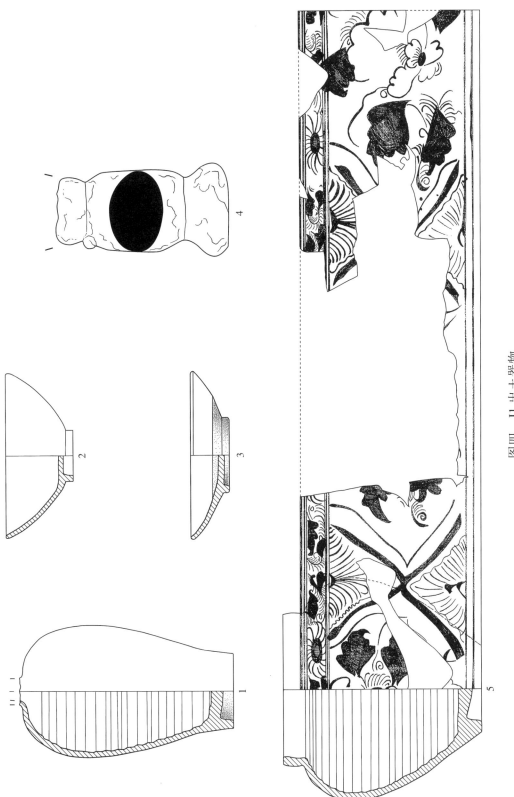

图四　J1 出土器物

1. 瓷瓶（J1：3）　2. 瓷碗（J1：5）　3. 瓷碟（J1：6）　4. 铜权（J1：1）　5. 瓷罐（J1：4）　（3、4 为 1/2，余为 1/5）

6.8、高 9.2 厘米（彩版七：3；图四：2）。

瓷碟　1 件。

J1：6，敞口，圆唇，斜弧腹，平底，圈足，足墙外直，内微外撇。灰胎，口沿及内、外壁施酱釉，涩圈。口径 9、足径 4、高 2.1 厘米（彩版七：4；图四：3）。

瓷罐　1 件。

J1：4，敛口，方唇，矮颈，圆肩，上腹圆鼓，中腹缓弧收，下腹斜收，底外凸，圈足。灰胎，满施白釉，涩足。颈部近肩处绘褐彩两周，肩部绘褐彩花卉纹饰带，腹部饰褐彩牡丹纹、草叶纹，下腹部近底处绘褐彩一周。口径 20、腹径 29.6、足径 11.6、高 27.2 厘米（彩版七：2；图四：5）。

铜权　1 件。

J1：1，完整，锈蚀严重。分为三部分，顶部呈上宽下窄的梯形；中部呈方形，微鼓；底座呈椭圆形，饼状。宽 5.3、高 9.3 厘米（彩版七：5；图四：4）。

铜钱　2 枚。

J1：2-1，大定通宝。缺失 1/3。圆形，方穿，外郭较宽，内郭较窄。正面有郭，铸"大定通□"四字，楷书，对读；背面有郭，穿上铸"申"字。直径 2.6、穿孔径 0.6、厚 0.2 厘米（图五：1）。

J1：2-2，缺失 1/4。圆形，方穿，外郭较宽，内郭较窄，正、背面有郭。字迹锈蚀不可辨认。呈青绿色。直径 2.4、穿孔径 0.7、厚 0.1 厘米（图五：2）。

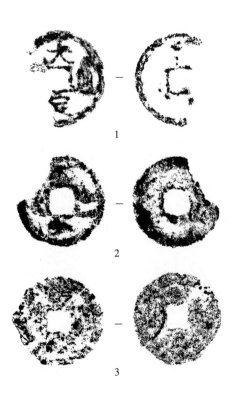

1

2

3

图五　铜钱拓片

1. J1：2-1　2. J1：2-2　3. J2：4　（均为原大）

二　2 号井（J2）

（一）形制

J2 为圆形竖穴土坑砖井，开口于第③层下，开口距地表 2~2.2 米。土坑开口南北直径 4、东西直径 5 米，坑底直径不详。坑内以青砖错缝平砌井壁，近直壁，平底，底部为黄褐色沙土层。井底有木质井托，井托为八角形，厚 0.14 米。砖均为素面，长 25、宽 18、厚 6 厘米。井开口直径 2.48、井底直径约 2.46、深 3.6 米（彩版六：2；图六）。

井内堆积共 2 层：第①层厚约 2 米，土质疏松，为灰褐色沙土，夹杂有极少量砖块，包含铁器、陶瓷器等，清理至距开口 1.8 米处出土石碑 1 件；第②层厚约 1.6 米，土质疏松，为黄褐色沙土，夹杂少量砖块，包含陶瓷器残片以及铜钱、铁器等。

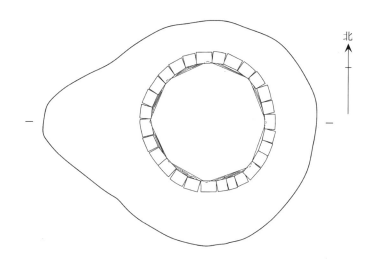

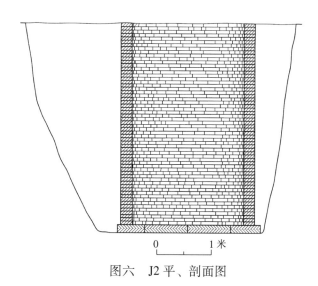

图六　J2 平、剖面图

（二）出土器物

共 13 件，包括釉陶盏、瓷罐、瓷碗、瓷盘、银盒、铁器、铜钱、石器及石碑等。

釉陶盏　1 件。

J2：8，部分口沿缺失。敞口，圆唇，斜弧腹，平底，假圈足。泥质褐陶，口沿及内腹壁施酱釉，流釉至外壁下腹部，部分釉层脱落。口径 5.6、底径 3.6、高 2.5 厘米（彩版八：1；图七：1）。

瓷罐　1 件。

J2：5，一侧耳部部分缺失。侈口，圆唇，短束颈，溜肩，颈、肩部置两飘带形耳，垂腹，下腹弧收，平底微凸，圈足。灰胎，外壁施酱釉不及下腹。耳部饰几何纹，外壁有数道修坯痕迹。口径 3、腹径 6.4、足径 4.4、高 8.4 厘米（彩版八：2；图七：2）。

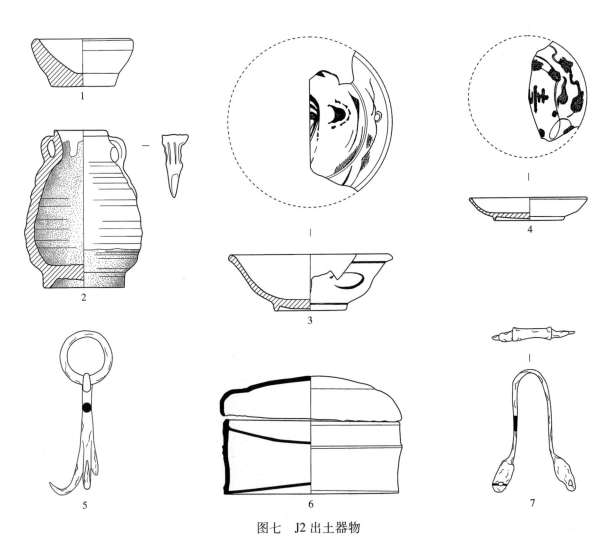

图七　J2 出土器物

1. 釉陶盏（J2：8）　2. 瓷罐（J2：5）　3. 青花碗（J2：6）　4. 青花盘（J2：7）　5. 铁钩（J2：12）
6. 银盒（J2：1）　7. 铁器（J2：2）　（4、5 为 1/4，7 为 1/5，余为 1/2）

青花碗　1 件。

J2∶6，敞口，圆唇，斜弧腹，平底微凸，圈足，足墙外直，内微外撇。内壁口沿绘青花纹饰一周，内壁上腹部绘青花纹饰两周，内壁上腹部至内底可见青花纹饰，外壁上腹部及圈足外壁绘青花纹饰一周，外壁中腹部可见青花纹饰。时代为明万历时期。口径 9、足径 4、高 3 厘米（彩版八∶3；图七∶3）。

青花盘　1 件。

J2∶7，敞口，圆唇，斜弧腹，平底微凸，矮圈足。灰白胎，内、外壁满施青釉，涩足。内壁口沿绘青花纹饰一周，内壁腹部绘青花花卉草叶纹，内壁下腹部绘青花纹饰两周，内底可见青花文字，外壁上腹部绘青花纹饰一周，外壁中腹部可见青花纹饰，圈足外壁绘青花纹饰一周。时代为明万历时期。口径 13、足径 7.8、高 2.4 厘米（彩版八∶4；图七∶4）。

银盒　1 件。

J2∶1，整器略变形。盒身直口，圆唇，腹壁近直，平底内凹，内部有一圆形隔层。外壁中腹部饰凸弦纹两周。上承浅弧盘状盖。盖顶饰凹弦纹一周。口径 9.6、底径 9.6、通高 6.2 厘米（彩版八∶5；图七∶6）。

铁器　1 件。

J2∶2，部分缺失。器身弯曲，扁平，两端较宽，近椭圆形，有穿孔。表面锈蚀严重。宽

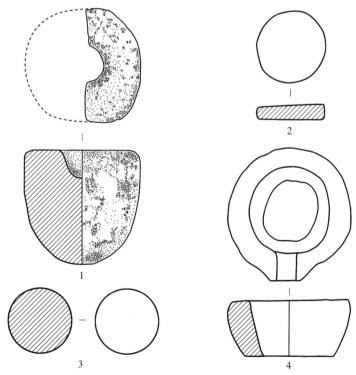

图八　J2 出土石器

1. 夯（J2∶11）　2. 棋子（J2∶9）　3. 球（J2∶3）
4. 磨（J2∶13）　（2 为 1/1，余为 1/4）

11.4、高16.2厘米（彩版八∶6；图七∶7）。

铁钩　1件。

J2∶12，残。顶部呈圆环状，钩身细直，下分三钩，其一缺失。表面锈蚀。高17.2厘米（彩版九∶1；图七∶5）。

铜钱　1枚。

J2∶4，锈蚀，呈青绿色。圆形，方穿，外郭较宽，内郭较窄，字迹锈蚀不可辨认。直径2.5、穿孔径0.5、厚0.1厘米（图五∶3）。

石夯　1件。

J2∶11，横截面呈半圆形，上端磨制一半圆形凹槽，下端呈圆弧状。灰色，表面有使用及磨制痕迹。高12厘米（彩版九∶2；图八∶1）。

图九　石碑（J2∶10）拓片（约1/3）

石磨　1件。

J2：13，整体呈碗状，顶部一侧有方形凹槽，微鼓腹，下腹斜收，无底。灰白色，表面有磨制痕迹。口径14、底径9.8、高6厘米（彩版九：3；图八：4）。

石球　1件。

J2：3，圆球状，灰色，器身有磨制痕迹。直径7厘米（彩版九：4；图八：3）。

石棋子　1件。

J2：9，圆饼状，白色。素面。直径1.9、厚0.4厘米（彩版九：5；图八：2）。

石碑　1件。

J2：10，上端部分残缺，下端缺失。上端呈圆弧状，中部呈方形，表面光滑。正面上端刻如意纹及云纹，正面中部刻"恩义流芳"四字，其下刻两列文字，"故义妇左门杜氏……」万历三十一年十二月廿八日戌……"背面无字。残高48.7、宽30.1、厚5.6厘米（彩版九：6；图九）。

四　结　语

此次发掘的两座古井均为砖井。从出土器物看，J1 出土瓷瓶、罐形制特征及所饰褐彩牡丹、草叶纹构图，为典型元代瓷器特征，由此可判断 J1 建造、使用年代为元代，废弃年代应为明代。J2 出土石碑一件，刻"万历三十一年（1603 年）"，推断其使用和废弃年代应为明代。这两口井的发掘，为研究元、明时期水井的作用和堆砌方法提供了实物资料。

附记：参与发掘的人员有李永强、陈龙、卜彦博，修复为刘艺昕、陈思雨、刘娜，绘图为刘艺昕、高一琦、贺娅芳、方纯、刘娜。

执　笔：陈　龙　古艳兵

东城区御京花园南区遗址考古发掘报告

御京花园南区遗址位于北京市东城区西北部，北距地安门东大街约 350 米，东邻北河沿大街，南邻嵩祝院北巷。地理坐标为北纬 39°55′42″，东经 116°23′57″，海拔约 23 米（图一）。为配合工程建设，2015 年 7 月 12 日至 8 月 16 日，北京市文物研究所［现北京市考古研究院（北京市文化遗产研究院）］对该工程建设占地范围内发现的古代遗迹进行了考古发掘。探方布方基点位于发掘区西南角，共布 10 米×10 米探方 5 个，编号为 T1～T3、T1 北扩探方、T2 北扩探方，发掘面积共 510 平方米（彩版一〇～一三；图二）。

发掘揭露古城墙基础一处，出土琉璃建筑构件及大量瓷片等，现将发掘情况报告如下。

一 地层堆积

遗址保存较差，大部分被现代坑打破，现以 T2 北扩探方东壁为例，说明地层堆积情况（图三）。

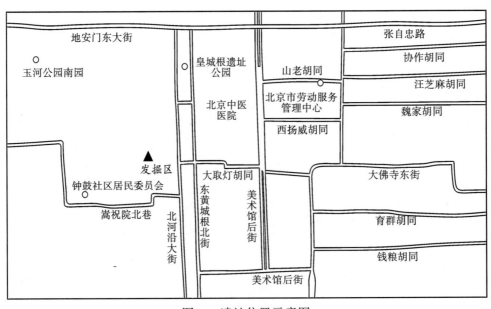

图一 遗址位置示意图

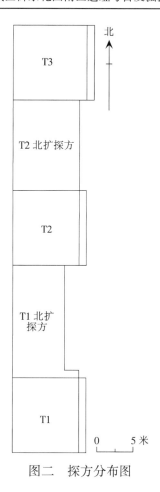

图二　探方分布图

第①层：近现代层。距地表 0~2.1 米。灰褐色土，土质疏松，含有建筑垃圾及植物根系。

第②层：清代文化层。距地表 1.72~2.9、厚 0.4~1.1 米。深灰褐色土，土质疏松，含有少量青花瓷片、琉璃建筑构件。

第③层：明代文化层。距地表 2.2~3.6、厚 0.6~1.3 米。灰黄色土，较纯净，含有少量琉璃瓦片、青花瓷片。

第③层下清理出夯土遗迹。

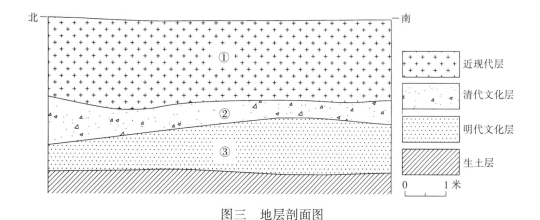

图三　地层剖面图

二　遗　迹

发掘出古城墙基础 1 处（彩版一四；图四），位于发掘区中南部，开口于第③层下，南北向，平面近长条形。长 57、宽 0.6~5.6、夯面距地表 2.4~3.6 米，夯土厚 1.1~1.2 米。夯土南部被现代坑打破，北部不具备发掘条件，未发掘。夯土呈红褐色，质地较硬，夯层清晰。夯层共 10 层，由碎砖层与夯土层交替夯筑而成，夯土层每层厚 0.2~0.25 米，碎砖层每层厚 0.05~0.1 米。城墙基础南部偏西处残存 2 层砌砖，外侧用青砖以"一顺一横"平砖相互错缝而成，内侧用青砖及残青砖砌筑，每层砖缝用白灰粘合。青砖长 48、宽 24、厚 12 厘米。城墙基础中西部发现有少量砌砖，仅残留 1 层。另在北部及南部夯土面上发现清晰的白灰痕迹，宽 2.5 米。

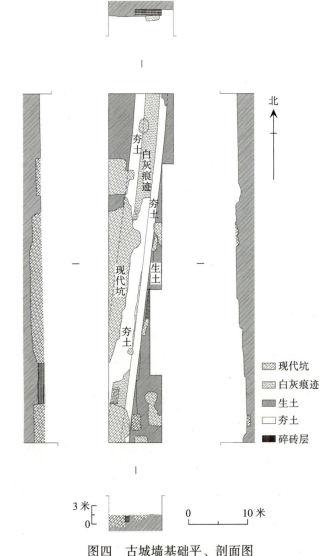

图四　古城墙基础平、剖面图

三 遗 物

共出土不同材质的遗物 120 件，分为建筑构件、陶器、瓷器和铜器。瓷器种类和数量较多，其中以景德镇窑青花瓷器为大宗，有一定数量的龙泉窑青瓷器物，亦存在其他窑口瓷器。以清代遗物为主，元代遗物极少，明代遗物占有一定比例。

（一）元代遗物

元代遗物共 8 件，均为瓷器，其中龙泉窑瓷器 6 件、景德镇窑瓷器 2 件。

龙泉窑青釉碗　4 件。

T1①：1，敛口，圆唇，斜直腹，圈足，足底微凸。黄胎，胎质粗糙。外壁上腹部至内壁施青釉，其余部位未施釉，釉面粗糙，施釉不均匀，内壁有流釉现象。下腹部露胎处有火石红，有轮制痕迹，釉面有棕眼。口径 15.1、足径 5.7、高 6.6 厘米（彩版一五：1；图五：1）。

T2 北扩方②：4，仅存部分下腹及底部。下腹斜曲内收，圈足，足内墙外撇，足端较圆润。灰胎，胎质较细腻、坚硬。内、外壁满施青釉，足底无釉。内壁下腹部暗刻弦纹一周。足底有垫饼支烧痕迹。足径 7.2、残高 3.3 厘米（彩版一五：2）。

T2 北扩方②：10，仅存部分下腹及底部。下腹斜曲内收，圈足，足内墙外撇，足端削棱。灰胎，胎质较细腻、坚硬。内、外壁满施青釉，足底垫烧处无釉。内壁下腹部饰弦纹一周，内底刻一花卉纹。足端露胎处有火石红，足底有粘沙。足径 6、残高 4.3 厘米（彩版一五：3；图五：3）。

T2 北扩方②：12，仅存部分下腹及底部。下腹斜曲内收，圈足，足内墙外撇，足端圆润。灰白胎，胎质较细腻、坚硬。内、外壁满施青釉，足底垫圈处无釉，中心点施釉。内壁刻折枝牡丹纹，内底暗刻弦纹一周，其内刻一折枝牡丹纹。足底露胎处有火石红，足底垫圈支烧。足径 6、残高 4.2 厘米（彩版一五：4；图五：5）。

龙泉窑青釉盘　1 件。

T1①：4，残。敞口，折沿，斜曲腹，矮圈足。灰胎，胎质较细腻、坚硬。内、外壁满施青釉，釉面均匀，足底无釉。内底略凸起，刻划折枝菊花纹。口径 11.9、足径 4.8、高 3.4 厘米（彩版一五：5、6；图五：4）。

龙泉窑青釉瓶　1 件。

T2 北扩方②：5，仅存部分下腹及底部。下腹斜曲内收，圈足，足内墙外撇，足端削棱。灰白胎，胎质较细腻、坚硬。内、外壁满施青釉，釉面光亮，足端刮釉。足端露胎处有火石红。复原足径 9.4、残高 16.2 厘米（彩版一六：1）。

图五　元代瓷器

1、3、5. 龙泉窑青釉碗（T1①：1、T2 北扩方
②：10、T2 北扩方②：12）　2. 景德镇窑卵白
釉碗（T2 北扩方②：6）　4. 龙泉窑青釉盘
（T1①：4）　（均为1/4）

景德镇窑卵白釉碗　1件。

T2 北扩方②：6，仅存下腹及底部。下腹斜曲内收，圈足，足底微凸，足内墙外撇，足端削棱。白胎，胎质较细腻、坚硬。内、外壁满施白釉，足底无釉。内壁下腹部模印菊花、牡丹纹一周，内底模印一月华纹。足径 6、残高 5.8 厘米（彩版一六：3、4；图五：2）。

景德镇窑青花瓷片　1件。

T2 北扩方②：7，器形不可辨，应为器物颈部残片。向内弯折，有凸棱。白胎，胎质较细腻、坚硬。内、外壁满施透明釉，釉面均匀，釉色泛青。外壁饰花草纹。青花发色浓艳，呈黑蓝色。残宽 5.1、残高 6.3 厘米（彩版一六：2）。

（二）明代遗物

明代遗物共 39 件，种类有琉璃建筑构件、瓷器和石器。

1. 琉璃建筑构件

共 12 件，其中筒瓦 5 件、板瓦 1 件、勾头 2 件、钉帽 1 件、仙人 2 件、走兽凤 1 件。大多已残，少见完整者。

筒瓦　5件。

T1北扩方②：16，仅存瓦身。瓦身呈半圆筒状，平肩。红胎，胎质粗糙夹砂。外表施黄釉，有脱落现象，内素面。残长10.6、残宽14.8、厚2.9、残高6.1厘米（彩版一七：1；图六：1）。

T1北扩方②：19，残。瓦身呈半圆筒状，尾部有舌形榫头，无唇。舌窄，舌侧经过刮削。胎色泛红，胎质粗糙夹砂。外表施黄釉，有脱落现象，内素面。残长16.2、残宽12.3厘米（彩版一七：2；图六：4）。

T1北扩方②：22，仅存部分瓦身。瓦身呈半圆筒状。黄胎，胎质粗糙夹砂。外表施黄釉，有脱落现象，内素面。残长10.3、残宽13.8、厚1.4、残高4.7厘米（彩版一七：3；图六：2）。

T1北扩方②：23，仅存瓦身。瓦身呈半圆筒状。黄胎，胎质粗糙夹砂。外表施黄釉，有

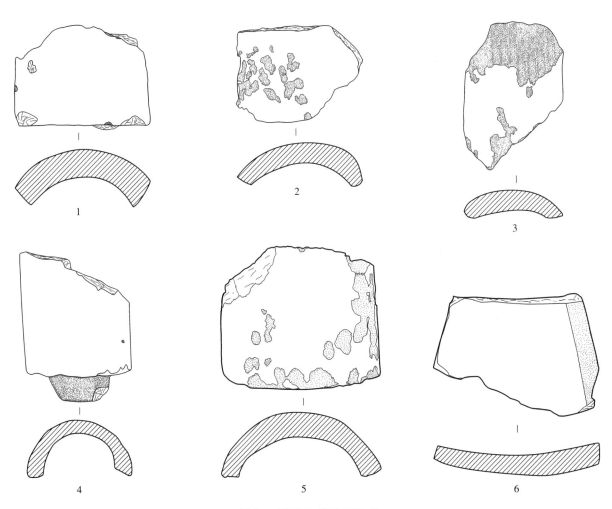

图六　明代琉璃建筑构件

1~5. 筒瓦（T1北扩方②：16、22、23、19、25）　6. 板瓦（T1北扩方②：17）　（均为1/4）

脱落现象，内素面。残长15.7、残宽10.9、高3厘米（彩版一七：4；图六：3）。

T1北扩方②：25，仅存瓦身。瓦身呈半圆筒状。胎色泛黄，胎质粗糙夹砂。外表施黄釉，有脱落现象，内素面。残长15、残宽17.4、瓦厚2.6厘米（彩版一七：5；图六：5）。

板瓦　1件。

T1北扩方②：17，残。横剖面呈弧形，弧度较小。胎色泛红，胎质粗糙。正面露明部分施黄釉，背面素面光滑。残长13.2、残宽18.4、瓦厚2.3厘米（彩版一七：6；图六：6）。

勾头　2件。

T3①：10，仅存部分当面。外廓为宽厚边轮，内区模印龙形图案，龙身遍布鳞纹，五爪。红胎，胎质粗糙。通体施黄釉，釉面脱落严重。复原直径19.4、厚1.5～2.7厘米（彩版一八：1、2）。

T1北扩方②：18，仅存部分当面。当面呈圆形，外廓为宽厚边轮，内区模印龙形图案，五爪。胎色泛灰，胎质粗糙夹砂。通体施黄釉，色厚重，釉面有脱落痕迹。残长10.8、残宽5.4、厚1.4～2.8厘米（彩版一八：3、4）。

钉帽　1件。

T1北扩方②：20，圆形，内部空腔。横剖面呈圆形，纵剖面呈圆弧形。砖红色砂胎。器表满施黄釉，内腔素面。直径2.9、残高2.6、壁厚0.7厘米（彩版一八：5、6；图七：1）。

仙人　2件。

T1北扩方②：24，仅存仙人腿部、胳膊和坐骑翅膀。仙人身穿道袍，着禅定印，骑于鸡之上，翅膀呈树叶状，中空，下部平面呈长方形。胎色泛红，胎质粗糙。正面露明部分施黄釉，内壁有流釉现象。残高8.4、残宽7.2、残厚3.4厘米（彩版一九：1、2；图七：4）。

T1北扩方②：27，仅存鸡尾。尾巴上刻有羽毛。胎色泛灰，胎质粗糙。鸡尾表面施黄釉，有脱落现象。残长11.4、残宽9.2厘米（彩版一九：3、4；图七：3）。

走兽凤　1件。

T1北扩方②：26，仅存凤首及部分凤身。凤身刻有羽毛。胎色灰白，胎质粗糙。整体表面施绿釉，有脱落现象。残长3.6、残宽2.8、残高6.3厘米（彩版一九：5、6；图七：2）。

2. 瓷器

共26件，主要有龙泉窑、景德镇窑、霍窑三种窑口。

龙泉窑青釉碗　1件。

T1北扩方②：1，仅存部分口沿及腹部。敞口，圆唇，斜曲腹。灰胎，胎质较粗糙、坚硬。内、外壁均施青釉，外壁下端未施釉。外壁上腹部饰凹弦纹一周。残宽6.5、残高5.2厘米（彩版二一：1）。

景德镇窑青花碗　16件。均为残片。

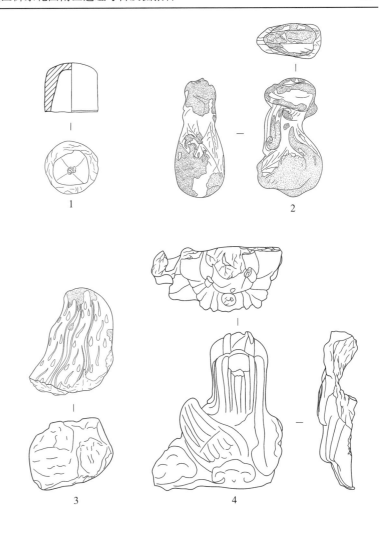

图七　明代琉璃建筑构件
1. 钉帽（T1 北扩方②：20）
2. 走兽凤（T1 北扩方②：26）
3、4. 仙人（T1 北扩方②：27、24）
（3 为 1/4，余为 1/2）

T2 北扩方②：16，敞口，尖圆唇，曲腹内收，圈足，足外墙微敛。白胎，胎质细腻、坚致。内、外壁满施透明釉，釉面均匀，釉色泛青，足端刮釉。内壁口沿饰几何纹一周，腹部饰缠枝莲托梵文，底部饰弦纹两周，中心饰变形莲瓣纹；外壁口沿饰几何花朵纹一周，腹部饰缠枝莲纹，胫部饰开光仰莲瓣纹一周，足外墙饰弦纹三周。青花发色较暗淡，呈灰蓝色。口径 15.1、足径 6、高 7.4 厘米（彩版二〇：1、2；图八：1）。

T1①：11，侈口，尖圆唇，斜腹。白胎，胎质细腻、坚致。内、外壁满施透明釉，釉面均匀。内壁口沿饰弦纹两周，其间饰"十"字花草纹，腹部饰花卉纹；外壁口沿饰弦纹两周，腹部饰婴戏图。青花发色浓艳，呈深蓝色。残宽 6.8、残高 6.7 厘米（彩版二〇：3、4）。

T1①：26，撇口，尖圆唇，斜曲腹。白胎，胎质细腻、坚致。内、外壁满施透明釉，釉面均匀。内壁口沿饰"十"字花草纹；外壁口沿饰弦纹两周，腹部饰花卉纹。青花发色较暗，呈蓝灰色。残宽 5.2、残高 2.9 厘米（彩版二〇：5、6）。

T1 北扩方②：3，敞口，尖圆唇，斜腹。白胎，胎质较细腻、坚致。内、外壁满施透明釉，釉面光亮。内壁口沿饰弦纹两周，弦纹间饰回纹；外壁口沿饰弦纹两周，腹部饰花卉纹。青花发色暗淡，呈浅蓝色。外壁有棕眼。残宽 7.2、残高 4.2 厘米（彩版二一：3、4）。

　　T2①：5，侈口，尖圆唇，斜曲腹。白胎，胎质细腻、坚致。内、外壁满施透明釉，釉面光亮，釉色泛青。口沿内、外壁均饰弦纹两周，外壁腹部饰婴戏图。青花发色较暗淡，呈蓝色。残宽8.4、残高4.3厘米（彩版二一：2）。

　　T2②：7，撇口，尖圆唇，斜曲腹，圈足，足内墙微外撇，挖足微过肩。灰白胎，胎质细腻、坚硬。内、外壁满施透明釉，釉面均匀，釉色泛灰，足端刮釉。内壁口沿饰弦纹一周，内底饰弦纹两周；外壁口沿饰弦纹一周，腹部饰结带绣球纹，下接弦纹三周。青花发色较暗，呈蓝灰色。足端无釉处有火石红，釉面有棕眼。残宽10.1、残高7.1厘米（彩版二一：5、6；图八：2）。

　　T1①：25，曲腹。白胎，胎质细腻、坚致。内、外壁满施透明釉，釉面均匀。外壁饰缠枝花卉纹。青花发色浓艳，呈深蓝色，浓艳处呈蓝黑色。残长7.1、残宽4.8厘米（彩版二二：1）。

　　T1①：5，仅存部分下腹及底部。下腹斜曲内收，圈足，足墙内敛，挖足微过肩。灰白胎，胎质细腻、坚硬。内、外壁满施透明釉，釉面均匀，釉色泛灰，足端刮釉。内底饰弦纹两周，中心饰宝杵纹；外壁下腹部绘青花纹饰，其下饰弦纹三周，足外墙饰弦纹两周。青花发

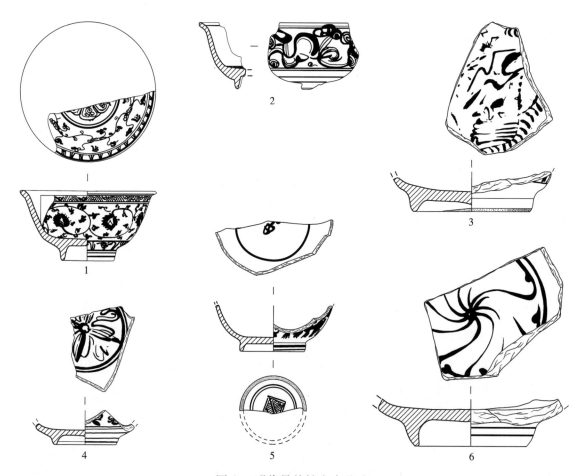

图八　明代景德镇窑青花碗

1. T2 北扩方②：16　2. T2②：7　3. T1①：14　4. T1①：5　5. T2②：5　6. T1①：15　（3、6 为 1/2，余为 1/4）

色较暗，呈蓝灰色。足径 6.8、残高 3.6 厘米（彩版二二：3、4；图八：4）。

T1①：14，仅存部分下腹及底部。下腹斜曲内收，圈足，足外墙微敛，足底微凸。灰白胎，胎质细腻、坚硬。内、外壁满施透明釉，釉面均匀，釉色泛青，足端刮釉。内底饰兰石纹。青花发色较暗，呈蓝灰色。足端露胎处有火石红，釉面有气泡、棕眼。足径 6.3、残高 2.1 厘米（彩版二二：5、6；图八：3）。

T1①：15，仅存部分下腹及底部。下腹斜曲内收，圈足，足外墙内斜，足底微凸。白胎，胎质细腻、坚硬。内、外壁满施透明釉，釉面均匀，釉色泛青，足端刮釉。内底饰弦纹一周，中心饰月华纹；外壁下腹部饰弦纹一周，足外墙饰弦纹两周。足端露胎处有火石红。足径 6、残高 2.5 厘米（彩版二二：2；图八：6）。

T1 北扩方②：2，仅存部分下腹及底部。下腹斜曲内收，圈足，足内墙外撇。白胎，胎质细腻、坚致。内、外壁满施透明釉，釉面光亮，釉色泛青，足端刮釉。内壁下腹部饰弦纹两周；外壁下腹部饰青花纹饰，足外墙饰弦纹三周，足底饰弦纹两周。青花发色浓艳，呈深蓝色。足径 7.4、残高 3.1 厘米（彩版二三：1、2）。

T1 北扩方②：6，仅存部分腹部及底部。下腹斜曲内收，圈足，足外墙外撇，足底微凸。白胎，胎质细腻、坚致。内、外壁满施透明釉，釉面光亮，釉色泛青，足端刮釉。内底饰青花单圈纹饰，其内饰莲瓣八宝梵文纹饰；外壁下腹部饰变形仰莲纹，足外墙饰弦纹一周。青花发色较暗，呈蓝色。足端露胎处有火石红。足径 5.8、残高 2.9 厘米（彩版二三：3、4）。

T1 北扩方②：7，仅存部分腹部及底部。下腹斜曲内收，圈足，足外墙微内敛，足端削棱。灰白胎，胎质较细腻、坚硬。内、外壁满施透明釉，釉色泛灰，足端刮釉。内壁下腹部饰弦纹两周；外壁腹部饰花草纹，足外墙饰弦纹三周，足底饰青花双圈仿印章款。青花发色浓艳，呈深蓝色。足端露胎处有火石红。残宽 8.4、残高 4.9 厘米（彩版二三：5、6）。

T1 北扩方②：12，仅存部分下腹及底部。下腹斜曲内收，圈足，足外墙微内敛。白胎，胎质较细腻、坚致。内、外壁满施透明釉，釉色泛青，足端刮釉。内底饰弦纹两周及莲池纹；外壁腹部绘青花纹饰，胫部饰弦纹一周，足外墙饰弦纹两周。青花发色暗淡，呈灰蓝色。足径 4.8、残高 2.6 厘米（彩版二四：1~3）。

T2②：5，仅存部分下腹及底部。下腹斜曲内收，圈足，足外墙内敛，挖足微过肩，足端削棱，足底微凸。灰白胎，胎质细腻、坚硬。内、外壁满施透明釉，釉面均匀，足端刮釉。内底饰弦纹两周，其内饰花卉纹；外壁腹部饰花草纹，足外墙饰弦纹三周，足底饰弦纹两周，其内绘青花底款。青花发色浓艳，呈深蓝色。釉面有气泡、棕眼。足径 7.3、残高 4.9 厘米（彩版二四：4~6；图八：5）。

T3①：2，仅存部分下腹及底部。下腹斜曲内收，圈足，足外墙微内敛。灰胎泛黄，胎质粗糙、坚硬。内、外壁满施透明釉，足端刮釉。内底饰弦纹两周，其内饰花卉纹；外壁饰弦纹两周，足外墙饰弦纹三周。露胎处有火石红，釉面满布细碎开片。足径8、残高3.5厘米（彩版二五：1、2）。

景德镇窑青白釉碗　2件。均为残片。

T1北扩方②：4，仅存部分下腹及底部。下腹斜曲内收，圈足，足外墙内敛，挖足过肩，足底微凸。灰白胎，胎质较粗糙、坚硬。内、外壁均施青釉，足端无釉。足端露胎处有火石红，内底有棕眼。足径5.6、残高4厘米（彩版二五：3、4）。

T3①：6，仅存部分下腹及底部。下腹斜直内收，圈足，足外墙微外撇，足底微凸。白胎，胎质细腻、坚硬。内、外壁满施青釉，足端刮釉。内底刻划牡丹纹。足底粘沙，釉面有棕眼。足径6.4、残高1.6厘米（彩版二五：5、6；图九：1）。

景德镇窑青花盘　6件。均为残片，部分可复原。

T2北扩方②：14，可复原。敞口，尖圆唇，浅曲腹，圈足，足外墙内敛。白胎，胎质细腻、坚致。内、外壁满施透明釉，釉面均匀，釉色泛青，足端刮釉。内壁口沿饰弦纹一周，内底饰弦纹两周，其内绘折枝牡丹纹；外壁口沿饰弦纹一周，腹部饰折枝牡丹纹，足外墙饰弦纹两周。青花发色较暗淡，呈灰蓝色。足端有火石红。口径16.9、足径9、高3.7厘米（彩版二六：1、2；图九：5）。

T1北扩方②：11，敞口，尖圆唇，斜曲腹，下腹内收，圈足，足外墙内敛。白胎，胎质细腻、坚致。内、外壁满施透明釉，釉面光亮，釉色泛青，足端刮釉。内壁口沿饰弦纹两周，内底饰弦纹两周，其内饰青花纹饰；外壁口沿饰弦纹两周，其下饰缠枝花卉纹，足外墙饰弦纹两周。青花发色淡雅，呈蓝色。残宽6.1、残高4厘米（彩版二六：3、4）。

T1①：9，仅存部分下腹及底部。下腹斜曲内收，矮圈足，足外墙微敛，足端削棱，足底微凸。灰白胎，胎质细腻、坚硬。内、外壁满施透明釉，釉面均匀，足端刮釉。内底饰弦纹两周，其内饰花草纹；外壁饰花卉纹。足径7.2、残高1.3厘米（彩版二六：5、6；图九：2）。

T1北扩方②：14，仅存部分下腹及底部。腹部斜曲内收，矮圈足，足外墙内敛。白胎，胎质较细腻、坚致。内、外壁满施透明釉，釉面光亮，釉色泛青，足端刮釉。残可见内壁下腹部饰弦纹两周，内底饰山水纹；外壁腹部饰花卉纹，足外墙饰弦纹三周。青花发色暗淡，呈淡蓝色。足端露胎处有火石红。足径8、残高2.7厘米（彩版二七：1、2）。

T2①：6，仅存部分下腹及底部。下腹斜曲内收，圈足，足外墙内敛。白胎，胎质较细腻、坚致。内、外壁满施透明釉，釉面光亮，釉色泛青，足端刮釉。内壁下腹部饰弦纹两周，内底饰折枝叶纹；外壁下腹部饰花卉纹，足端饰弦纹两周。青花发色较暗淡，呈蓝灰色。足端有火石红。足径8、残高1.9厘米（彩版二七：3、4；图九：4）。

T3①：5，仅存部分下腹及底部。下腹斜曲内收，矮圈足，足外墙微敛。白胎，胎质细腻、坚致。内、外壁满施透明釉，釉色泛青，足端刮釉。内底饰弦纹两周，其内饰梵文纹饰；

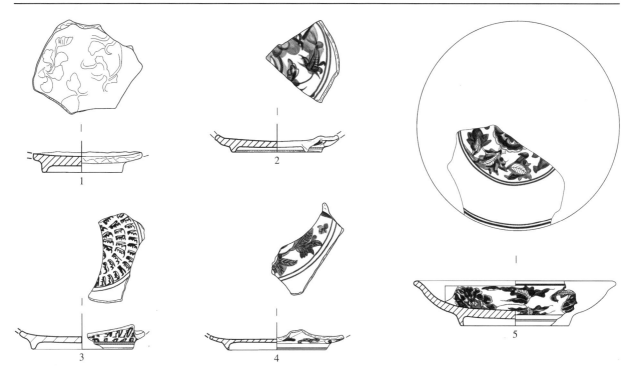

图九　明代景德镇窑瓷器

1. 青白釉碗（T3①：6）　2~5. 青花盘（T1①：9、T3①：5、T2①：6、T2北扩方②：14）　（均为1/3）

外壁饰梵文纹饰，足墙饰弦纹两周。青花发色浓艳，呈深蓝色。足端粘沙，釉面有气泡。足径8.2、残高2.9厘米（彩版二八；图九：3）。

霍窑白釉盘　1件。

T3①：4，仅存下腹及底部。下腹斜曲内收，内底微凸，矮圈足，足内墙微外撇，足端平切。白胎，胎质较细腻。内、外壁满施白釉，釉色泛黄，足端刮釉。足径6.9、残高2.4厘米（彩版二七：5）。

3. 石器

捶丸　1件。

T2①：8，整体为球形。实心。直径3.4厘米。捶丸盛行于宋代至明代，清代时已没落（彩版二七：6）。

（三）清代遗物

清代遗物共73件，种类有陶器、釉陶器和瓷器等。

1. 陶器、釉陶器

共4件。

陶片　1件。

T1①：33，泥质灰陶，胎质粗糙、坚硬。残长4、残宽5.2厘米（彩版二九：1）。

陶壶流　1件。

T1北扩方②：21，夹砂红陶，胎质较粗糙。仅存壶流部分。壶流为一弯流，出水口略残。残长6.4、残高5.6、残宽4.3厘米（彩版二九：3、4）。

釉陶盏　2件。

T1①：3，泥质红陶，胎质粗糙。敛口，圆唇，曲腹斜内收，平底。器底有旋胚痕。内壁施酱黄色釉。口径4.7、底径3.3、高2.1厘米（彩版二九：5；图一〇：1）。

T2①：9，夹砂红陶，胎质细腻、坚致。敛口，圆唇，曲腹斜内收，平底。内壁及内、外口沿处施酱褐釉，外壁粘沙。口径4.9、底径3、高2.4厘米（彩版二九：6；图一〇：2）。

2. 瓷器

共68件。包括龙泉窑、景德镇窑、磁州窑三种窑口，釉色有青花、白釉、青釉、霁蓝釉、白釉黑花、釉上彩等。器形较为丰富，有碗、盘、杯、瓶、盏等。

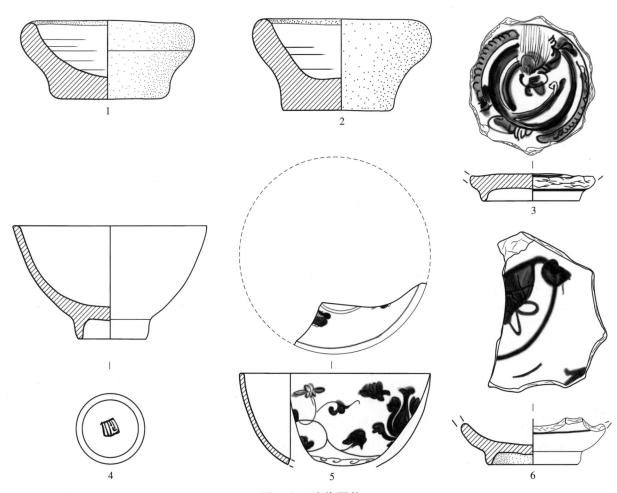

图一〇　清代器物

1、2. 釉陶盏（T1①：3、T2①：9）　3、5、6. 景德镇窑青花碗（T1①：10、T3②：4、T1①：12）

4. 龙泉窑青釉杯（T2北扩方②：15）　（1、2、4为1/1，余为1/2）

龙泉窑青釉碗   9件。均为残片。

T1①：20，仅存部分上腹及口沿。侈口，圆唇，曲腹内收。灰白胎，胎质细腻、坚硬。内、外壁满施青釉，釉面均匀。素面。釉面有气泡、棕眼。残长4.6、残宽5.2厘米（彩版二九：2）。

T1①：7，曲腹。白胎，胎质细腻、坚致。内壁施白釉，外壁施青釉。外壁刻花卉纹，其下刻弦纹两周。残长4.4、残宽3.6厘米（彩版三〇：1）。

T1①：16，仅存部分下腹及底部。下腹斜曲内收，圈足，足内墙微外撇，挖足过肩。灰白胎，胎质细腻、坚硬。内、外壁满施青釉，釉面均匀，足端刮釉。足径4.5、残高3厘米（彩版三〇：2）。

T2①：1，仅存部分下腹及底部。下腹斜曲内收，圈足，足外墙微敛，足底微凸。灰白胎，胎质细腻、坚致。内壁施透明釉，釉面光亮，釉色泛青，外壁施青釉，足端刮釉。外底饰青花仿印章款。足径4.2、残高3.5厘米（彩版三〇：3、4）。

T2①：3，仅存部分下腹及底部。下腹斜曲内收，圈足，足内墙外撇。灰白胎，胎质较粗糙、坚硬。内、外壁满施青釉，釉面均匀，足端刮釉。足端露胎处有火石红，粘沙。足径5、残高2.7厘米（彩版三〇：5）。

T2②：1，仅存部分下腹及底部。下腹斜曲内收，圈足，足内墙外撇，足端削棱，足底微凸。灰白胎，胎质细腻、坚硬。内、外壁满施青釉，釉面均匀，足端刮釉。足底有朱砂，足端粘沙，釉面有棕眼。足径7、残高2.1厘米（彩版三〇：6）。

T2②：2，仅存部分下腹及底部。下腹斜曲内收，圈足，足外墙微内敛，足底微凸。灰白胎，胎质细腻、坚硬。内、外壁满施青釉，釉面均匀，足端刮釉。釉面有棕眼。足径5.6、残高2.3厘米（彩版三一：1）。

T2②：3，仅存部分下腹及底部。下腹斜曲内收，圈足，足内墙微外撇。灰白胎，胎质粗糙、坚硬。内、外壁满施青釉，釉面均匀，足端刮釉。内底有垫圈叠烧痕迹，外壁下腹部及足端粘沙。足径5.3、残高2.7厘米（彩版三一：2）。

T3②：6，仅存部分下腹及底部。下腹斜曲内收，圈足，足外墙微内敛。灰白胎，胎质细腻、坚硬。内壁及足底施透明釉，釉色泛青，外壁施青釉至足端。釉面有棕眼。足底饰青花单框仿印章款。足径7.6、残高3.4厘米（彩版三一：4~6）。

龙泉窑青釉盘   1件。

T2北扩方②：8，侈口，尖圆唇，曲腹内收，矮圈足，足外墙内敛。白胎，胎质细腻、坚致。内、外壁满施青釉，足端刮釉。釉面有气泡（彩版三一：3）。

龙泉窑青釉杯   1件。

T2北扩方②：15，敞口，尖圆唇，腹部斜曲内收，圈足，足外墙微内敛。灰白胎，胎质较细腻、坚致。内壁满施透明釉，釉面泛青，外壁满施青釉，足端刮釉。足底饰青花仿印章款。口径5.3、足径1.9、高3厘米（彩版三二：1、2；图一〇：4）。

龙泉窑青瓷片　1件。

T1①：29，白胎，胎质细腻、坚致。内、外壁满施青釉，外壁釉层较厚。残长3.1、残宽1.8厘米（彩版三二：3）。

景德镇窑青花碗　31件。

T2①：4，仅存部分口沿及上腹部。侈口，尖圆唇，斜腹。白胎，胎质细腻、坚致。内、外壁满施透明釉，釉色泛青。内壁口沿处饰弦纹两周；外壁口沿处饰弦纹两周，其下饰青花纹饰。青花发色较暗淡。残宽7.4、残高2.6厘米（彩版三二：4）。

T1①：23，残。侈口，尖圆唇，斜曲腹，圈足。灰白胎，胎质细腻、坚致。内、外壁满施透明釉，釉面均匀。内壁口沿处饰弦纹两周，内底饰弦纹两周，其内饰青花纹饰；外壁口沿处饰弦纹两周，下饰缠枝莲托梵文纹饰，足外墙饰弦纹一周。青花发色浓艳，呈深蓝色。复原后口径15.9、足径6.4、高5.4厘米（彩版三二：5、6）。

T1北扩方②：28，残。敞口，尖圆唇，腹部斜曲内收，圈足，足内墙外撇。白胎，胎质较细腻、坚致。内、外壁满施透明釉，釉面光亮，釉色泛青，足端刮釉。内、外壁口沿饰弦纹一周，其下满饰海水马纹，周围衬以流云，外壁胫部和足外墙饰弦纹四周。青花发色浓艳，呈蓝色，浓艳处呈深蓝色。复原后口径19.8、足径8.5、高9厘米（彩版三三：1、2）。

T1①：35，仅存部分口沿及上腹部。侈口，尖圆唇，斜直腹。白胎，胎质细腻、坚致。内、外壁满施透明釉，釉面均匀。内、外壁口沿处饰水波纹。青花发色艳丽，呈深蓝色。残宽2.4、残高3.3厘米（彩版三三：3、4）。

T3①：1，仅存部分口沿及上腹部。侈口，尖圆唇，斜腹。白胎，胎质粗糙、坚硬。内、外壁满施透明釉，口沿处刮釉。内壁口沿饰弦纹一周，其下饰几何纹；外壁饰松梅纹。青花发色浓艳，呈深蓝色。残宽4.9、残高5.7厘米（彩版三三：5、6）。

T2②：4，仅存部分口沿及上腹部。侈口，尖圆唇，斜曲腹。白胎，胎质细腻、坚致。内、外壁满施透明釉，釉面均匀。内、外壁口沿饰弦纹两周，外壁下腹部饰缠枝莲纹。青花发色浓艳，呈深蓝色。釉面有棕眼。残宽9.1、残高4.3厘米（彩版三四：1）。

T3①：9，仅存部分口沿及上腹部。侈口，尖圆唇。灰白胎，胎质细腻、坚硬。内、外壁满施透明釉，釉色泛青。内、外壁口沿饰弦纹两周。青花发色较暗，呈蓝灰色。釉面有气泡、棕眼。残宽4.2、残高2厘米（彩版三四：2、3）。

T1①：6，仅存下腹及底部。下腹斜曲内收，圈足，足内墙微外撇，足端削棱，足底微凸。白胎，胎质细腻、坚致。内、外壁满施透明釉，釉面光亮，釉色泛青，足端刮釉。内壁下腹部饰弦纹两周，内底饰一茶花纹；外壁下腹部饰灵芝茶花纹，足外墙饰弦纹两周，足底饰青花仿印章款。青花发色浓艳，呈深蓝色。足端露胎处有粘土，釉面有气泡。足径3.6、残高3厘米（彩版三四：4~6）。

T3②：4，仅存部分口沿及上腹部。侈口，尖圆唇，腹部斜曲内收。白胎，胎质细腻、坚致。内、外壁满施透明釉，釉面均匀，釉色泛青。内、外壁口沿处饰弦纹一周，内壁下腹部饰花卉纹，其下接弦纹两周；外壁腹部饰杂宝纹。青花发色艳丽，呈深蓝色。口径10.4、残高4.9厘米（彩版三五：1、2；图一〇：5）。

T1①：31，曲腹。白胎，胎质细腻、坚致。内、外壁满施透明釉，釉面均匀。内壁饰弦纹两周，外壁饰如意纹。青花发色浓艳，呈深蓝色。残长3.4、残宽4.6厘米（彩版三五：3、4）。

T1①：32，斜腹。白胎，胎质细腻、坚硬。内、外壁满施透明釉，釉面均匀，釉色泛青。内、外壁均饰灵芝茶花纹。青花发色浓艳，呈深蓝色。残长3.4、残宽2.8厘米（彩版三五：5、6）。

T1①：34，斜直腹。灰白胎，胎质细腻、坚硬。内、外壁满施透明釉，釉面均匀，釉色泛青。内壁饰弦纹两周，外壁绘青花纹饰。青花发色较暗，呈蓝灰色。釉面有细碎开片、棕眼。残长2.2、残宽3.2厘米（彩版三六：1、2）。

T1北扩方②：29，仅存部分腹部。白胎，胎质较细腻、坚致。内、外壁满施透明釉，釉色泛青。内、外壁绘青花纹饰。青花发色浓艳，呈深蓝色。残宽4、残高4.7厘米（彩版三六：3、4）。

T1①：27，曲腹。白胎，胎质细腻、坚致。内、外壁满施透明釉，釉面均匀。内壁饰弦纹两周；外壁上饰弦纹两周，下饰花卉纹。青花发色浓艳，呈深蓝色。残长4.8、残宽2.6厘米（彩版三六：5、6）。

T1①：10，仅存底部。圈足，足外墙微敛，足底微凸。白胎，胎质细腻、坚硬。内、外壁满施透明釉，釉面均匀。内底饰螭龙纹，足外墙饰弦纹一周。青花发色较暗，呈蓝灰色。足径5.4、残高1.4厘米（彩版三七：1、2；图一〇：3）。

T1①：12，仅存部分下腹及底部。下腹斜曲内收，圈足，足内墙微外撇，足底微凸。灰白胎，胎质细腻、坚硬。内、外壁施透明釉，釉面均匀，釉色泛青，足端刮釉，足底无釉。内底绘青花纹饰；外壁下腹饰弦纹一周。外底有圆形修胎凹痕。青花发色较暗，呈蓝灰色。釉面有棕眼。足径5、残高2.4厘米（彩版三七：3、4；图一〇：6）。

T1①：22，仅存部分下腹及足墙。下腹斜曲内收，圈足，足墙内敛，挖足微过肩。白胎，胎质细腻、坚硬。内、外壁满施透明釉，釉面光亮，釉色泛青。内壁饰弦纹两周，其内饰山水纹；外壁饰菊花纹，胫部饰粗弦纹一周，足外墙饰弦纹两周。青花发色较暗，呈蓝灰色。足端刮釉，釉面有气泡、棕眼。残宽3.6、残高3厘米（彩版三七：5、6）。

T1北扩方②：15，仅存下腹及底部。腹部斜曲内收，圈足，足外墙内斜。白胎，胎质较细腻、坚致。内、外壁满施透明釉，釉面光亮，釉色泛青，足端刮釉。内壁下腹部饰弦纹两周，内底饰一花草纹；外壁腹部绘青花纹饰，足外墙饰弦纹一周，足内底饰弦纹两周，内绘青花款识。青花发色浓艳，呈深蓝色。釉面有气泡。足径6.3、残高2.7厘米（彩版三八：1~3）。

T1①：28，仅存部分下腹及底部。下腹斜曲内收，足残，足底微凸。灰白胎，胎质细腻、坚致。内、外壁满施透明釉，釉面均匀，釉色泛青。内底饰山水纹，外底饰青花双圈。青花发色较浅，呈淡蓝色。残宽9.8、残高2.9厘米（彩版三八：4、5）。

T2①：2，仅存部分下腹及底部。下腹斜曲内收，圈足，足外墙微内敛，足底微凸。白胎，胎质较粗糙、坚硬。内、外壁满施透明釉，釉面光亮，釉色泛青，足底无釉。内壁下腹部饰弦纹两周，内底绘青花纹饰；外壁下腹部绘青花纹饰，胫部饰弦纹一周。青花发色较暗淡，呈蓝灰色。足端有火石红，粘沙。足径5.8、残高3.6厘米（彩版三九：1、2；图一一：1）。

T1①：17，仅存部分下腹及底部。下腹斜曲内收，圈足，足内墙微外撇，挖足微过肩，足底微凸。白胎，胎质细腻、坚致。内、外壁满施透明釉，釉面均匀，足端刮釉。内底饰一"卍"字纹；足外墙饰弦纹两周，外底饰青花单圈，内仿印章款。青花发色浓艳，呈深蓝色。足径4、残高1.8厘米（彩版三九：3~5）。

T2①：7，仅存部分下腹部及底部。下腹斜曲内收，圈足，足外墙微敛，足端削棱。灰白胎，胎质粗糙、坚硬。内、外壁满施透明釉，釉面光亮，足端刮釉。内壁下腹部饰弦纹两周，内底饰一荷花纹；外壁下腹部绘青花纹饰，足底饰弦纹两周。青花发色较暗淡，呈蓝灰色。足端粘沙，有火石红，釉面有棕眼。足径6.4、残高3.6厘米（彩版四〇：1~3；图一一：3）。

T2北扩方②：1，仅存部分下腹及底部。曲腹内收，圈足，足内墙外斜，足底微凸。白胎，胎质较细腻、坚硬。内、外壁满施透明釉，釉面光亮，足端刮釉。内底饰结带铜钱纹；足外墙饰弦纹两周，足底饰青花双圈及仿印章"福"字款。青花发色浓艳，呈深蓝色。足底粘沙。足径6.5、残高3.1厘米（彩版四〇：4~6）。

T2北扩方②：2，仅存部分下腹及底部。下腹斜曲内收，圈足，足外墙微敛。白胎，胎质较粗糙、坚硬。内、外壁满施透明釉，釉面均匀，釉色泛青，足端刮釉。内壁饰青花双圈花卉纹；外壁下腹部饰草叶纹，足外墙饰弦纹两周，内底饰青花模印款。青花发色浓艳。足径7、残高3.1厘米（彩版四一：1~3；图一一：2）。

T2北扩方②：9，仅存部分下腹及底部。下腹斜曲内收，圈足，足内墙外撇，挖足过肩。白胎，胎质较细腻、坚致。内、外壁满施透明釉，釉面均匀，釉色泛青，足端刮釉。内壁下腹部饰缠枝花卉纹，其下饰弦纹一周，内底饰弦纹两周，中心饰宝杵纹；外壁下腹部饰缠枝花卉纹，胫部饰仰莲纹一周，足外墙饰弦纹两周。青花发色较暗，呈灰蓝色。足端露胎处有火石红，足底有棕眼。足径8.2、残高4.8厘米（彩版四一：4~6；图一一：5）。

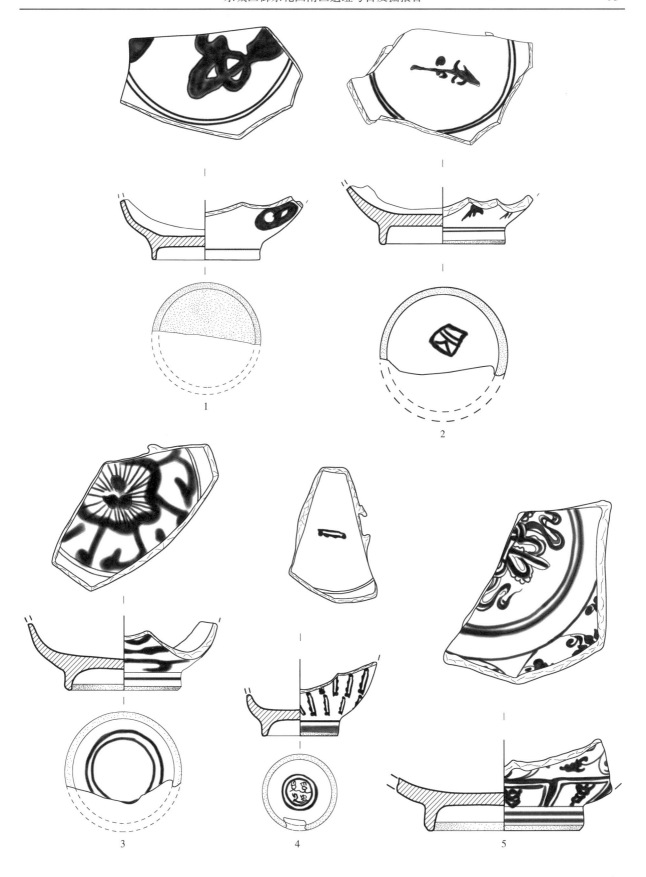

图一一　清代景德镇窑青花碗
1. T2①：2　2. T2 北扩方②：2　3. T2①：7　4. T2 北扩方②：13　5. T2 北扩方②：9　（均为 1/2）

T2北扩方②：11，仅存部分下腹及底部。下腹斜曲内收，圈足，足内墙外撇。白胎，胎质较粗糙、坚硬。内、外壁满施透明釉，釉面均匀，釉色泛青，足端刮釉。内壁饰灵芝茶花纹，中心饰菊花纹；外壁下腹部饰灵芝茶花纹，足外墙饰弦纹两周，内底饰青花仿印章款。青花发色浓艳，呈深蓝色。足径7、残高3.5厘米（彩版四二：1~3）。

T2北扩方②：13，仅存部分下腹及底部。下腹斜曲内收，圈足，足外墙微敛。灰白胎，胎质较粗糙、坚硬。内、外壁满施透明釉，釉面均匀，釉色泛青，足端刮釉。内壁饰弦纹两周，其内饰一梵文；外壁下腹部满饰梵文纹饰，足外墙饰弦纹两周，内底饰青花双圈仿模印款。青花发色浓艳，呈深蓝色。足径4.2、残高3.9厘米（彩版四二：4~6；图一一：4）。

T3①：3，仅存部分下腹及底部。下腹斜曲内收，圈足，足内墙外撇。灰白胎，胎质粗糙、坚硬。内、外壁满施透明釉，釉色泛青，足端刮釉。内底及外壁绘青花纹饰。残宽6.2、残高3.3厘米（彩版四三：1、2）。

T3①：8，仅存部分下腹及底部。下腹斜曲内收，圈足，足内墙微外撇。灰白胎，胎质细腻、坚硬。内、外壁满施透明釉，釉色泛青，足端刮釉。内底饰弦纹两周，其内饰菊花纹；足底饰弦纹两周。青花发色浓艳，呈深蓝色。足端露胎处有火石红，釉面有棕眼。足径6.8、残高2.6厘米（彩版四三：3、4）。

T3②：2，仅存部分下腹及底部。下腹斜曲内收，圈足，足外墙内斜。白胎，胎质细腻、坚致。内、外壁满施透明釉。内底饰弦纹两周，其内饰缠枝牡丹纹；外壁绘青花纹饰。青花发色较暗，呈蓝灰色。足径7.6、残高3.4厘米（彩版四三：5、6）。

T2②：6，仅存部分下腹及底部。下腹斜曲内收，圈足，足外墙外撇。白胎，胎质细腻、坚致。内、外壁满施透明釉，釉面均匀，足端刮釉。内底饰弦纹两周，其内饰折枝牡丹纹；外壁饰缠枝莲纹，胫部饰仰莲纹，足外墙饰几何纹一周，下接弦纹两周。青花发色浓艳，呈深蓝色。釉面有气泡。足径7.7、残高3.6厘米（彩版四四：1、2）。

景德镇窑霁蓝釉碗　1件。

T3②：5，仅存部分下腹及底部。下腹斜曲内收，圈足，足外墙微外撇，足端向内斜削。白胎，胎质细腻、坚致。内壁满施透明釉，釉色泛青；外壁施霁蓝釉至足端，足端刮釉，足底无釉。足径4.4、残高3.2厘米（彩版四四：3、4）。

景德镇窑青花盘　7件。均为残片。

T1①：13，仅存部分口沿和上腹部。侈口，圆唇，斜曲腹。灰白胎，胎质细腻、坚致。内、外壁满施透明釉，釉面均匀，釉色泛青。内壁口沿处及腹部饰弦纹两周；外壁口沿处饰弦纹两周，其下饰菊花纹。青花发色浓艳，呈深蓝色。残宽4.2、残高4.3厘米（彩版四四：5、6）。

T2②：9，敛口，尖圆唇，腹部斜曲内收，矮圈足，足外墙微内敛，足底微凸。白胎，胎质细腻、坚致。内、外壁满施透明釉，釉面均匀，釉色泛青。内、外壁饰梵文纹饰三周，字形细长，盘心青花双圈内饰一双勾填色梵文，足底饰青花双圈仿印章款。青花发色浓艳，呈深蓝色。复原口径15.3、足径9.1、高3.6厘米（彩版四五：1~3；图一二：1）。

T1①：21，仅存下腹及底部。下腹斜曲内收，矮圈足，足内墙微外撇。白胎，胎质细腻、坚致。内、外壁满施透明釉，釉面均匀，足端刮釉。内壁饰弦纹两周，内饰蓝地龙纹；足底饰青花双圈仿印章款。青花发色较暗。复原足径6、残高1.2厘米（彩版四五：4~6；图一二：3）。

T1北扩方②：5，仅存部分底部。底微凸。白胎，胎质较细腻、坚致。内、外壁满施透明釉。内底饰龙纹；外底饰弦纹两周，其内绘青花款。残宽6.1、残高5.9厘米（彩版四六：1、2）。

T1北扩方②：10，仅存部分下腹及底部。斜折沿，曲腹内收，圈足，足外墙内斜，足端尖圆。白胎，胎质较细腻、坚致。内、外壁满施透明釉，釉面光亮，釉色泛青，足端刮釉。内壁下腹部饰弦纹两周，内底及外壁腹部绘青花纹饰，足外墙饰弦纹两周。青花发色浓艳，呈深蓝色。足端粘沙。残宽3.4、残高3.1厘米（彩版四六：3、4）。

T3①：7，仅存部分下腹及底部。斜折沿，浅曲腹，下腹内收，矮圈足，足外墙微敛。白胎，胎质较细腻、坚致。内、外壁满施透明釉，足端刮釉。内底饰弦纹两周，其内饰蓝地白花纹。青花发色浓艳。残宽6、残高2.2厘米（彩版四六：5、6）。

T2北扩方②：3，仅存部分下腹及底部。下腹斜曲内收，矮圈足，足外墙内斜。白胎，胎质较粗糙、坚硬。内、外壁满施透明釉，釉面均匀，足端刮釉。内壁下腹部饰弦纹两周，底中心饰花篮纹；外底饰弦纹两周。青花发色浓艳，呈深蓝色。足径10、残高1.2厘米（彩版四七：1~3）。

景德镇窑釉上彩盘　1件。

T1①：18，仅存部分下腹及底部。下腹斜曲内收，矮圈足，足内墙微外撇，足底微凸。白胎，胎质细腻、坚致。内、外壁满施透明釉，彩釉剥落严重。内底饰红绿彩釉灵芝纹，外底饰红彩轮花款。足端粘沙。足径8.2、残高1.1厘米（彩版四八：1、2；图一二：4）。

景德镇窑青花杯　2件。均为残片。

T2①：10，可复原。侈口，尖唇，深曲腹，矮圈足，足外墙微敛。白胎，胎质较粗糙、坚硬。内、外壁满施透明釉，釉面均匀，釉色泛青，足端刮釉，足底无釉。内底饰弦纹两周，其内饰单枝灵芝纹，外壁饰重复灵芝纹。青花发色较浓艳，呈深蓝色。复原口径4.7、复原足径2.1、高2.6厘米（彩版四八：3、4；图一二：2）。

T1①：30，仅存底部。圈足，足内墙微外撇。灰白胎，胎质细腻、坚硬。内、外壁满施透明釉，釉面均匀，足端及底部无釉露胎。内底饰一梵文纹饰，足外墙饰弦纹一周。青花发色较暗，呈蓝灰色。釉面有气泡。足径2.2、残高0.8厘米（彩版四八：5、6）。

图一二　清代瓷器

1、3. 景德镇窑青花盘（T2②：9、T1①：21）　　2. 景德镇窑青花杯（T2①：10）　　4. 景德镇窑釉上彩盘（T1①：
18）　　5. 磁州窑碗（T2 北扩方②：17）　　6. 景德镇窑青花壶（T3②：3）　　7. 景德镇窑青花瓶（T2②：8）　（1、
5、6 为 1/3，余为 1/2）

景德镇窑青花瓶　7件。均为残片。

T1北扩方②：13，仅存部分口沿及颈部。侈口，圆唇，束颈。白胎，胎质较细腻、坚致。内、外壁满施透明釉。外壁口沿饰弦纹一周，其下饰锦纹。青花发色浓艳，呈深蓝色。口径5.6、残高4厘米（彩版四九：1）。

T3②：1，仅存部分腹部。曲腹内收。灰白胎，胎质细腻、坚硬。内、外壁满施透明釉，釉面均匀。外壁饰龙纹。青花发色较暗，呈蓝灰色。残长7.1、残宽6.2厘米（彩版四九：2）。

T3②：7，仅存部分颈部及肩腹部。斜直颈，圆肩。白胎，胎质细腻、坚致。内、外壁满施透明釉，釉面均匀。肩上部饰弦纹两周，内饰回纹，其下饰花卉纹。残宽4.3、残高4.5厘米（彩版四九：3）。

T1①：24，斜腹内收。灰白胎，胎质细腻、坚硬。内、外壁满施透明釉，釉面均匀，釉色泛青。外壁绘青花纹饰。青花发色浓艳，呈深蓝色。残长6、残宽2.6厘米（彩版四九：4）。

T1①：8，曲腹。灰白胎，胎质细腻、坚致。内、外壁满施透明釉，釉面均匀。外壁饰釉下红彩涡纹、青花纹饰，间以棕色勾线，内填釉上金彩，剥落严重。青花发色浓淡不一。残长12.7、残宽5厘米（彩版四九：5）。

T1北扩方②：9，仅存部分下腹及底部。直腹，矮圈足，足内墙外撇。白胎，胎质较细腻、坚致。内、外壁满施透明釉，足端刮釉。外壁下腹部饰缠枝花卉纹，足外墙饰弦纹两周，足外底饰弦纹两周，其内存"成化"楷书款。青花发色浓艳，呈深蓝色。足底有棕眼。足径10.4、残高2.8厘米（彩版五〇：1、2）。

T2②：8，仅存下腹及底部。下腹曲腹内收，圈足，足脊尖圆，足外墙内敛，足端削棱。白胎，胎质细腻、坚致。内、外壁满施透明釉，足端刮釉。外壁饰蓝地白花牡丹纹，足底有"成化年制"四字款识。残宽8.9、残高5.7厘米（彩版五〇：3、4；图一二：7）。

景德镇窑青花壶　1件。

T3②：3，仅存部分下腹及底部。下腹斜曲内收，矮圈足，足外墙微敛，足端削棱。白胎，胎质细腻、坚硬。内、外壁满施透明釉，釉面均匀，釉色泛青，足端刮釉。外壁腹部饰蓝地祥云纹，胫部饰变体莲瓣纹，足外墙饰弦纹一周。下腹部残见一执柄。足径9、残高8厘米（彩版四九：6；图一二：6）。

景德镇窑青花瓷片　4件。

T1北扩方②：8，白胎，胎质较细腻、坚致。内、外壁满施透明釉。内、外壁均绘青花纹饰。青花发色浓艳，呈深蓝色。残宽3.3、残高4厘米（彩版五〇：5、6）。

T3①：11，白胎，胎质细腻、坚致。内、外壁满施透明釉，釉色泛青。外壁饰牡丹纹。

残长 3.6、残宽 3 厘米（彩版五一：1）。

T1①：36，灰白胎，胎质细腻、坚硬。内、外壁满施透明釉，釉面均匀，釉色泛青。外壁绘青花纹饰。青花发色较暗，呈蓝灰色。残长 2.7、残宽 2.8 厘米（彩版五一：2）。

T1①：37，白胎，胎质细腻、坚致。内、外壁满施透明釉，釉面均匀，釉色泛青。外壁绘青花纹饰。青花发色较暗，呈蓝灰色。残长 3.5、残宽 3 厘米（彩版五一：3）。

磁州窑白地褐彩碗　1 件。

T1①：19，残，仅存部分下腹及足墙。下腹斜折内收，圈足，足内墙外撇，挖足微过肩，足端削棱。黄胎，胎质细腻，胎体厚重。内壁施白釉，釉色泛黄，外壁及足墙无釉。内壁饰红褐色弦纹一周。足径 7.6、残高 2.1 厘米（彩版五一：4）。

磁州窑碗　1 件。

T2 北扩方②：17，残。侈口，尖圆唇，斜直腹，下腹折收，圈足，足内墙外撇，足底微凸。灰白胎，胎质粗糙。内壁施白釉，釉色泛黄，内底有垫饼痕迹；外壁施酱釉，不及底，圈足未施釉，釉色莹润有光泽。外底书写"永顺"二字。口径 15.5、足径 6.3、高 6.2 厘米（彩版四七：4~6；图一二：5）。

3. 铜器

顺治通宝　1 枚。

T1①：2，圆形，方穿。正反面均有内、外郭。正面铸"顺治通宝"，楷书，对读；背面右左穿汉文"蓟一厘"。直径 2.6、郭径 0.3、穿径 0.6 厘米，重 3.58 克（图一三）。

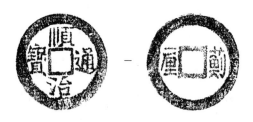

图一三　铜钱（T1①：2）拓片（原大）

四　结　语

（一）年代和性质

该城墙基础呈南北向长条状，位于明北京城内玉河西侧，东距玉河约 80 米。《读史方舆纪要》记载："永乐四年，营建宫殿……于内为宫城，周六里一十六步，亦曰紫禁城，南曰午门、东曰东华门、西曰西华门、北曰玄武门。宫城之外为皇城，周一十八里有奇，南曰大明门、曰长安左、右门，中曰东安、西安门、北曰北安门。"[①]《明实录北京史料》记载："宣德七年，六月甲辰，上以东安门外缘河居人逼近黄墙，喧嚣之声，澈于大内，命行在工部改筑黄墙于河东。"[2]可以看出，明皇城建于永乐年间，明代中期又将御河西侧的城墙迁至东侧。该城墙基础的形状及位置，与明皇城墙历史地理位置基本相符，因此推测该段即为原西侧的东皇城墙[3]。用黄土和碎砖间隔夯成多层地基是明永乐以后宫殿等建筑的标配[4]，其夯层堆积亦与东皇城墙遗址夯层结构基本一致[5]。

本次发掘出土器物以瓷器为大宗，除大量明清瓷器外，还有少量元代瓷器和明代琉璃建筑构件。明代琉璃烧制技术已达到全盛时期，琉璃建筑构件广泛应用于宫殿、王府、园林等建筑，仅限于皇家使用且等级区分严格[6]。明代琉璃瓦色彩也较以往更加丰富，由黄、绿、蓝等颜色发展到紫红、黑、牙白、储黄等十余种，釉色以黄、红为最高等级，绿色次之，黑色等级最低。除琉璃建筑构件的颜色外，构件的形制和图案纹样也有所限制，《明史·舆服志四·百官第宅》载："明初，禁官民房屋，不许雕刻古帝后、圣贤人物及日月、龙凤、狻猊、麒麟、犀象之形。"[7]并于洪武二十六年定制："公侯，前厅七间、两厦，九架……覆以黑板瓦，脊用花样瓦兽，梁、栋、斗拱，檐桷彩绘饰……一品、二品，厅堂五间，九架，屋脊用瓦兽，梁、栋、斗拱，檐桷青碧绘饰。""庶民庐舍……不过三间，五架，不许用斗拱，饰彩色。"[8]此次出土的琉璃构件包含筒瓦、板瓦、勾头、走兽凤以及仙人等，勾头当面模印五爪龙，表面施黄色琉璃釉，走兽为凤。综上，该批建筑构件应用于皇家建筑。

根据该遗址的历史地理位置、建筑方式以及出土建筑构件分析，该遗址应为明永乐时期建造的原东皇城墙。

（二）价值和意义

通过此次发掘，基本明确了明代原东皇城墙的地理位置，印证了文献记载的"城墙改筑"，为研究明代皇家建筑形制和当时的封建社会等级提供了实物资料。

发　掘：郭京宁

修　复：郑　克　陈　宏　杨　茜

绘　图：刘　丽　李清清　杨　茜

摄　影：艾小力

执　笔：郭京宁　杨　茜

注　释

① 〔清〕顾祖禹《读史方舆纪要》，上海书店出版社，1998年。

② 赵其昌主编《明实录北京史料》，北京古籍出版社，1995 年。

③ 侯仁之主编《北京历史地图集》，北京出版社，1988 年。

④ 故宫博物院考古研究所《故宫隆宗门西元明清时期建筑遗址 2015~2016 年考古发掘简报》，《故宫博物院院刊》2017 年第 5 期；徐华烽《故宫慈宁宫花园东院遗址——揭秘紫禁城"地下宫殿"》，《紫禁城》2017 年第 5 期；故宫博物院考古研究所《故宫长信门明代建筑遗址 2016~2017 年发掘简报》，《故宫博物院院刊》2021 年第 6 期。

⑤ 孔繁峙《东皇城墙遗址的发掘展示与皇城的整体保护》，《北京文博》2001 年第 4 期，北京燕山出版社，2001 年。

⑥ 汪永平《明代建筑琉璃的等级制度》，《古建园林技术》1989 年第 4 期。

⑦ 《明史》卷六八《舆服志四》，第 1671 页，中华书局，1974 年。

⑧ 《明史》卷六八《舆服志四》，第 1671、1672 页，中华书局，1974 年。

西城区法源寺后街（东段）景观提升项目
明清遗迹发掘报告

　　法源寺后街（东段）景观提升项目位于北京市西城区枫桦豪景小区南部，北邻莲花胡同，东邻烂缦胡同，南距七井胡同约 127 米，西距西砖胡同约 103 米（图一）。为配合绿化工程项目建设，2019 年 5~7 月，北京市文物研究所〔今北京市考古研究院（北京市文化遗产研究院）〕对其进行了抢救性考古发掘，布设 25 米×4 米探沟一条（编号 2019BXFTG1）。发掘面积 100 平方米，清理了探沟文化层堆积和 5 个灰坑（编号 H1~H5），出土了大量瓷片和少量陶器残件。现将遗址内明清时期遗迹发掘情况介绍如下。

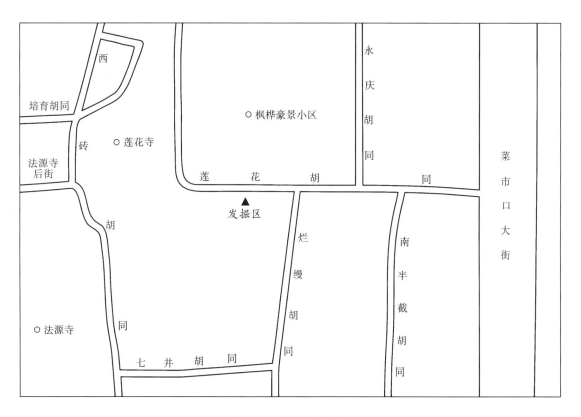

图一　遗址位置示意图

一　地层堆积

地层堆积较为简单，在现代渣土层下分为5层，以探沟南壁为例分述如下（图二）。

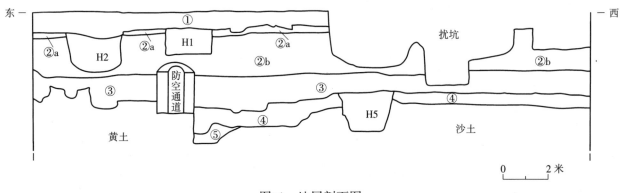

图二　地层剖面图

第①层：近现代文化层。厚0.35~0.83米。沙土，土质疏松，土色较为杂乱，以深灰、红褐色为主。出土较多瓦片、青砖块、陶片、瓷片等，陶瓷器器形以碗、盘、盏、杯、灯为主，还有少量动物骨骼。

第②层：明清文化层。可分为2亚层。

第②a层：厚0.05~0.35米。沙土，土质较疏松，呈浅黑色。包含物较少，出土少量钧瓷片、陶片，器形有碗、盏、坩埚等。

第②b层：厚1.06~1.83米。沙土，土质较疏松，呈浅黄色。出土大量瓷片，器形有碗、盘、杯、器盖等，另有少量动物骨骼和陶片。

第②层下为早于明清时期的地层。

二　遗　迹

在探沟内发现并清理灰坑5个（图三）。

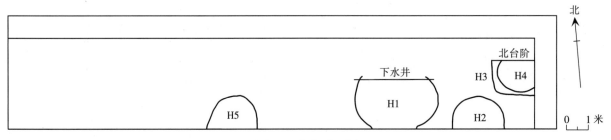

图三　遗迹平面图

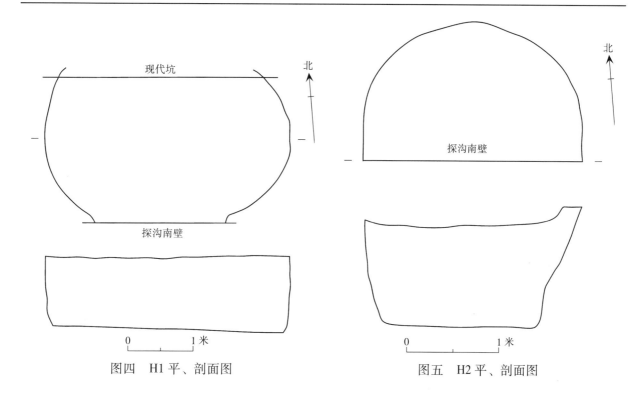

图四　H1 平、剖面图　　　　　　　　图五　H2 平、剖面图

（一）H1

位于探沟中部偏东，开口于第①层下，打破第②a 层和第②b 层。上部北侧被一现代下水井打破，南侧叠压于探沟南壁下。平面呈灯笼形，开口边缘明显、清晰，坑壁西部略内斜，东部近袋状，底部不平，西高东低。长 2～3.76、宽 2.42、深 1.15～1.26 米。坑内为浅黑色土堆积，夹杂有烧土颗粒和白石灰颗粒，土质较疏松。出土遗物有动物骨骼、少量瓷片，可辨器形有碗底等（图四）。

（二）H2

位于探沟东南部，开口于第①层下，打破第②a 层和第②b 层，南侧叠压于探沟南壁下。平面呈半圆形，开口边缘明显，壁面基本规整，底部呈坡状内收，北高南低，底部边缘明显，无加工痕迹。长径 2.35、短径 1.43、深 1.08～1.26 米。坑内为深灰色土堆积，夹杂有大量煤渣、草木灰、沙石粒和残砖、瓦等杂物，土质较疏松。出土遗物较多，有动物骨骼、铁片和陶瓷片，陶瓷片器形主要以罐、碗、钵为主（图五）。

（三）H3

位于探沟东北部，开口于第②a 层下，北部叠压于台阶下。平面近长方形，开口边缘明显，壁面清晰，垂直向下，底部边缘稍内收，底近平。长 1.77～1.93、宽 1.48～1.54、深

1.12 米。坑内为灰色杂土堆积，夹杂有大量煤渣和红烧土块等杂物及少量残砖、碎瓦片，土质较疏松。出土遗物较少，仅有少量兽骨和陶瓷片，无可辨器形（图六）。

（四）H4

位于探沟东北部，开口于第②b层下，打破第③层。东部叠压于探沟东壁下，北部叠压于台阶下。平面呈扇形，开口边缘明显，壁面垂直向下，较规整，底部边缘明显，底近平。长1.48~1.68、宽1.19~1.39、深0.99 米。坑内为黄灰色土堆积，夹杂有白灰渣、煤渣、烧土块及残板瓦片等杂物，土质较疏松。出土遗物较少，有白釉瓷片，无可辨器形（图七）。

（五）H5

位于探沟中部偏西，开口于第③层下，打破第④层，南侧叠压于探沟南壁下。平面近半圆形，开口边缘明显清晰，壁面规则，分段，有垂直、有斜壁。下部东南角内收较多，其他部位基本垂直，底部边缘明显，加工不规则。长径2.36、短径1.46、深1.68~2.14 米。坑内

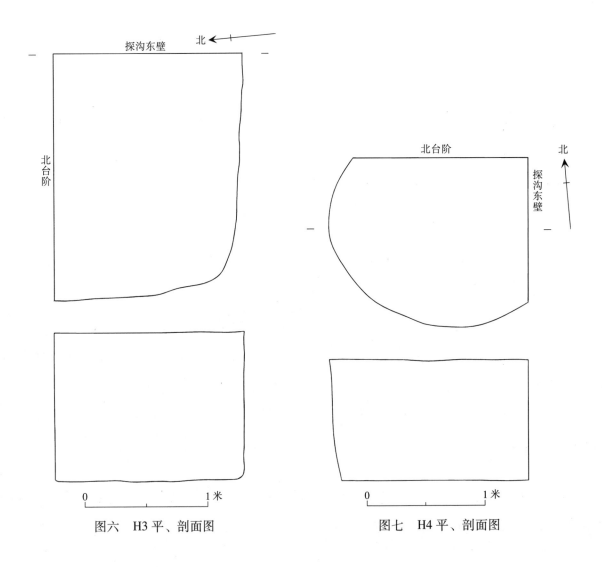

图六　H3 平、剖面图　　　　　　　图七　H4 平、剖面图

填土可分为2层。上层堆积西高东低，厚约1米；土色呈灰色，夹杂有草木灰、木炭粒和个别料姜石，土质较疏松；出土遗物有少量动物骨骼、陶瓷片和残砖块，陶片以红陶为主，可辨器形有缸、盆、口沿，瓷片以白釉瓷片为主，另有黑釉瓷片2片。下层为平行状堆积，厚约1米；土色呈浅黄色，夹杂有少量烧土粒，土质疏松；出土遗物很少，有饰弦纹的残砖块（图八）。

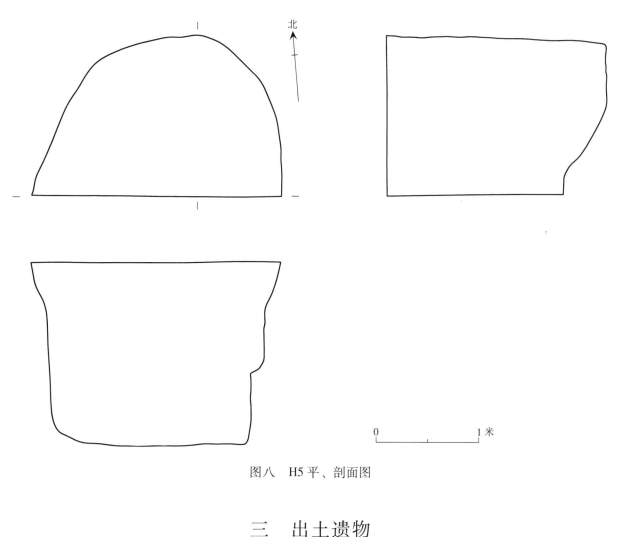

图八　H5平、剖面图

三　出土遗物

此次发掘出土大量陶、瓷器残片和少量陶器、釉陶器、石器等。瓷片逾2000片，其中大部分年代为明清时期，也有少量唐、辽、金、元时期瓷片，绝大部分属于民窑瓷器。现将出土遗物按层位顺序及灰坑顺序介绍如下。

（一）第①层

共选取标本29件，大部分为瓷器，主要器形有碗、盘、杯、炉、器盖、瓶等。另有陶灯、灯盏、月饼等。

青花五彩碗　1件。

TG1①：1，仅存部分下腹及底足。圈足，挖足过肩。内、外壁满釉，足端露胎。内底及外壁均绘釉下青花叶纹和釉上红绿彩花卉纹，下腹部近圈足处绘青花、红、绿彩相间花瓣纹一周，圈足绘弦纹两周，外底书青花双圈花押款。青花发色浓艳，彩绘部分脱落。釉面光亮，白胎细腻坚致。足径 6.5、足高 0.9、残高 4.6、壁厚 0.4 厘米（彩版五二：1~3；图九：1）。

青花碗　12件。

TG1①：3，仅存底足。圈足。内、外壁满釉，足端露胎。碗心绘花卉纹，圈足绘弦纹两周，外底书青花双圈"玉堂珍器"双行四字款。青花发色浓艳，釉面光亮，白胎细腻坚致。

图九　TG1 第①层出土瓷器

1. 青花五彩碗（TG1①：1）　2~6. 青花碗（TG1①：3、5、4、8、7）　（均为1/3）

足径5.4、足高1.1、残高1.6、壁厚0.6厘米（彩版五二：4~6；图九：2）。

TG1①：4，撇口，弧腹，圈足。内、外壁满釉，足沿露胎。口沿处施酱釉，内、外口沿均绘弦纹两周，碗心绘弦纹两周，其内绘花卉纹，外壁绘花卉纹，圈足绘弦纹三周，碗底书青花双圈"大明成化年制"双行六字款。釉面光亮，白胎细腻坚致。口径9.9、足径4.2、高4.8厘米（彩版五三：1、2；图九：4）。

TG1①：5，敞口，弧腹，圈足。内、外壁满釉，口沿和足端露胎。素面，外底书青花双圈仿印章款。釉面光亮，釉色泛青，白胎细腻坚致。内、外壁可见轮制痕迹。口径14.6、足径6、足高0.7、通高5.8、壁厚0.5厘米（彩版五三：3、4；图九：3）。

TG1①：7，撇口，口沿微折，深弧腹，圈足。内、外壁满釉，口沿和足端露胎。内壁口端绘弦纹两周，弦纹间绘几何与点组合边饰，碗心绘弦纹两周，其内绘六个鸟爪纹，外壁口沿绘弦纹两周，弦纹间绘几何边饰，外壁绘缠枝菊纹一周，碗底绘弦纹两周。青花发色浓艳，有晕散，釉面光亮，白胎细腻坚致。口径14.8、足径6.4、高5.7厘米（彩版五四：1~3；图九：6）。

TG1①：8，敞口微敛，尖唇，浅弧腹，矮圈足。内、外壁满釉，足端露胎。内、外口沿均绘弦纹两周，碗心绘弦纹两周。青花发色偏灰，釉色泛青，釉面较粗糙，可见大量气泡痕迹，白胎细腻坚致，底足有粘沙痕迹。口径14.2、足径6、高4.4厘米（彩版五三：5；图九：5）。

TG1①：11，撇口，深弧腹，圈足，足端斜削，足底有乳突。内、外壁满釉，足端露胎。口沿施酱釉，内壁口沿绘弦纹两周，其间以青花填色，碗心绘弦纹两周，其内绘一荷叶纹，外壁绘缠枝荷叶纹一周，圈足绘弦纹两周，外底绘弦纹两周。青花发色浓淡差距较大，浓色发黑，淡色泛灰，釉色泛青，白胎细腻坚致。釉面有气泡痕迹，碗底有粘沙和火石红。口径12.7、足径6.2、高6.4厘米（彩版五四：4~6；图一〇：1）。

TG1①：12，敞口，尖圆唇，深弧腹，圈足，足墙外撇，足端斜削，足底有乳突。内、外壁满釉，足端露胎。内、外口沿各绘弦纹两周，内壁腹部绘弦纹两周，碗心绘一花纹，外壁绘缠枝花纹一周，圈足绘弦纹三周，外底绘弦纹两周，其内绘一花卉。青花发色浓艳，有晕散，釉面光亮，釉色泛青，白胎细腻坚致。碗底有气泡痕迹。口径11.2、足径5、足高0.8、通高6.5、壁厚0.3厘米（彩版五五：1~3；图一〇：2）。

TG1①：13，敞口，弧腹，圈足，足墙微敛，足端斜削。内、外壁满釉，足底无釉。内、外口沿各绘弦纹两周，口沿用青花晕染，碗心绘弦纹两周，其内绘一草体"喜"字；外壁残可见一写意"富"字，圈足绘弦纹一周。青花发色浓艳，有晕散，釉色泛青，釉面光亮，白胎细腻坚致。底足有少量气泡和粘沙痕迹。口径14.4、足径6.1、高5.6厘米（彩版五六：1、2；图一〇：7）。

TG1①：17，敞口，弧腹，圈足，足端斜削。内、外壁满釉，足端露胎。内、外口沿均绘弦纹一周，碗心绘弦纹两周，其内纹饰残缺不可识；外壁绘云龙纹一周，龙共两条，碗底绘

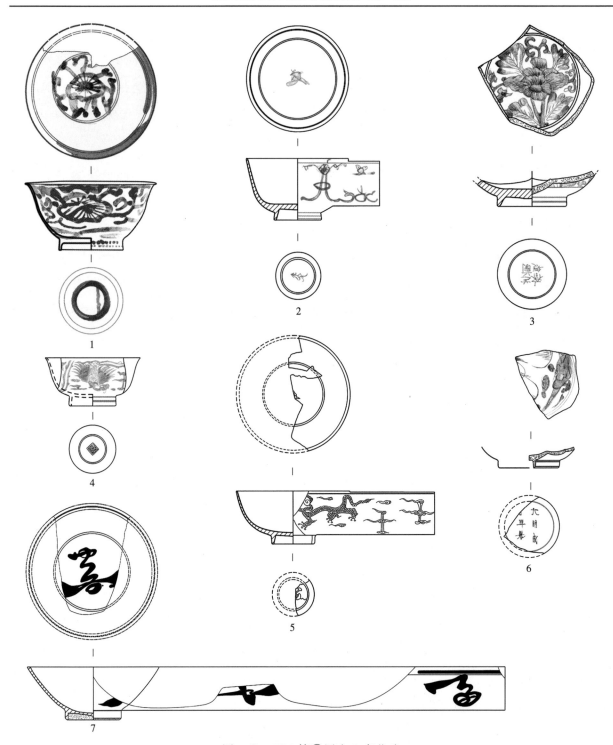

图一〇　TG1 第①层出土青花碗

1. TG1①：11　2. TG1①：12　3. TG1①：18　4. TG1①：21　5. TG1①：17　6. TG1①：19　7. TG1①：13　（均为 1/4）

弦纹两周，其内绘杂宝纹。青花发色靛青雅丽，有晕染，釉面光亮，白胎细腻，釉面残留锔钉修补痕迹。口径 12.5、足径 4.6、足高 0.9、通高 5.6、壁厚 0.3 厘米（彩版五六：3、4；图一〇：5）。

TG1①：18，仅存碗底。圈足。内、外壁满釉，足端露胎。碗心绘弦纹两周，其内绘牡丹纹，圈足绘弦纹三周，外底书青花双圈"芝兰斋制"双行四字款。青花发色浓艳，釉面光亮，白胎细腻。足底可见少量气泡和粘沙痕迹，足底有窑裂。足径 7.5、足高 1、残高 3.7 厘米（彩版五五：4~6；图一〇：3）。

TG1①：19，仅存碗底。圈足，足端斜削。内、外壁满釉，足端露胎。碗心绘弦纹两周，其内绘山水纹，圈足绘弦纹两周，碗底书青花单圈"大明成化年制"双行六字款。青花发色浓艳，部分线条发黑，釉面光亮，白胎，胎质细腻。足径 6.6、足高 0.8、残高 2.2、壁厚 0.4 厘米（彩版五七：1~3；图一〇：6）。

TG1①：21，撇口，尖唇，深弧腹，圈足，足墙微撇。内、外壁满釉，足端露胎。内壁无纹饰，外壁口沿绘弦纹两周，外壁绘云凤纹一周，凤共四只，圈足绘弦纹三周，外底书青花双圈花押款。青花发色浓艳，有晕散，釉面光亮，有少量气泡痕迹，白胎，胎质细腻。口径 10.4、足径 5.1、足高 1、通高 5.1、壁厚 0.3 厘米（彩版五六：5、6；图一〇：4）。

青花杯　2 件。

TG1①：22，仅存部分杯身和杯底。圈足，足墙微敛。内、外壁满釉，足端露胎，有窑裂。杯身外壁绘一花卉纹，圈足绘弦纹两周，杯底书青花单圈"大明成化年制"双行六字款。青花发色泛灰，釉面光亮，白胎，胎质细腻。足径 3.8、足高 0.5、残高 3.6、壁厚 0.3 厘米（彩版五八：1、2；图一一：1）。

TG1①：23，撇口，尖唇，深弧腹，圈足，足端斜削。内、外壁满釉，足端露胎。内、外口沿均绘弦纹两周，杯心绘弦纹两周，其内绘一"卐"字纹；外壁口沿绘变形回纹边饰一周，下部沿足绘花瓣边饰一周，杯底绘一花押款。青花发色浓艳，釉面光亮，白胎，胎质细腻。口径 6.7、足径 2.4、足高 0.6、通高 3.8、壁厚 0.3 厘米（彩版五七：4~6；图一一：2）。

青花小碗　2 件。

TG1①：25，敞口微撇，尖唇，深弧腹，矮圈足，足墙内敛，挖足过肩，足内底脐状微凸。内、外壁满釉，足端露胎。内壁素面，外壁口沿绘弦纹两周，外壁绘花卉纹，圈足绘弦纹两周，碗底书青花单圈"青雅"单行二字款。青花发色浓艳，釉面光亮，白胎，胎质细腻。口径 10.8、足径 4.6、足高 0.4、通高 5.9、壁厚 0.3 厘米（彩版五八：3、4；图一一：3）。

TG1①：26，撇口，尖唇，深弧腹，圈足，足墙内敛。内、外壁满釉，足沿露胎。内壁素面，外壁口沿绘弦纹两周，外壁绘花卉纹，圈足绘弦纹三周，碗底书青花单圈"大明嘉靖年制"双行六字款。青花发色浓艳，釉面光亮，白胎，胎质细腻。口径 9.5、足径 3、足高 0.9、通高 5.5、壁厚 0.2 厘米（彩版五八：5、6；图一一：10）。

三彩器盖　1 件。

TG1①：2，盖面绘菊花卷草纹，墨线勾勒轮廓，红彩为底，叶子绘绿彩，菊花绘黄彩。盖

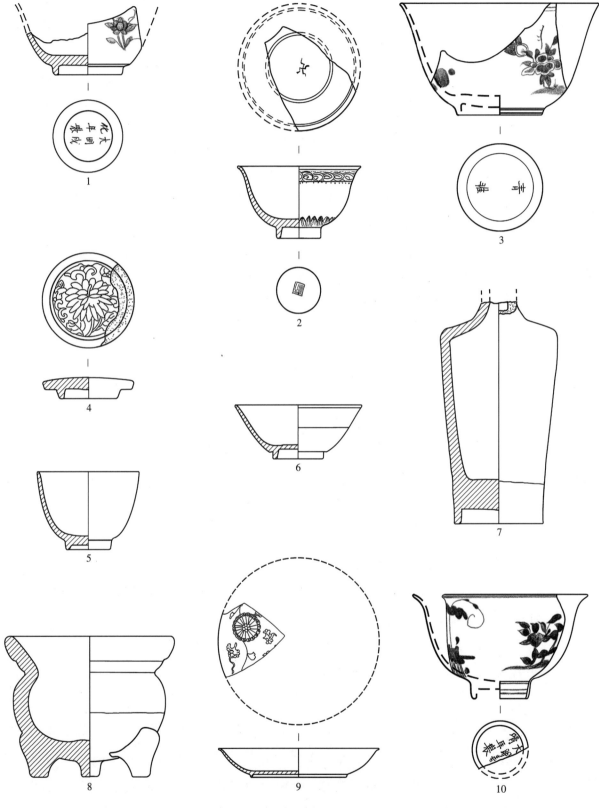

图一一　TG1 第①层出土瓷器

1、2. 青花杯（TG1①：22、23）　3、10 青花小碗（TG1①：25、26）　4. 三彩器盖（TG1①：2）
5. 白釉杯（TG1①：6）　6. 白地黑彩碗（TG1①：9）　7. 黑釉瓶（TG1①：28）　8. 半釉三足炉
（TG1①：24）　9. 青白釉彩绘盘（TG1①：27）　　（6、9 为 1/5，余为 1/2）

面施白釉，其余部位露胎，白胎，胎质细腻。面径5、底径3、高1.1厘米（彩版五九：1、2；图一一：4）。

白釉杯　1件。

TG1①：6，敞口，尖唇，弧腹，圈足。内、外壁满釉，足端露胎。白胎，胎质细腻坚致，施白釉，釉面有大量开片。口径5.6、足径2.6、足高0.5、通高4.2、壁厚0.2厘米（彩版五九：3；图一一：5）。

白地黑彩碗　1件。

TG1①：9，敞口微撇，弧腹，圈足，挖足过肩，足内墙外撇。外壁上腹部绘黑釉宽带纹一周，其上点缀白点花朵纹。内、外壁均施白釉，外壁下腹部及底足无釉。釉色泛黄，白胎，胎质细腻，胎面粗糙。内底刮釉形成一周涩圈，外壁有轮制旋痕装饰。口径17.3、足径6.8、足高0.9、通高7.1、壁厚0.5厘米（彩版五九：4；图一一：6）。

青白釉彩绘盘　1件。

TG1①：27，撇口，尖圆唇，弧腹，矮圈足，足墙内敛。内、外壁满施青白釉，口沿及足端露胎。盘内绘釉上红绿彩绘缠枝菊花纹，用黑彩勾勒轮廓，绿彩填充枝叶及花瓣，红彩绘花心，绿彩部分脱落，外壁口沿绘黑彩一周。釉面光亮，胎质细腻。口径22、足径13、足高0.4、通高3.8、壁厚0.4厘米（彩版五九：5、6；图一一：9）。

黑釉瓶　1件。

TG1①：28，口部缺失。束颈，圆折肩，斜腹，平底内凹较甚。素面。内、外壁施黑釉，外壁施釉不及底，胫部及底足露灰白胎。釉面光亮，胎质较细腻。底径4.8、残高11.7厘米（彩版六〇：1；图一一：7）。

半釉三足炉　1件。

TG1①：24，敞口，圆唇，短颈，溜肩，鼓腹，三足。口沿及外壁施黄褐釉，外壁施釉至半腹部，其余部位露红褐色胎。施釉不均匀，有流釉现象，胎质较粗糙。内、外壁可见数道轮制弦纹。口径8.7、高7.4、壁厚0.8厘米（彩版六〇：2；图一一：8）。

陶月饼　1件。

TG1①：10，模型。泥制灰陶，月饼状，饼面饰一莲花纹，莲纹中有一"香"字。底径6.4、高3.4厘米（彩版六〇：3、4；图一二：1）。

陶灯　3件。

TG1①：14，泥制红陶，轮制。截面呈"工"字形，陶灯上部为一托盘，圆唇，敞口，斜腹。盘中有一小矮圆柱，柱中有一孔，盘下承以铃铛形折腹高足。灯身有数道轮制旋痕。足径7.5、高9.5厘米（彩版六〇：5；图一二：2）。

TG1①：15，泥制红陶，表面泛黑，轮制。陶灯上部为一托盘，方唇，撇口，折腹。盘中

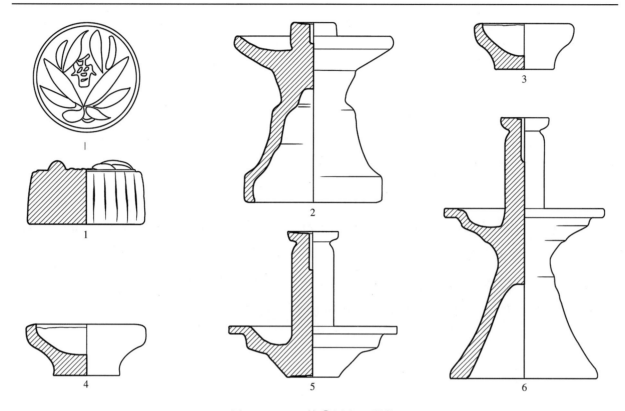

图一二　TG1 第①层出土器物

1. 陶月饼（TG1①：10）　2、5、6. 陶灯（TG1①：14、16、15）　3、4. 釉陶灯盏（TG1①：20-2、20-1）　（均为1/2）

立一支柱，柱上为一小灯座，中部有一孔。下部为喇叭形外撇高足。足径8、高13.8厘米（彩版六〇：6；图一二：6）。

TG1①：16，底座已残，仅存托盘及以上部位。泥制红陶，表面泛黑，轮制。残存上部为一托盘，方唇，撇口，折腹。盘中立一支柱，柱上为一小灯座，中部有一孔。底径2.8、高7.7厘米（彩版六一：1；图一二：5）。

釉陶灯盏　2件。

TG1①：20-1，泥制黄陶，轮制。敞口微敛，圆唇，弧腹，平底。盏内壁施褐色釉。内、外壁皆有数道轮制弦纹。口径5.4、底径3.6、高2.7、壁厚0.7厘米（彩版六一：2；图一二：4）。

TG1①：20-2，泥制黄陶，轮制。敞口微敛，圆唇，弧腹，平底。盏内壁釉已剥落。内、外壁皆有数道轮制弦纹。口径4.8、底径3.2、高2.4、壁厚0.6厘米（彩版六一：3；图一二：3）。

（二）第②a层

共选取标本12件，大部分为瓷器，主要器形有碗、杯等。

黄釉碗　2件。

TG1②a：1，敞口微撇，尖圆唇，深弧腹，圈足，足墙外撇。碗心有轮制凸弦纹两周。

内、外壁满施黄釉，外壁口沿及底足露米黄色胎。胎质细腻，施釉不均匀，釉面较粗糙。口径13.5、足径5、足高0.7、通高5.5厘米（彩版六一：4；图一三：1）。

TG1②a：11，敞口微撇，弧腹，圈足。碗心残可见5个支钉痕，底足有6个支钉痕。内壁薄釉，外壁满釉，足端及足内底露灰胎。施釉不均匀，釉面有少量开片和气泡痕迹。口径14.5、足径5.3、足高0.6、通高5.6厘米（彩版六一：6；图一三：3）。

青釉碗　1件。

TG1②a：2，仅存碗底。矮圈足，足底脐状微凸。内、外壁施青釉，碗心及底足露灰胎。胎质较粗糙，釉面有窑灰和气泡痕迹。碗心刮釉形成一周涩圈，涩圈内凸起，无釉，应是叠烧残次品。足径6.3、足高0.8、残高3.8厘米（彩版六一：5；图一三：2）。

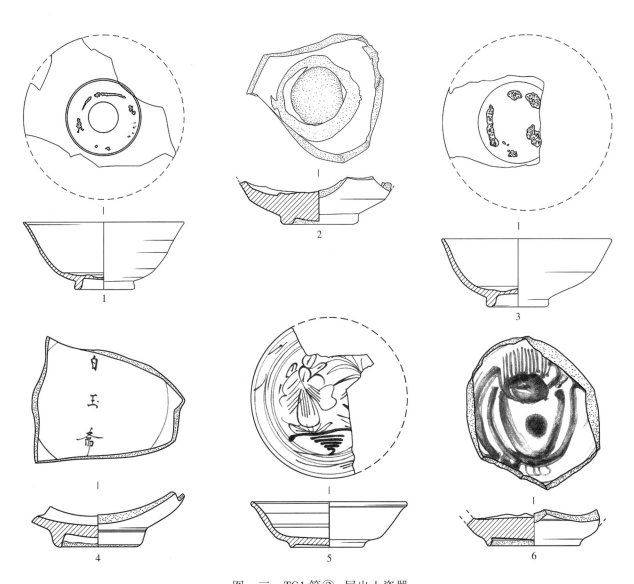

图一三　TG1 第②a 层出土瓷器

1、3. 黄釉碗（TG1②a：1、11）　2. 青釉碗（TG1②a：2）

4~6. 青花碗（TG1②a：4、12、6）　（1~3为1/3，余为1/2）

青花碗　3件。

TG1②a：4，仅存碗底。圈足，足墙微敛，足端斜削，足底微凸。内、外壁满釉，足端露胎。碗心绘弦纹一周，其内书"白玉斋"三字，圈足绘弦纹一周。青花发色浓艳，釉色泛青，白胎，胎质细腻。碗底有粘砂和窑裂。足径4.7、足高0.9、残高2.9厘米（彩版六二：1、2；图一三：4）。

TG1②a：6，仅存碗底。矮圈足，足端斜削。内、外壁满釉，足底露胎。碗心绘弦纹两周，其内绘简化螭龙纹。青花发色浓艳，釉色泛青，白胎，胎质细腻。釉面有少量气泡，外底有粘砂。足径5、足高0.4、残高1.9厘米（彩版六二：3、4；图一三：6）。

TG1②a：12，撇口，圆唇，弧腹，矮圈足。内、外壁满釉，足内露胎。内壁绘弦纹数周，碗心绘花卉纹，外壁口沿绘弦纹一周。青花发色灰暗，釉色泛青，白胎，胎质细腻。口径8.5、足径3.9、足高0.3、通高2.4厘米（彩版六二：5、6；图一三：5）。

蓝釉碗　1件。

TG1②a：3，仅存碗底。圈足，足墙外撇，足端斜削，足内底有数道轮制弦痕。内、外壁施蓝釉，外壁施釉不及底，底足露灰胎，胎质致密。釉层较厚，足部有积釉现象，釉层有较多气泡，残存釉面可见窑变。足径5.5、足高1、残高2.4厘米（彩版六三：1、2；图一四：1）。

黑釉碗　1件。

TG1②a：10，撇口，圆唇，折腰腹，圈足，足墙外撇。内底刮釉形成一周涩圈。内、外壁施黑釉，外壁施釉不及底，底足露胎，有流釉现象。米黄色夹砂胎，胎质较粗糙，釉面光亮。内、外壁可见数道轮制旋痕。口径22.1、足径7.8、足高1、通高8.6厘米（彩版六三：3；图一四：4）。

青花杯　1件。

TG1②a：7，仅存杯底。圈足，足墙微敛，足端斜削。内、外壁满釉，足端露胎。圈足绘弦纹两周，杯底书青花单圈"大明成化年制"双行六字款。青花发色较淡，白胎，胎质细腻，釉面有少量气泡痕迹，杯底有窑裂。足径3.8、足高0.5、残高1.7厘米（彩版六三：5、6；图一四：2）。

青花五彩杯　1件。

TG1②a：8，仅存杯底。圈足。内、外壁满釉，足沿露胎。杯心绘青花弦纹两周，其内釉上绘一红绿彩花卉纹，杯身外壁釉上绘红彩龙纹及绿彩云纹，圈足绘两道青花弦纹，杯底书青花单圈"大明成化年制"双行六字款。青花发色浓艳，釉面光亮，白胎，胎质细腻。足径4.5、残高1.7厘米（彩版六四：1~3；图一四：3）。

白釉杯　1件。

TG1②a：9，敞口微撇，圆唇，深弧腹，圈足，足墙外撇，足端斜削。内壁满施白釉，外

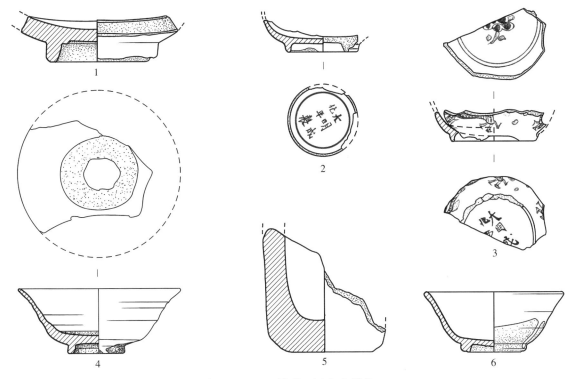

图一四　TG1 第②a 层出土器物

1. 蓝釉碗（TG1②a：3）　2. 青花杯（TG1②a：7）　3. 青花五彩杯（TG1②a：8）　4. 黑釉碗（TG1②a：10）
5. 坩埚（TG1②a：5）　6. 白釉杯（TG1②a：9）　（4 为 1/5，余为 1/2）

壁施白釉至腹中部，有流釉现象，下腹部及底足露灰白胎，胎质和釉面较粗糙。露胎处可见数道轮制弦纹。口径 7.7、足径 3.6、足高 0.4、通高 3.2 厘米（彩版六三：4；图一四：6）。

坩埚　1 件。

TG1②a：5，泥质灰陶，表面有烧制硬结痕迹。直口，弧腹下收，平底微凸。底径 6.1、残高 6.5 厘米（彩版六四：4；图一四：5）。

（三）第②b 层

共选取标本 35 件，大部分为瓷器，主要器形有碗、盘、杯、器盖、小瓶等。

青釉碗　4 件。

TG1②b：1，仅存下腹部及底足。圈足，足墙外撇，足端斜削。内壁模印菊纹一周。内、外壁满施青釉，釉面光亮，碗心刮釉露胎，留有垫饼垫烧痕迹。足内露胎，露胎处胎呈红色，留有垫烧痕迹。断裂处胎为灰胎，胎质细腻。足径 5.7、足高 1.1、残高 6.7、壁厚 0.6 厘米（彩版六四：5；图一五：1）。

TG1②b：2，仅存下腹部及底足。弧腹，圈足，足端斜削，足内底脐状微凸。内壁模印六开光折枝花卉，可见有菊花。内、外壁施青釉，外壁施釉不及底，薄釉，釉面有大量开片，碗心刮釉露胎，有垫烧痕迹。底足露米黄胎，胎质较粗糙。足径 6、足高 0.8、残高 5.4、壁

图一五　TG1 第②b 层出土瓷碗

1~4. 青釉碗（TG1②b：1、2、7、15）　　5~9. 青花碗（TG1②b：3、10、9、16、17）　　（8、9 为 1/3，余为 1/4）

厚 0.5 厘米（彩版六五：1~3；图一五：2）。

　　TG1②b：7，仅存口沿。敞口，方唇，折沿。内、外壁施青釉，釉面有大量开片，灰胎，胎质细腻。口径 12.2、残高 2.2、壁厚 0.6 厘米（彩版六四：6；图一五：3）。

　　TG1②b：15，仅存口沿及腹部。敞口，圆唇。内、外壁施青釉，釉面光亮。外壁刻划菊瓣纹一周，内壁刻划花卉纹。灰白胎，胎质细腻。口径 13.9、残高 6.5 厘米（彩版六五：4；图一五：4）。

　　青花碗　7 件。

　　TG1②b：3，仅存底足。圈足，足墙微敛，足内底脐状微凸，可见跳刀痕。碗心刮釉形成涩圈一周。内、外壁满釉，足内露胎。碗心绘弦纹一周，外壁近足处绘弦纹两周。青花发色灰暗，釉色泛青，白胎，胎质细腻坚致。足径5.4、足高1、残高2.4厘米（彩版六五：5；图一五：5）。

TG1②b：9，撇口，折沿，深弧腹，圈足，足内底微凸，碗心略凹。内、外壁满釉，足端露胎。内壁口沿绘弦纹两周，弦纹间绘组合线纹边饰，碗心绘弦纹两周，其内绘山石花卉纹，外壁口沿绘弦纹两周，弦纹间绘龟背纹边饰，外壁绘梅竹山石纹一周，二方连续，圈足绘弦纹两周。青花发色浓艳，有晕散，釉色泛青，白胎，胎质细腻坚致。口径13.6、足径5、足高1、通高5.9、壁厚0.3厘米（彩版六五：6；图一五：7）。

TG1②b：10，撇口，深弧腹，圈足。内、外壁满釉，足端露胎。内壁口沿绘弦纹两周，弦纹间绘几何边饰，碗心绘弦纹两周，其内绘束莲纹，外壁口沿绘弦纹两周，腹部绘缠枝莲纹一周，近足处绘弦纹两周，圈足绘弦纹两周。青花发色浓艳，有晕散，釉色泛青，白胎，胎质细腻坚致。口径15.2、足径6.2、足高0.8、通高6.7、壁厚0.5厘米（彩版六六：1、2；图一五：6）。

TG1②b：16，仅存底足。圈足。内、外壁满釉，足端露胎。碗心绘弦纹两周，其内绘一麒麟，碗底书青花"玉堂珍器"双行四字款。青花发色浓艳，釉面光亮，有少量气泡痕迹，白胎，胎质细腻坚致。足径4、足高0.6、残高2、壁厚0.3厘米（彩版六七：1~3；图一五：8）。

TG1②b：17，撇口，深弧腹，圈足，足墙外撇。内、外壁满釉，足端露胎。内、外口沿均绘弦纹两周，碗心绘弦纹两周，其内满绘海草纹和杂宝纹，中间绘一麒麟，内壁腹部绘桃纹一周，外壁绘一花卉纹，圈足绘弦纹一周，外底绘弦纹两周。青花发色泛灰，釉面光亮，白胎，胎质细腻坚致。碗内有粘沙痕迹，碗底有少量气泡痕迹。口径9.8、足径5.3、足高0.6、通高3.1、壁厚0.2厘米（彩版六七：4~6；图一五：9）。

TG1②b：23，仅存底足。圈足。内、外壁满釉，足端露胎。碗心绘弦纹两周，其内绘山水船帆图，圈足绘弦纹三周，碗底书青花双圈"宣德年制"双行四字款。青花发色浓泛灰，釉色泛青，白胎，胎质细腻坚致。足径4.6、足高0.9、残高3.4厘米（彩版六八：1~3；图一六：1）。

TG1②b：33，敞口，深弧腹，圈足，足内底脐状微凸且可见跳刀痕。内、外口沿均绘弦纹两周，碗心绘一青花填地留白"喜"字，字外有青花火轮装饰，外壁一周绘"福""禄""年"三字（福禄万年），字外有青花火轮装饰，各字间绘缠枝花卉纹，圈足绘弦纹三周。青花发色浓艳，釉色泛青，白胎，胎质细腻坚致。口径14.3、足径5.7、高7.2厘米（彩版六六：3、4；图一六：9）。

蓝釉碗　2件。

TG1②b：8，钧瓷，仅存底足。圈足，足墙外撇，足端斜削，足内底可见鸡心凸。内底满

图一六　TG1 第②b 层出土瓷碗

1、9. 青花碗（TG1②b：23、33）　2. 白地黑彩碗（TG1②b：12）　3、4. 蓝釉碗（TG1②b：28、8）

5. 白地褐彩碗（TG1②b：19）　6~8. 白釉碗（TG1②b：20、26、27）　10. 青花釉里红碗（TG1②b：11）

（2、5、6、9 为 1/5，余为 1/3）

施蓝釉，外壁施釉不及底。底足绘一葫芦形花押款。底足露黄褐色胎，胎质细腻。残存釉面可见窑变，釉层有较多气泡。足径 5.6、足高 1.3、残高 2.6 厘米（彩版六六：5、6；图一六：4）。

TG1②b：28，敞口，方唇，斜腹，圈足，足墙外撇，足端斜削，足底可见鸡心凸。碗内壁呈斗笠状。内、外壁施蓝釉，外壁施釉不及底。底足露红胎，露胎处可见轮制弦纹。釉面光亮，胎质较粗糙。口径11.8、足径4、足高0.7、通高3.9、壁厚0.8厘米（彩版六八：4；图一六：3）。

青花釉里红碗　1件。

TG1②b：11，仅存底足。卧足，足内底脐状微凸且可见跳刀痕。内、外壁满釉，底足露胎，露胎处呈黄褐色。碗心釉下青花绘弦纹两周，其内绘花卉纹一周，中间釉上红彩绘一金鱼，黑彩绘鱼眼。青花发色泛灰，有晕散，釉色泛青，白胎，胎质细腻坚致。足径4.7、残高2.1、壁厚0.4厘米（彩版六八：5、6；图一六：10）。

白地黑彩碗　1件。

TG1②b：12，唇口微撇，深弧腹，圈足，足墙微敛，足端斜削，足内底脐状微凸且可见跳刀痕。内、外壁满施白釉，底足露胎，内底刮釉形成一周涩圈。内壁口沿绘弦纹一周，碗心绘黑彩弦纹一周，外壁绘涡纹。黑彩发色淡，釉面有大量开片，米黄胎，胎质细腻。碗心釉面粘沙，足墙有大量气泡痕迹。口径14.3、足径5.3、高6.5厘米（彩版六九：1、2；图一六：2）。

白地褐彩碗　1件。

TG1②b：19，敞口，深弧腹，下腹近足处微折，矮圈足，挖足过肩。内、外口沿均绘褐色弦纹两周，碗心绘褐色弦纹两周。内、外壁均施白釉，内壁满釉，外壁施釉至腹中部，下腹部及底足露黄褐胎，露胎处可见轮制旋痕，胎质细腻，釉面粗糙，无玻璃光泽。碗心和足端均残可见四个支钉痕。口径15.2、足径6.5、足高0.4、通高5.3、壁厚0.4厘米（彩版六九：3、4；图一六：5）。

白釉碗　6件。

TG1②b：20，仅存底足。圈足，足内底脐状微凸。内、外壁满施白釉，足端露胎。釉色白中泛灰，釉面有细密开片，白胎，胎质细腻。足径6.5、足高0.8、残高4.4厘米（彩版六九：5、6；图一六：6）。

TG1②b：26，仅存底足。圈足，足墙外撇，足端斜削，足底有旋削二层台，内底脐状微凸。内、外壁施白釉，内壁满釉，圈足内露白胎，胎质细腻。底足有粘沙痕迹。足径4.5、足高0.7、残高2.2厘米（彩版七〇：1、2；图一六：7）。

TG1②b：27，仅存底足。圈足。内、外壁满施白釉，足端露胎。薄釉，有流釉现象，釉面无玻璃光泽，白胎，胎质细腻。足径3.8、足高0.4、残高1.8、壁厚0.3厘米（彩版七〇：3；图一六：8）。

TG1②b：14，敞口，弧腹，圈足，足墙微撇。内、外壁满施白釉，芒口，足端露胎。内壁刻划卷草纹。薄胎，薄釉，釉面光亮，白胎，胎质细腻。口径 9.2、足径 2.6、足高 0.3、通高 4、壁厚 0.2 厘米（彩版七〇：5、6；图一七：1）。

TG1②b：29，敞口微撇，深弧腹，圈足，足墙微敛，足底微凸。内、外壁满施白釉，足端露胎，施釉不均匀，口沿处有部分露胎，有流釉现象。釉面有气泡痕迹，白胎，胎质细腻。口径 12.6、足径 4.6、足高 0.9、通高 6.4、壁厚 0.5 厘米（彩版七〇：4；图一七：2）。

TG1②b：30，敞口，圆唇，斜腹，矮圈足。碗心有四个支钉痕。内、外壁均施白釉，内壁满釉，外壁施釉不及底，下腹部及底足露白胎。釉色泛黄，胎质较细腻。口径 12.4、足径 5.4、足高 0.3、通高 3.2、壁厚 0.6 厘米（彩版七一：1；图一七：4）。

青白釉碗　1件。

TG1②b：21，仅存底足。圈足，足墙内敛，足底微凸。内壁刻划水波纹，内、外壁满施青白釉，釉面光亮，白胎，胎质细腻。碗底有刮釉垫烧痕迹。足径 5.5、残高 2.6、残长 11.3

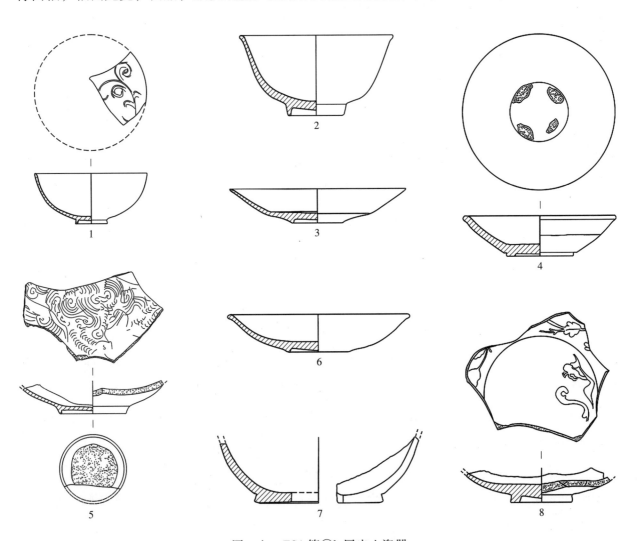

图一七　TG1 第②b 层出土瓷器

1、2、4. 白釉碗（TG1②b：14、29、30）　3、8. 青白釉盘（TG1②b：13、4）　5. 青白釉碗（TG1②b：21）
6. 黑釉盘（TG1②b：5）　7. 黄釉碗（TG1②b：35）　（均为1/3）

厘米（彩版七一：3、4；图一七：5）。

黄釉碗 1件。

TG1②b：35，仅存部分底足及下腹部。饼足，足墙外撇，足端斜削。碗心残可见一个支钉痕。内、外壁均施黄釉，内壁满釉，外壁施釉至下腹部，其余部位露米黄色胎，腹部胎呈红褐色。釉面有大量细密开片，胎质细腻。外壁有数道轮制弦纹。足径10.5、足高0.7、残高5.2厘米（彩版七一：5、6；图一七：7）。

青白釉盘 2件。

TG1②b：4，仅存底足。圈足，足墙外撇，足内底可见鸡心凸。内、外壁满施青釉，足内露胎。内壁和盘心模印缠枝花卉纹。釉面光亮，白胎，胎质细腻。下腹部近圈足处有粘沙。足径5、足高0.6、残高2.7、壁厚0.4厘米（彩版七二：1、2；图一七：8）。

TG1②b：13，敞口，折腹，矮圈足。内、外壁施青白釉，内底刮釉形成一周涩圈，底足露胎。釉面光亮，白胎，胎质细腻。口径14.4、足径4.2、高2.7、壁厚0.3厘米（彩版七二：3、4；图一七：3）。

黑釉盘 1件。

TG1②b：5，撇口，圆唇，弧腹，卧足，足内底脐状微凸。内壁满施白釉，外壁施黑釉及底，口沿及足沿露白胎。内壁薄釉，外壁施釉不均匀，胎质细腻。口径15、足径5.2、高3、壁厚0.6厘米（彩版七一：2；图一七：6）。

青花盘 3件。

TG1②b：6，仅存底足。矮圈足，足墙微内敛，足内底微凸。内、外壁满釉，足端露胎。盘心绘树石栏杆纹，青花填色并留白，有晕散，圈足绘弦纹两周。青花发色浓艳，有明显黑褐色结晶斑点，釉面光亮，白胎，胎质细腻。足径9.6、足高0.6、残高1.4厘米（彩版七二：5、6；图一八：1）。

TG1②b：22，敞口微敛，尖唇，弧腹，矮圈足，足墙内敛。内、外壁满釉，足端露胎。内壁口沿绘弦纹一周，内壁绘缠枝莲纹一周，盘心绘弦纹两周，其内绘一"寿"字，双勾晕染填色，外壁口沿绘弦纹两周，腹部绘一花卉纹，圈足绘弦纹一周。青花色浓泛灰，有晕散，釉色泛青，白胎，胎质细腻坚致。足内底可见跳刀痕，足沿有粘沙。口径11.2、足径6.6、足高0.2、通高2.5、壁厚0.2厘米（彩版七三：1~3；图一八：7）。

TG1②b：32，敞口，弧腹，圈足。内、外壁满釉，足端露胎。内壁口沿绘弦纹一周，内壁绘缠枝莲纹一周，盘心绘弦纹两周，其内绘一"寿"字，双勾晕染填色，外壁口沿绘弦纹两周，腹部绘一花卉纹，圈足绘弦纹一周。青花发色浓泛灰，釉色泛青，白胎，胎质细腻坚致。釉面有少量气泡痕迹，底足有粘沙。口径16.3、足径9.4、足高0.5、通高3、壁厚0.3厘米（彩版七三：4、5；图一八：5）。

图一八　TG1 第②b 层出土瓷器

1、5、7. 青花盘（TG1②b：6、32、22）　2. 白釉器盖（TG1②b：18）　3. 白釉杯（TG1②b：34）
4. 半釉小瓷瓶（TG1②b：25）　6. 青花杯（TG1②b：24）　　（3、4、6 为 1/2，余为 1/3）

白釉器盖　1 件。

TG1②b：18，盔帽式盖，"丁"字形带扣纽。盖面施白釉，盖内壁露胎。釉色白中泛黄，釉面有细密开片，白胎，胎质细腻。直径 12.3、高 4、壁厚 0.4 厘米（彩版七三：6；图一八：2）。

青花杯　1 件。

TG1②b：24，撇口，尖唇，深弧腹，圈足。内、外壁满釉，足内露胎。内、外口沿均绘弦纹一周，杯心绘弦纹一周，其内绘一花卉纹，外壁绘缠枝花卉纹一周，圈足绘弦纹两周。

青花发色浓泛灰，釉色泛青，白胎，胎质细腻坚致。口径5.6、足径2.3、高4.5厘米（彩版七四：1、2；图一八：6）。

白釉杯　1件。

TG1②b：34，敛口，折肩，斜腹，平底。内、外壁均施白釉，内壁满釉，外壁施釉至肩部，腹部及底足露白胎，露胎处可见轮制弦纹。釉面光亮，胎质细腻，釉色泛黄。口径5、底径2.6、高2.4、壁厚0.3厘米（彩版七四：3；图一八：3）。

半釉小瓷瓶　1件。

TG1②b：25，口部缺失。短颈，溜肩，圆鼓腹，胫部内收，平底。内壁无釉，外壁施白釉至腹中部，其余部位露白胎。外壁有轮制旋痕，底部有偏心旋纹。底径2.2、残高4.3、壁厚0.4厘米（彩版七四：4；图一八：4）。

铜钱　1件。

TG1②b：31，开元通宝，表面锈蚀。圆形方穿，正背面均有郭。正面隶书"开元通宝"，对读，钱郭较窄。郭径2.4、钱径2、穿宽0.5、郭宽0.2、郭厚0.1、肉厚0.1厘米，重3.7克。

（四）H1

出土较多细碎瓷片，器形有碗、杯等。共选取标本2件。

白地褐彩碗　1件。

H1：1，仅存底足。矮圈足，挖足过肩。碗心和足沿可见四个支钉痕。碗心绘褐彩弦纹两周，其内绘一褐彩"福"字。内、外壁施白釉，内壁满釉，外壁施釉至腹部，其余部位露米黄胎，胎质细腻，釉面有大量细密开片。内、外壁均有轮制旋痕。足径6.2、残高3.2厘米（图一九：1）。

青花杯　1件。

H1：2，撇口，尖唇，深弧腹，矮圈足，挖足过肩。内、外壁满釉，足沿露胎。内壁素面，外壁口沿绘弦纹两周，腹部绘一花卉纹，圈足绘弦纹两周，杯底绘弦纹一周，足底字不可识。青花发色浓艳，釉色泛青，白胎，胎质细腻坚致。口径8.8、足径3.5、足高0.3、通高4.7、壁厚0.3厘米（图一九：2）。

（五）H2

共选取标本20件，大部分为瓷器，主要器形有碗、钵、罐、炉等，另有砂锅、瓦当、陶杯、石球、石饼等。

黄褐釉碗　6件。

H2：1，敞口微撇，深弧腹，圈足，足墙外撇，挖足过肩，足内底微凸。碗心饰凸弦纹两

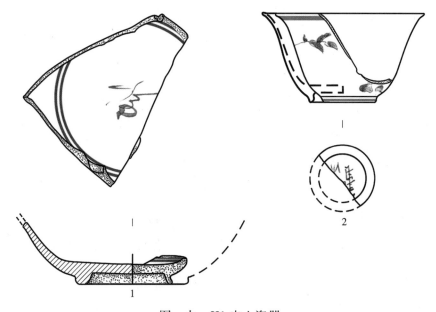

图一九　H1 出土瓷器
1. 白地褐彩碗（H1：1）　　2. 青花杯（H1：2）　　（均为1/2）

周，碗心可见三个支钉痕，足沿可见四个支钉痕。内、外壁满釉，足沿和部分足底露灰白胎。内壁施白釉，釉薄，玻璃光泽弱，外壁施黄褐釉，釉色不均，胎质较细腻，釉面有少量开片。内、外壁均有轮制旋痕。口径13.6、足径5.8、高5.1厘米（彩版七四：5；图二〇：1）。

H2：2，撇口，深弧腹，圈足，足墙外撇，挖足过肩，足内底脐状微凸。碗心饰凸弦纹两周，碗心和足沿可见四个支钉痕。内壁和口沿施白釉，釉薄，玻璃光泽弱，外壁施黄褐釉，釉色不均，足沿和部分足底露灰白胎，胎质较细腻。内、外壁有轮制旋痕。口径14.2、足径5.7、高5.3厘米（彩版七四：6；图二〇：2）。

H2：3，撇口，尖圆唇，深弧腹，圈足，足墙外撇，挖足过肩，足内底脐状微凸。碗心饰凸弦纹两周。内、外壁施黄褐釉，内壁釉薄，玻璃光泽弱，外壁施釉不均匀，釉面粗糙，口沿和底足露米黄胎，胎质较细腻。内、外壁有轮制旋痕。口径12.8、足径4.6、高6厘米（彩版七五：1；图二〇：7）。

H2：4，撇口，深弧腹，圈足，足内墙外撇，挖足过肩。碗心饰凸弦纹两周，碗心和足沿可见六个支钉痕。内壁和口沿施白釉，釉薄，玻璃光泽弱，外壁施黄褐釉，釉色不均，足沿和足内底露灰白胎，胎质细腻。内、外壁均有轮制旋痕。口径13.7、足径5.4、高5.3厘米（彩版七五：2；图二〇：8）。

H2：5，撇口，深弧腹，圈足，足墙微撇，挖足过肩。碗心饰凸弦纹一周，碗心可见六个支钉痕。内壁和口沿施白釉，釉薄，外壁施黄褐釉，釉色不均，口沿及底足露灰胎，胎质细腻。内、外壁均有轮制旋痕。口径14.1、足径5.3、高5.4厘米（彩版七五：3；图二〇：9）。

　　H2：13，敞口，深弧腹，圈足，足墙外撇，挖足过肩。碗心饰凸弦纹两周。碗心可见两个支钉痕，足端可见三个支钉痕。内壁施白釉，外壁施黄褐釉，釉色不均，足沿和足内底露米黄胎，胎质细腻，釉面有大量细密开片。内、外壁均有轮制旋痕。口径12.6、足径4.5、高

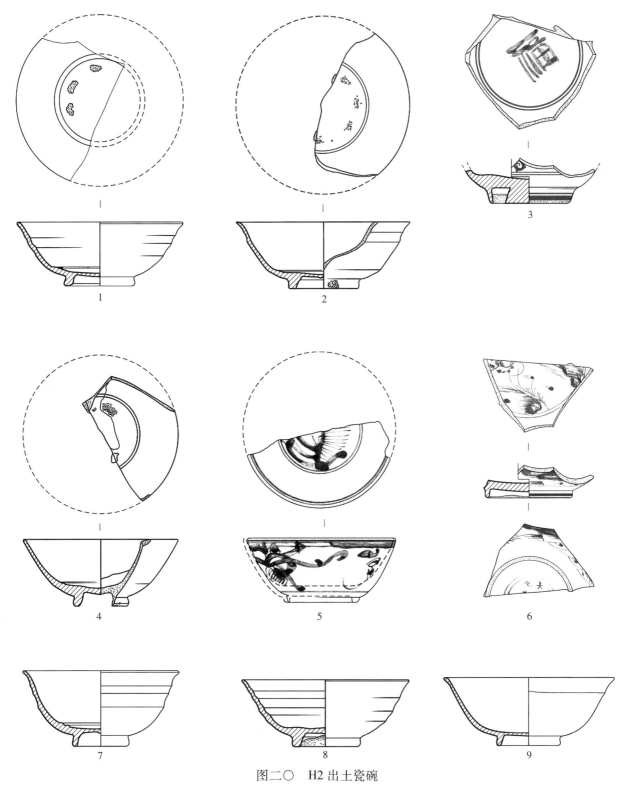

图二〇　H2 出土瓷碗

1、2、4、7~9. 黄褐釉碗（H2：1、2、13、3~5）　　3、5、6. 青花碗（H2：17、14、20）　　（均为1/3）

5.3厘米（彩版七五：4；图二〇：4）。

青花碗　4件。

H2：14，敞口，深弧腹，矮圈足，足内底可见跳刀痕。内、外壁满釉，足底露胎。口沿釉上绘黑彩弦纹一周，内、外口沿均绘青花弦纹两周，碗心绘弦纹两周，其内绘一简化螭龙纹，外壁残可见绘一简化螭龙纹，近足处绘弦纹一周。青花发色泛灰，釉色泛青，白胎，胎质细腻坚致。釉面有气泡痕迹，底足有粘沙。口径12.4、足径5.7、高5.1厘米（彩版七五：5、6；图二〇：5）。

H2：17，仅存底足。圈足，足墙内敛。内、外壁满釉，足沿露胎。碗心绘弦纹两周，其内绘一"福"字，外壁下腹部绘弦纹两周，近足处绘弦纹一周，圈足绘弦纹两周。青花发色浓泛灰，有明显黑褐色结晶斑点，釉色泛青，釉面有大量开片，白胎，胎质细腻坚致。足径6.3、残高3.6厘米（彩版七六：1、2；图二〇：3）。

H2：20，仅存底足。内、外壁满釉，足沿露胎。碗心绘弦纹两周，其内可见山水纹，外壁可见山水纹，圈足绘弦纹两周，碗底绘弦纹两周，其内残存"大""化"二字，整器当为"大明成化年制"双行六字款。青花发色浓艳，釉面光亮，白胎，胎质细腻坚致。足径7.2、残高2.6厘米（彩版七七：1~3；图二〇：6）。

H2：18，仅存底足。矮圈足，碗心微凸，足内底可见偏心旋纹。内、外壁满釉，足底露胎。碗心绘弦纹两周，其内绘简化螭龙纹。青花发色浓艳，有明显黑褐色结晶斑点，釉色泛青，白胎，胎质细腻坚致。底足有粘沙痕迹。足径5、残高1.6厘米（彩版七六：3、4；图二一：1）。

白地褐彩碗　2件。

H2：6，敞口，折腹，圈足，挖足过肩。碗内底刮釉形成一周涩圈。内、外口沿均绘褐彩弦纹两周，外壁腹部绘褐彩花卉纹一周，花纹中有刻划纹。内、外壁施白釉，内壁满釉，外壁施釉至下腹部，其余部位露米黄胎。施釉不均且有流釉现象，胎质较细腻。内、外壁均有轮制旋痕。口径17.8、足径6.4、高5.9厘米（彩版七六：5；图二一：9）。

H2：15，敞口，斜腹，折下腹，圈足，足墙微撇，足内底脐状微凸。碗心和足沿可见六个支钉痕。内壁口沿绘褐彩弦纹两周，内底绘褐彩弦纹一周，外壁口沿绘黑彩弦纹一周。内、外壁施白釉，内壁满釉，口沿无釉，外壁施釉至下腹部，其余部位露黄褐胎。釉层薄，施釉不均，玻璃光泽感弱，胎质较细腻。内、外壁均有轮制旋痕。口径14.2、足径5.8、高5.1厘米（彩版七六：6；图二一：10）。

酱釉钵　1件。

H2：7，直口微敛，方唇，弧腹，平底内凹。内、外壁施酱釉，内壁满釉，外壁施釉至下腹部，其余部位露夹砂红胎。釉面和胎质均较为粗糙。口径20.3、底径9.8、高10.4厘米

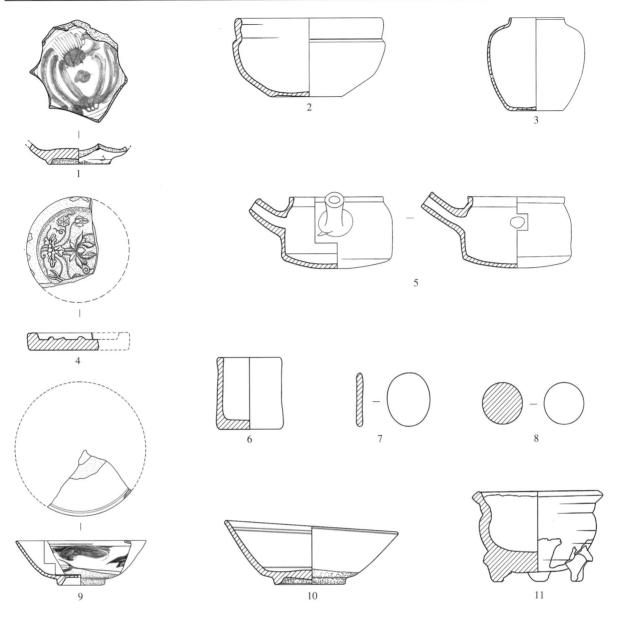

图二一　H2 出土器物

1. 青花碗（H2：18）　　2. 酱釉钵（H2：7）　　3. 绿釉罐（H2：8）　　4. 莲纹瓦当（H2：12）　　5. 砂锅（H2：10）
6. 陶杯（H2：11）　　7. 石饼（H2：16）　　8. 石球（H2：19）　　9、10. 白地褐彩碗（H2：6、15）　　11. 半釉三足炉
（H2：9）　　（2~5、9 为 1/5，余为 1/3）

（彩版七七：4；图二一：2）。

　　绿釉罐　1件。

　　H2：8，圆唇，直口，短直颈，圆鼓肩，鼓腹，平底内凹较甚。外壁施绿釉，内壁、口沿、足底露白胎。胎质细腻，釉面无光泽。底部有偏心弦纹。腹径 12.3、底径 7.4、残高12.3 厘米（彩版七七：5；图二一：3）。

　　半釉三足炉　1件。

　　H2：9，敞口，尖唇，折颈，溜肩，鼓腹，三足。口沿及外壁施黄褐釉，外壁施釉至下腹部，其余部位露米黄胎。施釉不均匀，有流釉现象，胎质较粗糙。内、外壁可见数道轮制弦纹。口径 10.7、腹径 9.8、足高 2.8、通高 7.2 厘米（彩版七七：6；图二一：11）。

砂锅　1 件。

H2：10，直口微敛，方唇，溜肩，直腹，圜底，上腹部置一中空把手及一流。胎质粗糙。口径 12.8~13.3、高 10.1 厘米（彩版七八：1、2；图二一：5）。

陶杯　1 件。

H2：11，泥制灰陶，轮制。直口，方唇，直腹，平底略内凹。器表有轮制弦纹。口径 5.3、底径 5.5、高 5.7 厘米（彩版七八：3；图二一：6）。

莲纹瓦当　1 件。

H2：12，残。泥质灰陶，模制。圆形，当面饰束莲纹。直径 14、厚 2.3 厘米（彩版七八：4；图二一：4）。

石饼　1 件。

H2：16，灰黑色，素面，椭圆形。长 4.3、宽 3.5、厚 0.5 厘米（彩版七八：5；图二一：7）。

石球　1 件。

H2：19，黄白相间色，圆球体。直径 3.3 厘米（彩版七八：6；图二一：8）。

（六）H5

共选取标本 9 件，大部分为瓷器，主要器形有碗、罐等，另有陶缸、陶盏等。

白釉碗　3 件。

H5：2，仅存底足。足内底脐状微凸。碗内可见三个支钉痕，内、外壁施白釉，内壁满釉，外壁施釉不及底，下腹部及底足露白胎，胎质细腻。釉面有大量窑灰痕迹。足径 6.2、足高 0.7、残高 5.9、壁厚 0.6 厘米（图二二：1）。

H5：5，敞口，圆唇，弧腹，矮圈足，挖足过肩。口沿绘黑彩弦纹一周。内、外壁施白釉，内壁满釉，口沿及足沿无釉。施釉不均匀，釉面泛黄且有少量窑灰痕迹，白胎，胎质细腻。口径 22.2、足径 6.6、足高 0.5、通高 7.6、壁厚 0.6 厘米（图二二：3）。

H5：6，敞口，弧腹，矮圈足。碗心可见一个支钉痕，足内底可见偏心旋纹。内、外壁施白釉，内壁满釉，外壁施釉至口沿下部，腹部及底足露夹砂灰胎，胎质粗糙。釉层流动性较大，口沿处釉面较薄。口径 17.9、足径 6.2、足高 0.4、通高 4.5、壁厚 0.5 厘米（图二二：8）。

白釉粗瓷碗　1 件。

H5：3，仅存部分底足。平底，圈足，足墙外撇。碗内可见三个支钉痕。内、外壁施白

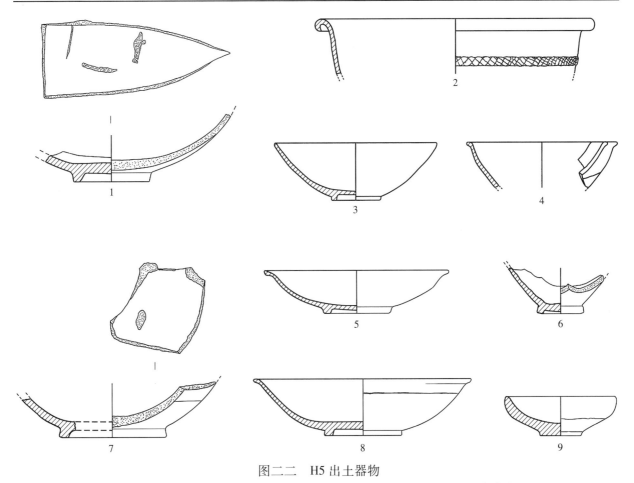

图二二　H5 出土器物

1、3、8. 白釉碗（H5：2、5、6）　2. 红陶缸（H5：1）　4. 黄釉碗（H5：7）　5. 素胎碗（H5：4）
6. 半釉罐（H5：8）　7. 白釉粗瓷碗（H5：3）　9. 陶盏（H5：9）　（2 为 1/10，3、4 为 1/5，余为 1/3）

釉，内壁满釉，外壁施釉不及底，下腹部及底足露夹砂灰褐胎，胎质粗糙。釉面有大量细密开片，釉色泛黄。足径 8.8、足高 0.7、残高 4.4 厘米（图二二：7）。

黄釉碗　1 件。

H5：7，仅存部分口沿和上腹部。撇口，折沿，弧腹。内、外壁施黄釉，内壁满釉，外壁施釉至上腹部，其余部位露夹砂灰胎，胎质较粗糙。釉层流动性较大，口沿处釉较薄，釉面有大量细密开片。口径 20.4、残高 6、壁厚 0.6 厘米（图二二：4）。

素胎碗　1 件。

H5：4，敞口，折沿，弧腹，圈足，挖足过肩，足内底脐状微凸。素胎无釉，白胎，胎质细腻。口径 15.2、足径 5.4、足高 0.5、通高 3.4、壁厚 0.4 厘米（图二二：5）。

半釉罐　1 件。

H5：8，仅存部分底足。圈足，足墙外撇，足内底微凸。内壁满施酱釉，釉面光亮，外壁施白釉至胫部，无玻璃光泽，其余部位露灰胎。胎质较细腻，内、外壁可见拉坯旋痕。足径 3.9、足高 0.6、残高 3.6、壁厚 0.5 厘米（图二二：6）。

陶盏　1件。

H5：9，敞口微敛，圆唇，弧腹，平底。足底有偏心旋纹。内、外壁施酱釉，内壁满釉，外壁施釉至上腹部，其余部位露夹砂灰褐色胎，胎质和釉面均粗糙。口径9、底径3.4、足高0.3、通高3.1、壁厚0.7厘米（图二二：9）。

红陶缸　1件。

H5：1，仅存部分口沿和上腹部。轮制，泥制红陶。敞口，卷沿。器表可见轮制弦纹，上腹部饰绳纹一周。口径76.6、残高14.5厘米（图二二：2）。

四　结　语

此次发掘的探沟出土的遗物以明清时期瓷器为大宗，其中纪年款识有"宣德年制""大明成化年制""大明嘉靖年制"等，为确定年代提供了参考材料。

在探沟内清理出5个灰坑，未发现其他遗迹；出土瓷片堆积凌乱，年代跨度较大（从唐代至近现代），窑口众多，釉色品种丰富，并且普遍有使用痕迹，甚至有修补痕迹，如青花碗（TG1①：17）釉面残留铜钉修补痕迹。上述现象表明，该探沟内文化堆积为二次堆积而成，不具有窖藏性质，初步判断该探沟是以填埋废弃瓷片为主的垃圾坑。

该探沟出土了大量瓷器，釉色品种丰富，为研究明清时期的制瓷工艺提供了珍贵的实物资料，具有重要价值。

发　掘：王继红

执　笔：张玉妍　黄　星　王宇新

西城区北昆清代墓地发掘简报

　　为配合北昆住宅楼基建项目，2020 年 9～10 月，北京市文物研究所〔今北京市考古研究院（北京市文化遗产研究院）〕对该项目地块区域进行了全面考古勘探工作，并于当年 11 月对该地块内发现的遗迹进行了抢救性发掘，发掘总面积 242 平方米。发掘区位于北京市西城区陶然亭路与菜市口大街交叉处的东南部，南邻北京市第十五中学，北靠陶然亭路，西邻菜市口大街，东北距北京市中心直线距离约 3.8 千米（图一）。

　　本次发掘共清理墓葬 22 座（编号 M1～M22），元代和明代砖井各 1 口。从墓葬的分布情况看，M1～M6 集中分布，M7～M11 集中分布，M12～M22 集中分布（图二）。根据出土器物判断，墓葬年代均为清代。现将墓葬发掘情况简报如下。

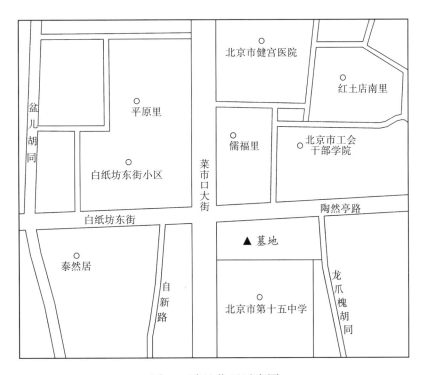

图一　遗址位置示意图

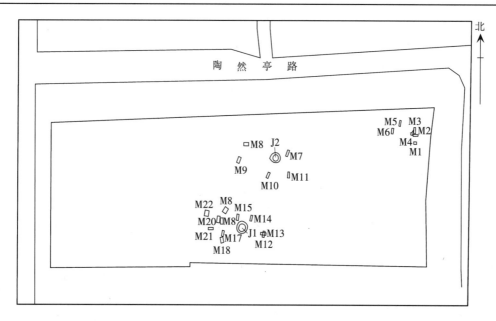

图二　墓葬分布示意图

一　地层堆积

受发掘区地形及工程建设影响，难以整体布方，现以勘探探孔及 M7 北部发掘区域的地层堆积为例（图三），介绍如下。

第①层：渣土层。厚 0.8~1.2 米，土色较杂乱，土质较软，结构疏松。含大量建筑垃圾。

第②层：扰土层。厚 0.2~0.3 米，灰褐色土，土质较软，结构较疏松。含少量碎石。

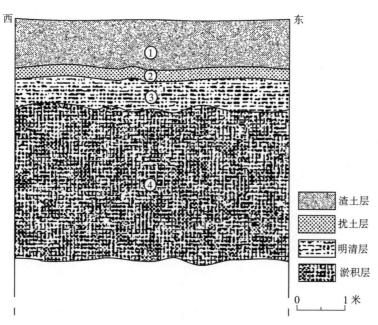

图三　地层剖面图

第③层：明清层。厚 0.5～0.7 米，灰褐色沙土，土质较软，结构较疏松。含少量烧土颗粒。

第④层：淤积层。厚 2.7～3.7 米，灰褐色沙土，土质软，较致密、纯净。

二　墓葬形制与随葬器物

本次共清理墓葬 22 座，均为长方形竖穴土坑墓。其中单棺墓 17 座，编号为 M1～M7、M9～M15、M17、M18、M21；双棺墓 5 座，编号为 M8、M16、M19、M20、M22。

（一）单棺墓

1. M1

方向 88°。直壁，墓室东部被严重破坏。残长 1.2、宽 0.7、残深 0.1 米。墓圹内填土为黄灰色沙土，土质松散。单棺，已完全腐朽，仅见青灰色腐痕。棺痕长 1.15、宽 0.48、残高 0.08 米。人骨头部至胸部骨架无存，仅残存下肢骨，骨架残长 1.15 米。墓主头向东，葬式为仰身直肢葬。骨架底部平铺白灰，厚约 0.02 米（彩版七九：1；图四）。

随葬器物共 1 组 3 件，均为铜钱，出土于墓室东部。

M1：1-1，康熙通宝。圆形，方穿，外郭较宽，内郭较窄。正面有郭，铸"康熙通宝"

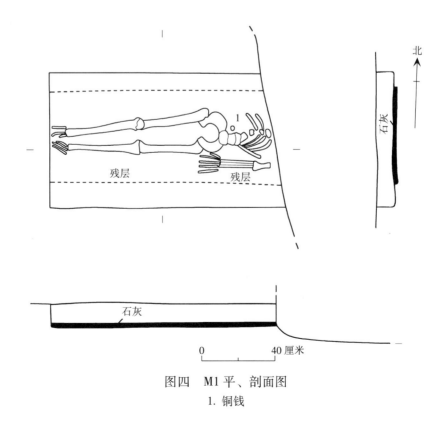

图四　M1 平、剖面图
1. 铜钱

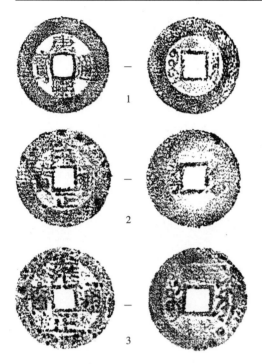

图五　M1 出土铜钱拓片
1. M1：1-1　2. M1：1-2
3. M1：1-3　（均为原大）

四字，楷书，对读；背面有郭，穿左右铸满文"宝泉"，纪局名。直径 2.6、穿径 0.6、厚 0.1 厘米（图五：1）。

M1：1-2，雍正通宝。圆形，方穿，外郭较宽，内郭较窄。正面有郭，铸"雍正通宝"四字，楷书，对读；背面有郭，穿左铸满文"宝"，穿右满文锈蚀不可辨认，纪局名。直径 2.6、穿径 0.6、厚 0.2 厘米（图五：2）。

M1：1-3，雍正通宝。圆形，方穿，外郭较宽，内郭较窄。正面有郭，铸"雍正通宝"四字，楷书，对读；背面有郭，穿左右铸满文"宝源"，纪局名。直径 2.8、穿径 0.6、厚 0.2 厘米（图五：3）。

2. M2

方向 270°。直壁，墓室东部被现代沟打破。长 2.1、宽 0.74、残深 0.1 米。墓圹内填土为黄灰色沙土，土质松散。单棺，已完全腐朽，仅见青灰色腐痕。棺痕长 1.75、宽 0.55、残高 0.1 米。墓主为男性，头向西，葬式为仰身直肢葬。人骨残长 1.24 米（彩版七九：2；图六）。

随葬器物共 1 件，为瓷罐，出土于墓主头顶棺外。

瓷罐　1 件。

M2：1，侈口，折沿，圆唇，短束颈，圆肩，上鼓腹，中腹缓弧收，下腹微曲收，平底微凹。灰白胎，芒口，除底部外，外壁满施青釉。外腹壁有修坯痕迹。口径 8.4、腹径 12.4、底径 8.4、高 13.8 厘米（彩版九〇：1；图七）。

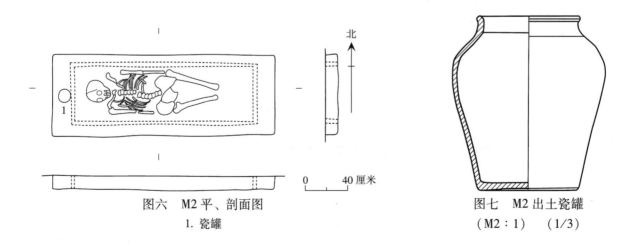

图六　M2 平、剖面图
1. 瓷罐

图七　M2 出土瓷罐
（M2：1）　（1/3）

3. M3

方向3°。直壁。长2.4、宽0.8、残深0.2米。墓圹内填土为黄灰色沙土，土质松散。单棺，已完全腐朽，仅见青灰色腐痕。人骨已朽尽无存，墓主头向、葬式不明（彩版八〇：1；图八）。

随葬器物共1件，为釉陶罐，放置于棺外北侧。

釉陶罐　1件。

M3：1。侈口，圆唇，短束颈，溜肩，微鼓腹，下腹缓弧收，平底微凹。灰褐胎，口沿至中腹部施黄褐釉。外腹壁有修坯痕迹。口径10、腹径11、底径7.5、高11厘米（彩版九〇：2；图九）。

4. M4

方向10°。直壁，西北部被现代坑打破。长0.8~2.2、宽0.8、残深0.1米。墓圹内填土为黄灰色沙土，土质松散。单棺，已完全腐朽，仅见青灰色腐痕。棺痕长0.69~1.83、宽0.6、腐痕厚0.04米。墓主头向北，葬式为侧身屈肢葬。人骨头部及胸部的一部分被现代坑破坏（彩版八〇：2；图一〇）。

随葬器物共3件（组），均为铜器。

铜扣　1组2件（M4：2）。扣体呈球形，顶部呈环状，中空。素面（彩版九六：1）。

M4：2-1，完整。直径1、高1.3厘米（图一一：1）。

M4：2-2，残，扣体部分缺失。直径1、高1.4厘米（图一一：2）。

铜钱　2枚。

M4：1，康熙通宝。完整。圆形，方穿，外郭较宽，内郭较窄。正面有郭，铸"康熙通宝"四字，楷书，对读；背面有郭，穿左右铸满文"宝泉"，纪局名。直径2.4、穿径0.6、厚0.8厘米（图一二：1）。

M4：3，乾隆通宝。完整，圆形，方穿，外郭较宽，内郭较窄。正面有郭，铸"乾隆通

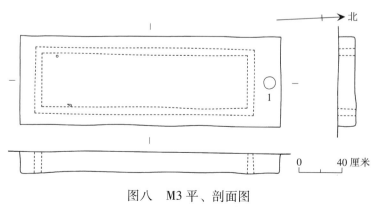

图八　M3平、剖面图
1. 陶罐

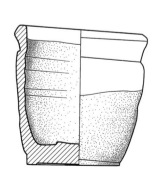

图九　M3出土釉陶罐
（M3：1）　（1/3）

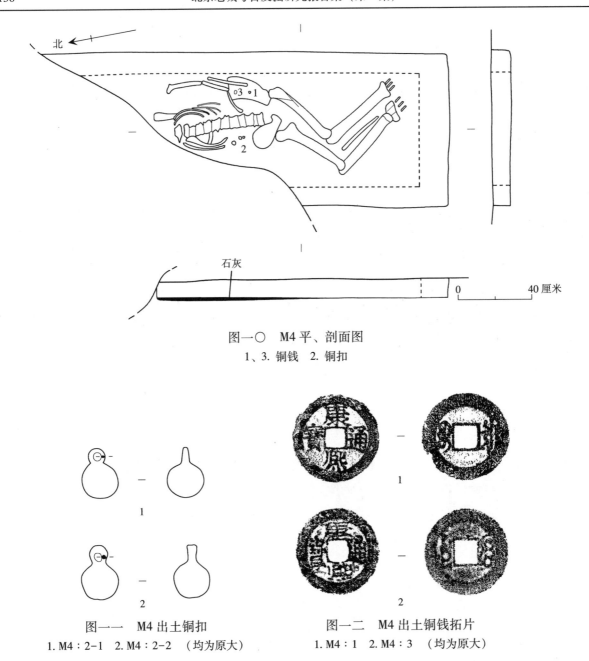

图一〇　M4 平、剖面图
1、3. 铜钱　2. 铜扣

图一一　M4 出土铜扣
1. M4：2-1　2. M4：2-2　（均为原大）

图一二　M4 出土铜钱拓片
1. M4：1　2. M4：3　（均为原大）

宝"四字，楷书，对读；背面有郭，穿左右铸满文"宝源"，纪局名。直径 2.4、穿径 0.6、厚 0.1 厘米（图一二：2）。

　　5. M5

　　方向 10°。直壁。长 2.26、宽 0.8、残深 0.26 米。墓圹内填土为黄灰色沙土夹褐色斑土，土质松散。单棺，已完全腐朽，仅见青灰色腐痕。棺痕长 1.8、宽 0.5、腐痕厚 0.04 米。人骨大部分已朽尽，墓主头向北，葬式不明（彩版八一：1；图一三）。

　　随葬器物共 1 件，为瓷罐，出土于墓主头顶棺外。

　　瓷罐　1 件。

　　M5：1，直口，方唇，短颈，圆肩，上鼓腹，中腹缓弧收，下腹斜直收，平底。灰白胎，

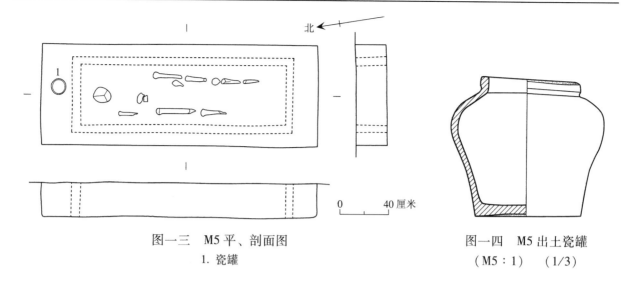

图一三　M5 平、剖面图
1. 瓷罐

图一四　M5 出土瓷罐
（M5：1）　（1/3）

芒口，除底部外，外壁满施白釉，下腹部近底处部分釉面脱落。外腹壁有修坯痕迹。口径 8.2、腹径 12.6、底径 8.6、高 11 厘米（彩版九〇：3；图一四）。

6. M6

方向 190°。直壁。长 2.3、宽 0.8、残深 0.8 米。墓圹内填土为黄灰色沙土夹褐色斑土，土质松散。单棺，已完全腐朽，仅见青灰色腐痕。棺痕长 1.84、宽 0.64、腐痕厚 0.04 米。人骨已朽尽无存，墓主头向南，葬式不明（彩版八一：2；图一五）。

随葬器物共 1 件，为瓷罐，出土于墓主头顶棺外。

瓷罐　1 件。

M6：1，直口，方唇，短颈，圆肩，上鼓腹，中腹缓弧收，下腹微曲收，平底。灰白胎，芒口，除底部外，外壁满施青釉。外腹壁有修坯痕迹。口径 8、腹径 13、底径 8.6、高 14.4 厘米（彩版九〇：4；图一六）。

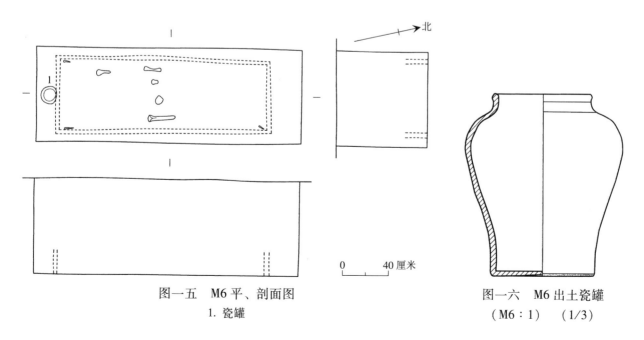

图一五　M6 平、剖面图
1. 瓷罐

图一六　M6 出土瓷罐
（M6：1）　（1/3）

7. M7

方向 202°。直壁。长 2.6、宽 0.9、残深 1.1 米。墓圹内填土为黄灰色土、灰褐色土及青沙混合而成的花色土，土质松散。单棺，已完全腐朽，仅见青灰色腐痕。棺痕长 2、宽 0.6~0.68、残高 0.4 米，腐痕厚 0.06 米。人骨已朽尽无存，从痕迹看，墓主头向南，葬式为仰身直肢葬（彩版八二：1；图一七）。

随葬器物共 2 件，瓷罐、墓碑各 1 件。青瓷罐出土于墓室南部棺外，墓碑放置于棺盖上。

瓷罐　1 件。

M7：1，侈口，折沿，圆唇，短颈，圆肩，上鼓腹，中腹弧收，下腹曲收，平底。灰胎，口沿至中腹部先施一层白色化妆土，再施青釉及底。口沿可见三处支烧痕迹，胎体有修坯痕迹。口径 8.2、腹径 12、底径 9、高 13 厘米（彩版九〇：5；图一八）。

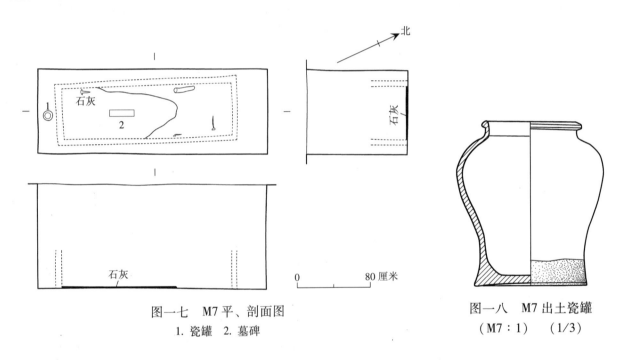

图一七　M7 平、剖面图
1. 瓷罐　2. 墓碑

图一八　M7 出土瓷罐
（M7：1）　（1/3）

墓碑　1 件。

M7：2，上端部分缺失，整体呈长方形，正面上端光滑，下端及背面凹凸不平。正面上部刻碑文两列，第一列字迹表面残留少量红彩，第二列字体较小。碑文为："……郑氏之墓」……十□月□日立"。正面下部文字方向与上部相反，共两列，文字为："张高氏""二百九十七号"，文字表面残留红彩。墓碑残高 58.4、宽 21.8、厚 6.3 厘米（彩版九五：1；图一九）。

8. M9

方向 204°。直壁。长 2.4、宽 0.75~1.2、残深 0.3 米。墓圹内填土为黄灰色土、灰褐色土及青沙混合而成的花色土，土质松散。单棺，已完全腐朽，仅见青灰色腐痕。棺痕长 2.12、

图一九　M7 出土墓碑拓片（M7∶2）　（约 1/3）

宽 0.92、残高 0.3 米，腐痕厚 0.06 米。人骨残长 1.25 米。墓主头向南，葬式为仰身直肢葬（彩版八二∶2；图二〇）。

随葬器物共 2 件，其中釉陶罐、陶罐各 1 件。均出土于墓主头顶棺内。

釉陶罐　1 件。

M9∶1，侈口，圆唇，短颈，溜肩，微鼓腹，下腹缓弧收，平底微凹。灰褐胎，口沿至肩

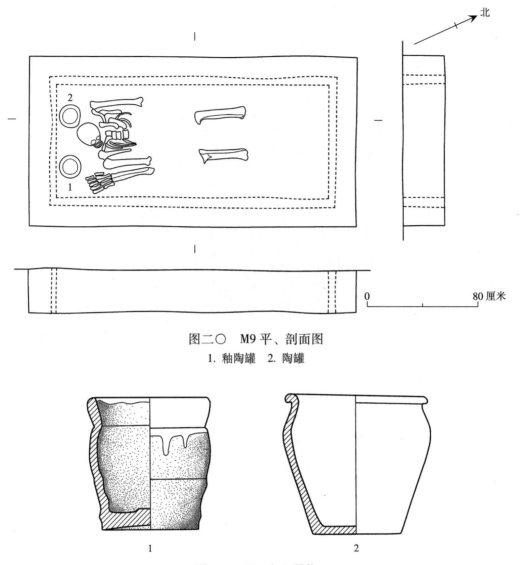

图二〇　M9 平、剖面图

1. 釉陶罐　2. 陶罐

图二一　M9 出土器物

1. 釉陶罐（M9：1）　2. 陶罐（M9：2）　（均为 1/3）

部施黄褐釉，流釉至中腹部。外腹壁有制作痕迹。口径 10.4、腹径 10、底径 8、高 10.4 厘米（彩版九〇：6；图二一：1）。

陶罐　1 件。

M9：2，泥质红陶。侈口，卷沿，圆唇，溜肩，上腹微鼓，中腹及下腹斜直收，平底微凹。外腹壁有修坯痕迹。口径 11.6、腹径 12、底径 7.2、高 11 厘米（彩版九一：1；图二一：2）。

9. M10

方向 205°。直壁。长 2.36、宽 0.9、残深 0.9 米。墓圹内填土为黄灰色土、灰褐色土及青沙混合而成的花色土，土质松散。单棺，已完全腐朽，仅见青灰色腐痕。棺痕长 1.85、宽 0.6、残高 0.2 米，腐痕厚 0.04 米（彩版八三：1；图二二）。

随葬器物共 1 件，为瓷罐，出土于棺内北部。

瓷罐　1 件。

M10：1，侈口，方唇，短束颈，圆肩，上鼓腹，中腹弧收，下腹曲收，平底微凹。灰胎，外壁先施一层白色化妆土，再施青绿釉及底。胎体有修坯痕迹。口径 8.4、腹径 11.8、底径 9.8、高 13.4 厘米（彩版九一：2；图二三）。

10. M11

方向 194°。直壁。长 2.3、宽 0.85~0.9、残深 1.1 米。墓圹内填土为黄灰色土、灰褐色土及青沙混合成的花色土，土质松散。单棺，已完全腐朽，仅见青灰色腐痕。棺痕长 1.92、宽 0.56~0.6、残高 0.4 米，腐痕厚 0.06 米。葬式不明（彩版八三：2；图二四）。

随葬器物共 1 件，为瓷罐，出土于棺外南部。

瓷罐　1 件。

M11：1，侈口，方唇，短束颈，圆肩，上鼓腹，中腹弧收，下腹曲收，平底微凹。砖红胎，外壁先施一层化妆土，再施青釉，大部分釉面已脱落。胎体有修坯痕迹。口径 9.6、腹径 12、底径 9、高 13.2 厘米（彩版九一：3；图二五）。

11. M12

方向 203°。直壁。长 2.4、宽 0.9~0.95、残深 1.6 米。墓圹内填土为黄灰色土、灰褐色土及青沙混合而成的花色土，土质松散。单棺，已完全腐朽，仅见青灰色腐痕。棺痕长 2.2、宽 0.55~0.6、残高 0.25 米，腐痕厚 0.06 米。人骨已朽尽无存，葬式不明（彩版八四：1；图二六）。

随葬器物共 1 件，为瓷罐，出土于墓主头顶上方。

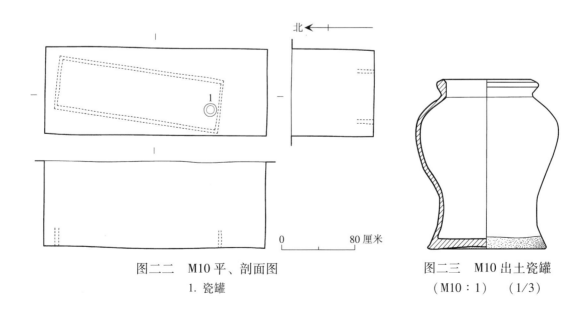

图二二　M10 平、剖面图　　　　　　图二三　M10 出土瓷罐
1. 瓷罐　　　　　　　　　　　（M10：1）　（1/3）

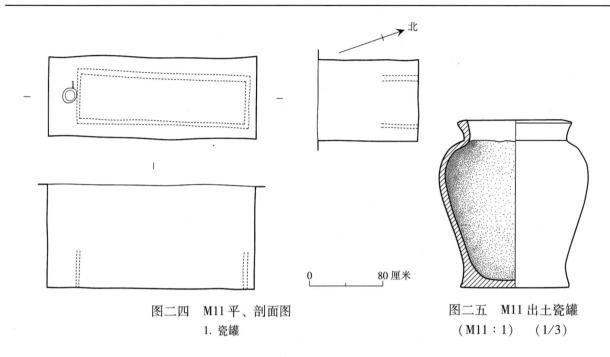

图二四　M11平、剖面图
1. 瓷罐

图二五　M11出土瓷罐
（M11∶1）　（1/3）

瓷罐　1件。

M12∶1，直口，方唇，短颈，圆肩，上鼓腹，中腹缓弧收，下腹微曲收，平底微凹。灰胎，外壁下腹部以上先施一层白色化妆土，再施青釉，釉面大部分已脱落。胎体有修坯痕迹。口径8.4、腹径12、底径8、高11.8厘米（彩版九一∶4；图二七）。

12. M13

方向274°。直壁，中部被M12打破。长2.3、宽0.8、残深1.3米。墓圹内填土为黄灰色土、灰褐色土及青沙混合而成的花色土，土质松散。单棺，已完全腐朽，仅见青灰色腐痕。

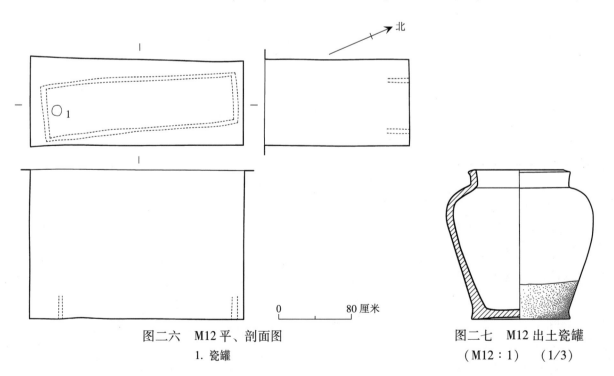

图二六　M12平、剖面图
1. 瓷罐

图二七　M12出土瓷罐
（M12∶1）　（1/3）

棺痕长 2、宽 0.5~0.6、残高 0.3 米。人骨仅余头骨，墓主头向西，葬式不明（彩版八四：2；图二八）。

随葬器物共 3 件，均出土于棺内墓主头部位置。

瓷罐 1 件。

M13：1，直口，方唇，短颈，圆肩，上鼓腹，中腹缓弧收，下腹微曲收，平底微凹。灰白胎，芒口，除底部外，外壁满施青釉。外腹壁有修坯痕迹。口径 7.8、腹径 12.8、底径 8、高 13.4 厘米（彩版九一：5；图二九：1）。

银扁方 1 件。

M13：2，首呈方形，卷曲，体扁平，略弯曲，末端呈圆弧形。素面。长 16.6 厘米（彩版九六：2；图二九：3）。

银簪 1 件。

M13：3，残，镶嵌物已缺失。簪首鎏金。首分为三部分，顶部有一花瓣形托，中部为莲花状底托，底层为莲花座。簪身细长弯曲。残长 7.5 厘米（彩版九六：3；图二九：2）。

13. M14

方向 194°。直壁。长 2.2、宽 0.8、残深 0.4 米。墓圹内填土为黄灰色土、灰褐色土及青沙混合而成的花色土，土质松散。单棺，已完全腐朽，仅见青灰色腐痕。棺痕长 2、宽 0.6~0.62、残高 0.22 米，腐痕厚 0.04 米。人骨残长 1.5 米。墓主为女性，头向南，葬式为仰身直肢葬（彩版八五：1；图三〇）。

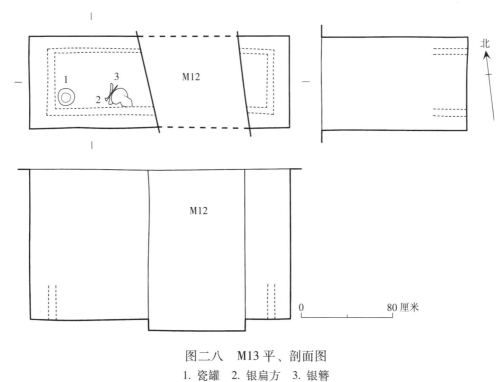

图二八 M13 平、剖面图

1. 瓷罐 2. 银扁方 3. 银簪

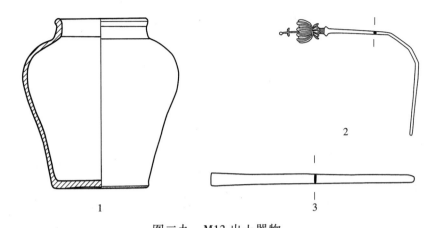

图二九　M13 出土器物

1. 瓷罐（M13∶1）　　2. 银簪（M13∶3）　　3. 银扁方（M13∶2）　　（2 为 1/2，余为 1/3）

随葬器物共 2 件（组），其中耳饰 1 件、铜钱 1 组 3 枚。耳饰出土于墓主右肩上方，铜钱出土于墓主双手旁边。

耳饰　1 件。

M14∶2，耳环铜质，一端呈圆饼状，连接处呈钩形；一端较细，卷曲。耳环上饰一玉环，玉色洁白，质地细腻温润。素面。长 3 厘米（彩版九五∶3；图三一）。

铜钱　1 组 3 枚。

M14∶1-1，太平通宝。圆形，方穿，外郭较宽，内郭较窄。正面有郭，铸"太平通宝"四字，隶书，对读；背面有郭，光背。直径 2.4、穿径 0.6、厚 0.1 厘米（图三二∶1）。

M14∶1-3，天元通宝。圆形，方穿，外郭较宽，内郭较窄。正面有郭，铸"天元通宝"，楷书，对读；背面有郭，锈蚀不可辨认。直径 2.5、穿径 0.6、厚 0.1 厘米（图三二∶3）。

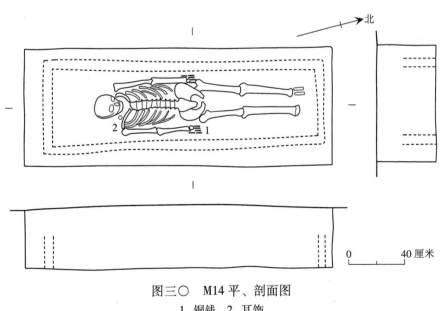

图三〇　M14 平、剖面图

1. 铜钱　2. 耳饰

图三一　M14 出土耳饰

（M14∶2）　（原大）

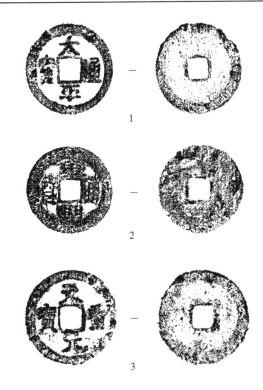

图三二　M14 出土铜钱拓片
1. M14：1-1　2. M14：1-2
3. M14：1-3　（均为原大）

M14：1-2，康熙通宝。圆形，方穿，外郭较宽，内郭较窄。正面有郭，铸"康熙通宝"，楷书，对读；背面有郭，字迹锈蚀不可辨认。直径 2.4、穿径 0.6、厚 0.1 厘米（图三二：2）。

14. M15

方向 190°。直壁。长 2.3、宽 0.8~0.85、残深 0.8 米。墓圹内填土为黄灰色土、灰褐色土及青沙混合而成的花色土，土质松散。单棺，已完全腐朽，仅见青灰色腐痕。棺痕长 1.96、宽 0.6~0.7、残高 0.4 米。人骨残长 1.7 米。墓主为男性，头向南，葬式为侧身屈肢葬（彩版八五：2；图三三）。

随葬器物共 1 件，为釉陶罐，出土于棺内墓主头部前方。

釉陶罐　1 件。

M15：1，侈口，圆唇，短颈，溜肩，上腹微鼓，中、下腹缓弧收，平底。灰褐胎，口沿至中腹部施黄褐釉。外腹壁有修坯痕迹。口径 10、腹径 11.4、底径 8、高 13 厘米（彩版九一：6；图三四）。

15. M17

方向 192°。直壁。长 2.16、宽 0.9~1、残深 0.4 米。墓圹内填土为黄灰色土、灰褐色土及青沙混合而成的花色土，土质松散。单棺，已完全腐朽，仅见青灰色腐痕。棺痕长 1.9、宽 0.72、残高 0.3 米，腐痕厚 0.06 米。墓主头向南，葬式为侧身屈肢葬（彩版八六：1；图三五）。

随葬器物共 1 件，为釉陶罐，出土于墓室南部。

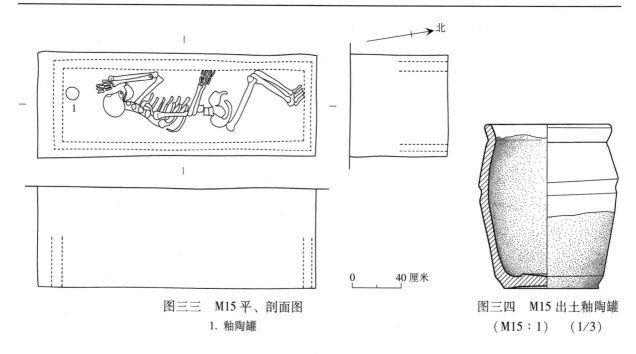

图三三　M15 平、剖面图
1. 釉陶罐

图三四　M15 出土釉陶罐
（M15∶1）　（1/3）

釉陶罐　1件。

M17∶1，侈口，圆唇，短束颈，溜肩，微鼓腹，下腹弧收，平底微凹。褐胎，外壁先施一层白色化妆土，口沿至中腹部再施绿釉。外腹壁有修坯痕迹。口径 10.8、腹径 11.4、底径 8.2、高 12.8 厘米（彩版九二∶1；图三六）。

16. M18

方向 348°。直壁。长 2.2、宽 1.2、残深 0.6 米。墓圹内填土为黄灰色土、褐色土及青沙混合而成的花色土，土质松散。单棺，已完全腐朽，仅见青灰色腐痕。棺痕长 1.9、宽 0.6~

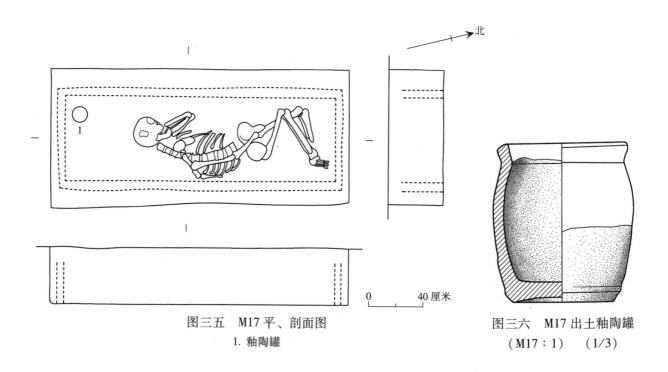

图三五　M17 平、剖面图
1. 釉陶罐

图三六　M17 出土釉陶罐
（M17∶1）　（1/3）

0.65、残高 0.4 米。人骨残长 1.6 米。墓主为女性，头向北，葬式为仰身直肢葬（彩版八六：2；图三七）。

随葬器物共 2 件（组），其中青釉罐 1 件、铜钱 1 组。青釉罐出土于墓室北部棺内，铜钱出土于墓主盆骨之下。

青釉罐　1 件。

M18：1，直口，尖圆唇，短颈，圆肩，上鼓腹，中腹缓弧收，下腹微曲收，平底。灰白胎，芒口，除底部外，外壁满施青釉。外腹壁有修坯痕迹。口径 7.6、腹径 12.4、底径 8、高 13.2 厘米（彩版九二：2；图三八）。

铜钱　1 组 2 枚。

M18：2-1，外郭部分缺失。圆形，方穿，外郭较宽，内郭较窄。钱文锈蚀不可辨认。直径 2.6、穿径 0.6、厚 0.1 厘米（图三九：1）。

M18：2-2，圆形，方穿，钱文锈蚀不可辨认。直径 2.1、穿径 0.6、厚 0.02 厘米（图三九：2）。

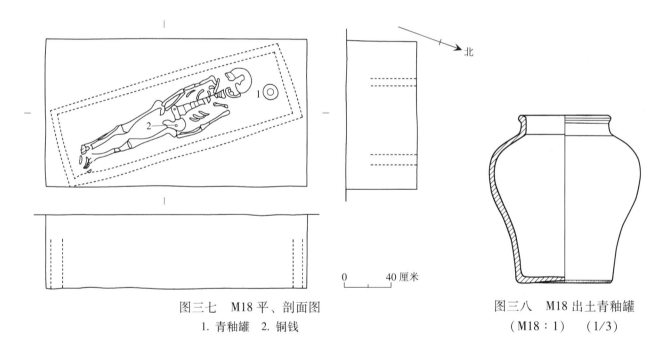

图三七　M18 平、剖面图
1. 青釉罐　2. 铜钱

图三八　M18 出土青釉罐
（M18：1）　（1/3）

17. M21

方向 267°。直壁。长 2.2、宽 0.8~0.85、残深 0.5 米。墓圹内填土为黄灰色土、灰褐色土及青沙混合而成的花色土，土质松散。单棺，已完全腐朽，仅见青灰色腐痕。棺腐痕长 1.9、宽 0.6~0.68、残高 0.2 米。人骨残长 1.7 米。墓主为男性，头向西，葬式为仰身直肢葬（彩版八七：1；图四〇）。

随葬器物共 3 件（组）。釉陶罐 1 件，出土于墓室西部；铜扣 1 件，出土于棺中部；铜钱

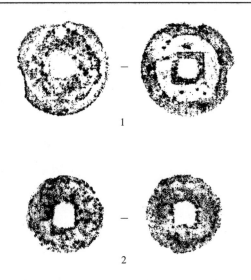

图三九　M18 出土铜钱拓片
1. M18：2-1　2. M18：2-2　（均为原大）

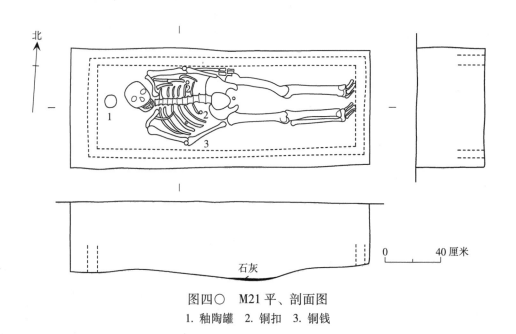

图四〇　M21 平、剖面图
1. 釉陶罐　2. 铜扣　3. 铜钱

1 组，出土于墓主右臂位置。

釉陶罐　1 件。

M21：1，侈口，方唇，短颈，溜肩，上腹微鼓，中、下腹缓弧收，平底微凹。褐胎，口沿至上腹部施青绿釉。外腹壁有修坯痕迹。口径 10、腹径 11.4、底径 8.2、高 12.2 厘米（彩版九二：3；图四一：1）。

铜扣　1 件。

M21：2，扣体呈球形，顶部作环状。素面。直径 1、高 1.4 厘米（彩版九五：4；图四一：2）。

图四一　M21 出土器物

1. 釉陶罐（M21：1）　2. 铜扣（M21：2）　（1 为 1/3，2 为 1/1）

铜钱　1 组 5 枚。

雍正通宝　4 枚。

M21：3-1，圆形，方穿，外郭较宽，内郭较窄。正面有郭，铸"雍正通宝"四字，楷书，对读；背面有郭，穿左右铸满文"宝源"，纪局名。直径 2.8、穿径 0.5、厚 0.1 厘米（图四二：1）。

M21：3-3，圆形，方穿，外郭较宽，内郭较窄。正面有郭，铸"雍正通宝"四字，楷书，对读；背面有郭，穿左右铸满文"宝源"，纪局名。直径 2.8、穿径 0.6、厚 0.1 厘米（图四二：2）。

M21：3-4，圆形，方穿，外郭较宽，内郭较窄。正面有郭，铸"雍正通宝"四字，楷书，对读；背面有郭，穿左右铸满文"宝源"，纪局名。直径 2.9、穿径 0.6、厚 0.1 厘米（图四二：3）。

M21：3-5，圆形，方穿，外郭较宽，内郭较窄。正面有郭，铸"雍正通宝"四字，楷书，对读；背面有郭，穿左右铸满文"宝源"，纪局名。直径 2.7、穿径 0.6、厚 0.1 厘米（图四二：4）。

康熙通宝　1 枚。

M21：3-2，圆形，方穿，外郭较宽，内郭较窄；正面有郭，铸"康熙通宝"四字，楷书，对读，背面有郭，穿左右铸满文"宝泉"，纪局名。直径 2.7、穿径 0.6、厚 0.1 厘米（图四二：5）。

（二）双棺墓

1. M8

方向 92°。直壁。长 2.2、宽 1.28、残深 0.1 米。墓圹内填土为黄灰色土、灰褐色土混合而成的花色土，土质松散。双棺，均已完全腐朽，仅见青灰色腐痕。南棺棺痕长 1.9、宽 0.5~

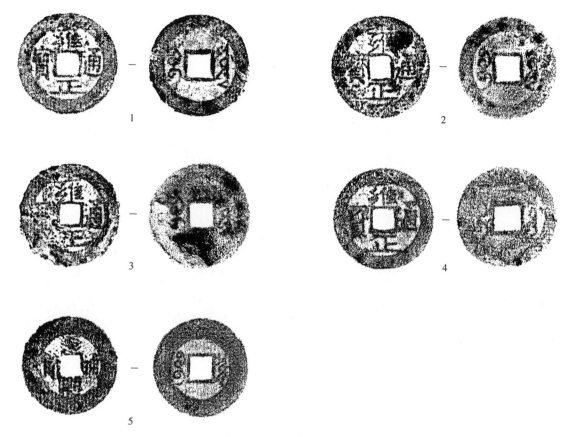

图四二　M21 出土铜钱拓片
1~4. 雍正通宝（M21：3-1、3-3、3-4、3-5）
5. 康熙通宝（M21：3-2）　　（均为原大）

0.52、残高 0.1 米，腐痕厚 0.04 米；北棺棺痕长 1.9、宽 0.5~0.52 米，腐痕厚 0.04 米。夫妻合葬墓。北棺墓主为女性，头向东，葬式为仰身直肢葬；南棺墓主为男性，头向东，葬式不明（彩版八七：2；图四三）。

随葬器物共 1 件，为釉陶罐，出土于北棺棺内东部。

釉陶罐　1 件。

M8：1，侈口，圆唇，短颈，溜肩，微鼓腹，下腹弧收，平底微凹。灰褐胎，口沿至上腹部施黄褐釉，流釉至中腹部。外腹壁有修坯痕迹。口径 10、腹径 9.6、底径 7、高 10.8 厘米（彩版九二：4；图四四）。

2. M16

方向 216°。直壁。长 2.3、宽 1.7、残深 1 米。墓圹内填土为黄灰色土、灰褐色土及青沙混合而成的花色土，土质松散。双棺，均已完全腐朽，仅见青灰色腐痕。东棺棺痕长 2、宽 0.6、残高 0.4 米，西棺棺痕长 2、宽 0.7、残高 0.5 米。夫妻合葬墓，东棺人骨残长 1.6 米，墓主为女性，头向南，葬式为仰身直肢葬；西棺人骨残长 1.7 米，墓主为男性，头向南，葬式为仰身直肢葬。西棺打破东棺（彩版八八：1；图四五）。

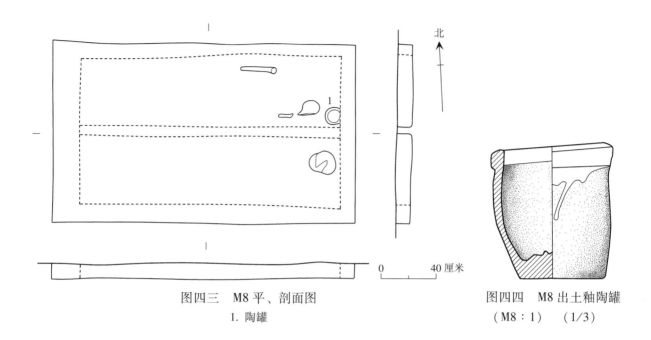

图四三　M8 平、剖面图

1. 陶罐

图四四　M8 出土釉陶罐

（M8：1）　（1/3）

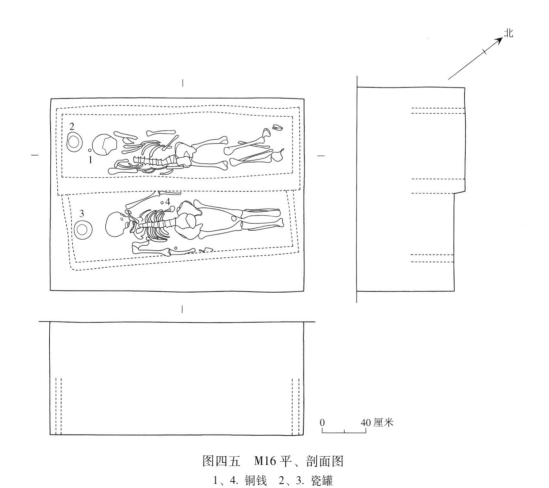

图四五　M16 平、剖面图

1、4. 铜钱　2、3. 瓷罐

随葬器物共 4 件（组）。瓷罐分别出土于东棺、西棺南部，两组铜钱分别出土于西棺墓主头骨南部和东棺墓主左臂内侧。

瓷罐 2 件。

M16：2，直口，折沿，尖唇，短束颈，圆肩，上鼓腹，中腹斜直收，下腹微曲收，平底微凹。灰白胎，芒口，除底部外，外壁满施青釉。外腹壁有修坯痕迹。口径 8、腹径 12.6、底径 8.4、高 14 厘米（彩版九二：5；图四六：1）。

M16：3，直口，尖圆唇，短颈，圆肩，上鼓腹，中腹缓弧收，下腹微曲收，平底微凹。灰白胎，芒口，除底部外，外壁满施青釉。外腹壁有修坯痕迹。口径 8、腹径 12.4、底径 7.6、高 14 厘米（彩版九二：6；图四六：2）。

铜钱 2 组 9 枚。

乾隆通宝，6 枚。圆形，方穿，外郭较宽，内郭较窄。正面有郭，铸"乾隆通宝"四字，楷书，对读；背面有郭，穿左右铸纪局名。

M16：1-1，背面穿左右铸满文"宝泉"。直径 2.3、穿径 0.6、厚 0.1 厘米（图四七：1）。

M16：1-2，背面穿左右铸满文"宝源"。直径 2.4、穿径 0.6、厚 0.1 厘米（图四七：2）。

M16：1-3，背面穿左右铸满文"宝泉"。直径 2.3、穿径 0.5、厚 0.1 厘米（图四七：3）。

M16：1-4，背面穿左右铸满文"宝源"。直径 2.4、穿径 0.6、厚 0.2 厘米（图四七：4）。

M16：4-4，背面穿左右铸满文"宝泉"。直径 2.4、穿径 0.6、厚 0.1 厘米（图四七：5）。

M16：4-5，背面穿左铸满文"宝"，穿右所铸满文锈蚀不可辨认。直径 2.4、穿径 0.6、厚 0.1 厘米（图四七：6）。

康熙通宝，3 枚。圆形，方穿，外郭较宽，内郭较窄。正面有郭，铸"康熙通宝"四字，楷书，对读；背面有郭，穿左右铸纪局名。

M16：4-1，背面穿左右铸满文"宝泉"。直径 2.8、穿径 0.6、厚 0.1 厘米（图四七：7）。

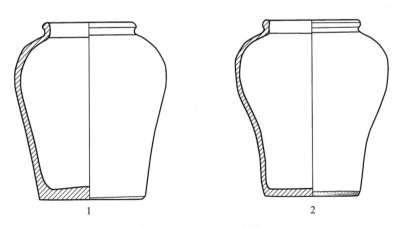

图四六　M16 出土瓷罐

1. M16：2　2. M16：3　（均为 1/3）

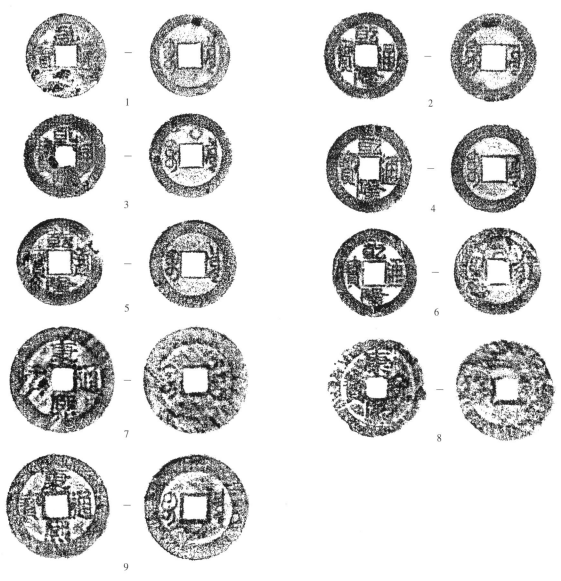

图四七　M16 出土铜钱拓片

1~6. 乾隆通宝（M16：1-1~1-4、4-1、4-5）　　7~9. 康熙通宝（M16：4-1~4-3）　　（均为原大）

M16：4-2，背面穿左右铸满文"宝河"。直径2.7、穿径0.6、厚0.1厘米（图四七：8）。

M16：4-3，背面穿左右铸满文"宝泉"。直径2.8、穿径0.6、厚0.2厘米（图四七：9）。

3. M19

方向178°。直壁。长2.4、宽1.4、残深0.7~1米。墓圹内填土为黄灰色土、灰褐色土及青沙混合而成的花色土，土质松散。双棺，均已完全腐朽，仅见青灰色腐痕。西棺腐痕长2、宽0.55~0.6、残高0.5米；东棺棺痕长2、宽0.55~0.6、残高0.2米。夫妻合葬墓，西棺人骨残长1.6米，墓主为男性，头向南，葬式为仰身直肢葬；东棺人骨残长1.54米，墓主为女性，头向南，葬式为仰身直肢葬（彩版八八：2；图四八）。

随葬器物共5件（组）。釉陶罐、铜钱、铜扣出土于西棺，其他器物出土于东棺南部和墓主头部。

瓷罐　1件。

M19：1，直口，方唇，短颈，圆肩，上鼓腹，中腹缓弧收，下腹微曲收，平底。灰白胎，芒口，除底部外，外壁满施青釉。外腹壁有修坯痕迹。口径8、腹径12、底径8、高12.4厘米（彩版九三：1；图四九：1）。

釉陶罐　1件。

M19：3，侈口，圆唇，短颈，溜肩，上腹微鼓，中、下腹缓弧收，平底微凹。灰褐胎，口沿至上腹部施黄褐釉，流釉至下腹部。外腹壁有修坯痕迹。口径11、腹径10.5、底径7、高10.6厘米（彩版九三：2；图四九：2）。

铜饰　1组4件。器表鎏金。葵圆形，中部为圆形凸起，中空。正面饰数道顺时针刻划纹，中部铸有文字；背面饰六瓣花卉纹，每片花瓣各镂刻一圆孔，背面中部有木质残留（彩版九七：1、2）。

M19：2-1，正面中部铸"金"字。残长4.1、宽2.4厘米（图四九：3）。

M19：2-2，背面中部连接处部分缺失。正面中部铸"玉"字。残长1.4、宽2.3厘米（图四九：4）。

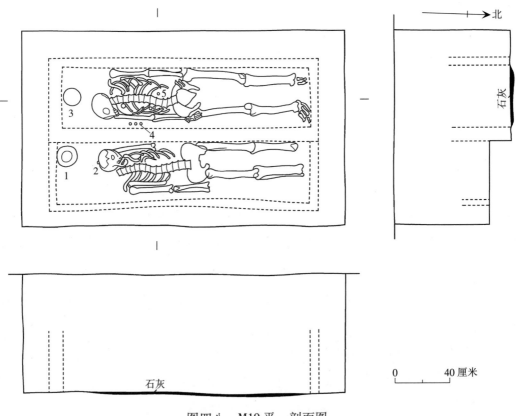

图四八　M19平、剖面图

1. 瓷罐　2. 铜饰　3. 釉陶罐　4. 铜钱　5. 铜扣

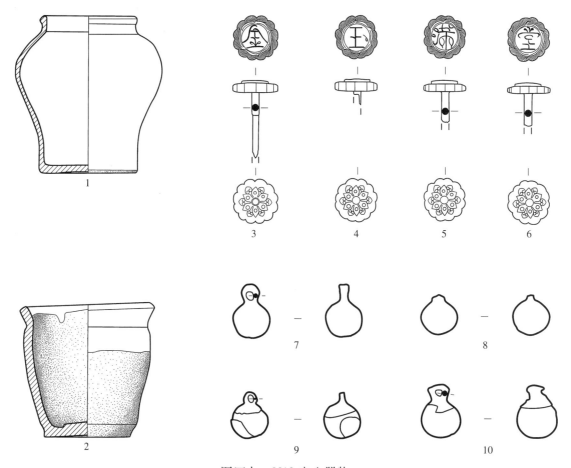

图四九　M19 出土器物

1. 瓷罐（M19：1）　2. 釉陶罐（M9：3）　3~6. 铜饰（M19：2-1~2-4）　7~10. 铜扣
（M19：5-1、5-5、5-3、5-4）　（1、2 为 1/3，3~6 为 1/2，余为 1/1）

M19：2-3，正面中部铸"满"字。残长 2.2、宽 2.3 厘米（图四九：5）。

M19：2-4，正面中部铸"堂"字。残长 2.3、宽 2.3 厘米（图四九：6）。

铜扣　1 组 5 件。扣体呈球形，顶部作环状（彩版九七：3）。

M19：5-1，素面。高 1.4、直径 1 厘米（图四九：7）。

M19：5-2，扣体中腹有一道凸棱。高 1.3、直径 1.1 厘米。

M19：5-3，扣体有圆形锈蚀痕迹。高 1.2、直径 1 厘米（图四九：9）。

M19：5-4，顶部锈蚀严重，顶部与扣体衔接处有旋状痕迹。高 1.4、直径 1 厘米（图四九：10）。

M19：5-5，残，顶部部分缺失。素面。高 1.1、直径 0.9 厘米（图四九：8）。

铜钱　1 组 4 枚。均为乾隆通宝。圆形，方穿，外郭较宽，内郭较窄。正面有郭，铸"乾隆通宝"四字，楷书，对读；背面有郭，穿左右铸满文"宝源"，纪局名。

M19：4-1，直径 2.7、穿径 0.5、厚 0.1 厘米（图五〇：1）。

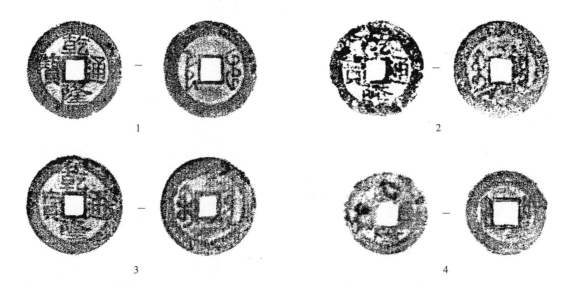

图五〇　M19 出土铜钱拓片
1. M19：4-1　2. M19：4-2　3. M19：4-3　4. M19：4-4　（均为原大）

M19：4-2，直径 2.6、穿径 0.6、厚 0.1 厘米（图五〇：2）。

M19：4-3，直径 2.6、穿径 0.6、厚 0.1 厘米（图五〇：3）。

M19：4-4，直径 2.2、穿径 0.6、厚 0.1 厘米（图五〇：4）。

4. M20

方向 186°。直壁。长 2.5、宽 1.3~1.4、残深 0.55~0.6 米。墓圹内填土为黄灰色土、灰褐色土及青沙混合而成的花色土，土质松散。双棺，均已完全腐朽，仅见青灰色腐痕。西棺腐痕长 1.9、宽 0.5~0.62、残高 0.1 米，东棺棺痕长 2.3、宽 0.6、残高 0.15 米。夫妻合葬墓，西棺墓主为女性，头向南，葬式为侧身屈肢葬；东棺墓主为男性，头向南，葬式为侧身屈肢葬（彩版八九：1；图五一）。

随葬器物共 2 件（组）。青花罐出土于东棺棺内南部。

青花罐　1 件。

M20：1，花口，圆唇，短颈，溜肩，鼓瓜棱腹，下腹弧收，平底，圈足。灰白胎，满施青釉，涩圈。颈部饰青花回纹及青花弦纹一周，肩部至下腹部饰青花瓜果草叶纹，下腹部近底处饰青花弦纹三周。口径 6.8、腹径 14、底径 9.2、高 12 厘米（彩版九四；图五二）。

铜钱　1 组 3 枚。均为康熙通宝。圆形，方穿，外郭较宽，内郭较窄。正面有郭，铸"康熙通宝"四字，楷书，对读；背面穿左右铸纪局名。

M20：2-1，背面穿左右铸满文"宝泉"。直径 2.7、穿径 0.6、厚 0.1 厘米（图五三：1）。

M20：2-2，背面穿左右铸满文"宝源"。直径 2.4、穿径 0.6、厚 0.1 厘米（图五三：2）。

M20：2-3，背面穿左右铸满文"宝源"。直径 2.4、穿径 0.6、厚 0.1 厘米（图五三：3）。

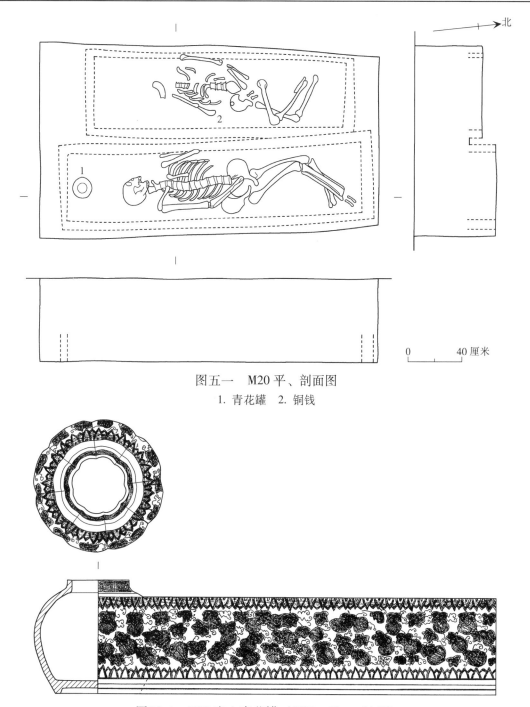

图五一　M20 平、剖面图
1. 青花罐　2. 铜钱

图五二　M20 出土青花罐（M20∶1）　（1/4）

5. M22

方向 189°。直壁。长 2.2、宽 1.6~1.8、残深 0.7~0.8 米。墓圹内填土为黄灰色土、灰褐色土及青沙混合而成的花色土，土质松散。双棺，均已完全腐朽，仅见青灰色腐痕。东棺棺痕长 2.1、宽 0.7、残高 0.3 米，西棺棺痕长 1.9、宽 0.76、残高 0.2 米。夫妻合葬墓，西棺墓主为女性，头向南，葬式为侧身屈肢葬；东棺墓主为男性，头向南，葬式为侧身屈肢葬（彩版八九∶2；图五四）。

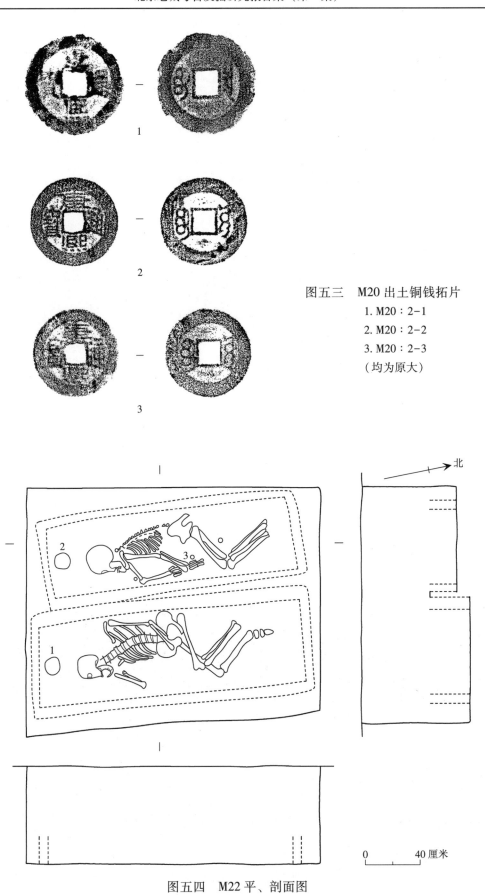

图五三　M20 出土铜钱拓片
1. M20 : 2-1
2. M20 : 2-2
3. M20 : 2-3
（均为原大）

北

0　　　　40 厘米

图五四　M22 平、剖面图
1、2. 釉陶罐　3. 铜钱

随葬器物共 4 件（组）。釉陶罐分别出土于东棺和西棺南部，铜钱出土于西棺，墓碑出土于西棺外侧。

釉陶罐 2 件。

M22：1，侈口，圆唇，短颈，溜肩，上腹微鼓，中、下腹缓弧收，平底微凹。灰褐胎，外壁施青绿釉，大部分釉面已脱落。外腹壁有修坯痕迹。口径 10.2、腹径 11.4、底径 7.4、高 11.4 厘米（彩版九三：3；图五五：1）。

M22：2，侈口，圆唇，短束颈，溜肩，微鼓腹，下腹弧收，平底微凹，假圈足。褐胎，口沿至中腹部施绿釉。外腹壁有修坯痕迹。口径 11.4、腹径 11.8、底径 7、高 12 厘米（彩版九三：4；图五五：2）。

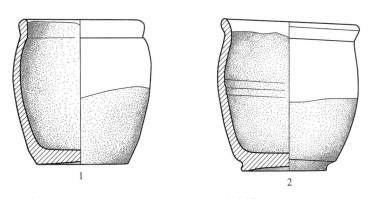

图五五 M22 出土釉陶罐
1. M22：1 2. M22：2 （均为 1/3）

铜钱 1 组 3 枚。均为康熙通宝。圆形，方穿，外郭较宽，内郭较窄。正面有郭，铸"康熙通宝"四字，楷书，对读；背面有郭，穿左右铸满文"宝泉"，纪局名。

M22：3-1，直径 2.8、穿径 0.6、厚 0.1 厘米（图五六：1）。

M22：3-2，直径 2.8、穿径 0.6、厚 0.1 厘米（图五六：2）。

M22：3-3，直径 2.7、穿径 0.5、厚 0.1 厘米（图五六：3）。

墓碑 1 件。

M22：4，长方形，下部为两层方形底座，底座小部分缺失。正面刻碑文两列，第二列字体较小，碑文为"清故师杜公之位｜孝徒赵应之立"。顶部及背部饰刻划纹。高 51.5、宽 15.7、厚 6.9 厘米（彩版九五：2；图五六：4）。

三 结 语

此次发掘共清理墓葬 22 座，均为长方形竖穴土坑墓，墓葬结构简单，随葬少量陶器、釉陶器、瓷器、铁器、铜器、银器、石器等。墓主头部前方通常放置釉陶罐或瓷罐 1 件，棺内

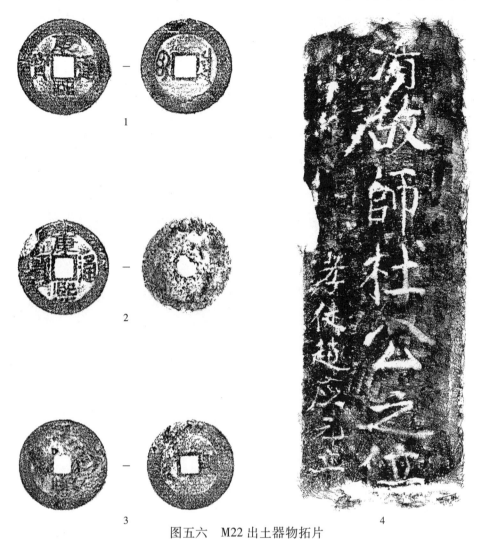

图五六　M22 出土器物拓片

1~3. 铜钱（M22：3-1~3-3）　4. 墓碑（M22：4）　（4 约为 1/3，余为 1/1）

随葬器物应为墓主生前常佩戴的饰件。墓中出土的釉陶罐、瓷罐以及发簪、耳环、戒指等，与昌平张营[①]、通州新城[②]等同时期墓葬所出同类器物形制相同或相近，均为北京地区清代墓葬常见器物。出土铜钱年代最早为"太平通宝"，最晚为"乾隆通宝"，数量较多的有"康熙通宝""雍正通宝""乾隆通宝"。综合来看，这批墓葬年代应为清代。墓葬随葬器物不丰富，规格等级较低，应为平民墓葬。北昆清代墓地的发掘为研究北京地区清代丧葬制度以及生活习俗提供了实物资料，有助于推动北京地区清代家族史的研究。

　　附记：参与发掘的人员有李永强、陈龙、卜彦博，修复为刘艺昕、陈思雨、刘娜，绘图为刘艺昕、高一琦、贺娅芳、方纯、刘娜。

执　笔：陈　龙　古艳兵

注 释

① 北京市文物研究所《昌平张营遗址北区明清时期墓葬发掘简报》，《北京文博》（2008.3），北京燕山出版社，2008 年。

② 北京市文物研究所《通州新城 0803-015A 地块明清墓葬发掘简报》，《北京文博文丛》2015 年第 3 辑，北京燕山出版社，2015 年。

附表　　　　　　　　　　　　　　　　　　　　**墓葬登记表**

墓号	方向	形制	尺寸（米）	头向	葬式	葬具	随葬器物	时代	备注
M1	88°	长方形竖穴土坑墓	开口长 1.2、宽 0.7 米；底同口大，残深 0.1 米	东	仰身直肢葬	木棺	铜钱 1 组 3 件	清代	
M2	270°	长方形竖穴土坑墓	开口长 2.1、宽 0.74 米；底同口大，残深 0.1 米	西	仰身直肢葬	木棺	瓷罐 1 件	清代	
M3	3°	长方形竖穴土坑墓	开口长 2.4、宽 0.8 米；底同口大，残深 0.2 米	不明	不明	木棺	釉陶罐 1 件	清代	
M4	10°	长方形竖穴土坑墓	开口长 0.8~2.2、宽 0.8 米；底同口大，残深 0.1 米	北	侧身屈肢葬	木棺	铜扣 1 组 2 件、铜钱 2 枚	清代	
M5	10°	长方形竖穴土坑墓	开口长 2.26、宽 0.8 米；底同口大，残深 0.26 米	北	不明	木棺	瓷罐 1 件	清代	
M6	190°	长方形竖穴土坑墓	开口长 2.3、宽 0.8 米；底同口大，残深 0.8 米	南	不明	木棺	瓷罐 1 件	清代	
M7	202°	长方形竖穴土坑墓	开口长 2.6、宽 0.9 米；底同口大，残深 1.1 米	南	仰身直肢葬	木棺	瓷罐 1 件、墓碑 1 件	清代	
M8	92°	长方形竖穴土坑墓	开口长 2.2、宽 1.28 米；底同口大，残深 0.1 米	东	仰身直肢葬	木棺	陶罐 1 件	清代	合葬墓
M9	204°	长方形竖穴土坑墓	开口长 2.4、宽 0.75~1.2 米；底同口大，残深 0.3 米	南	仰身直肢葬	木棺	釉陶罐 1 件、陶罐 1 件	清代	
M10	205°	长方形竖穴土坑墓	开口长 2.36、宽 0.9 米；底同口大，残深 0.9 米	不明	不明	木棺	瓷罐 1 件	清代	
M11	194°	长方形竖穴土坑墓	开口长 2.3、宽 0.85~0.9 米；底同口大，残深 1.1 米	不明	不明	木棺	瓷罐 1 件	清代	
M12	203°	长方形竖穴土坑墓	开口长 2.4、宽 0.9~0.95 米；底同口大，残深 1.6 米	不明	不明	木棺	瓷罐 1 件	清代	
M13	274°	长方形竖穴土坑墓	开口长 2.3、宽 0.8 米；底同口大，残深 1.3 米	西	不明	木棺	瓷罐 1 件、银扁方 1 件、银簪 1 件	清代	

墓号	方向	形制	尺寸（米）	头向	葬式	葬具	随葬器物	时代	备注
M14	194°	长方形竖穴土坑墓	开口长 2.2、宽 0.8 米；底同口大，残深 0.4 米	南	仰身直肢葬	木棺	耳饰 1 件、铜钱 1 组 3 枚	清代	
M15	190°	长方形竖穴土坑墓	开口长 2.3、宽 0.8~0.85 米；底同口大，残深 0.8 米	南	侧身屈肢葬	木棺	釉陶罐 1 件	清代	
M16	216°	长方形竖穴土坑墓	开口长 2.3、宽 1.7 米；底同口大，残深 1 米	南	仰身直肢葬	木棺	瓷罐 2 件、铜钱 2 组 9 枚	清代	合葬墓
M17	192°	长方形竖穴土坑墓	开口长 2.16、宽 0.9~1 米；底同口大，残深 0.4 米	南	侧身屈肢葬	木棺	釉陶罐 1 件	清代	
M18	348°	长方形竖穴土坑墓	开口长 2.2、宽 1.2 米；底同口大，残深 0.6 米	北	仰身直肢葬	木棺	青釉罐 1 件、铜钱 1 组 2 枚	清代	
M19	178°	长方形竖穴土坑墓	开口长 2.4、宽 1.4 米；底同口大，残深 0.7~1 米	南	仰身直肢葬	木棺	瓷罐 1 件、釉陶罐 1 件、铜饰 1 组 4 件、铜扣 1 组 5 件、铜钱 1 组 4 枚	清代	合葬墓
M20	186°	长方形竖穴土坑墓	开口长 2.5、宽 1.3~1.4 米；底同口大，残深 0.55~0.6 米	南	侧身屈肢葬	木棺	青花罐 1 件、铜钱 1 组 3 枚	清代	合葬墓
M21	267°	长方形竖穴土坑墓	开口长 2.2、宽 0.8~0.85 米；底同口大，残深 0.5 米	西	仰身直肢葬	木棺	釉陶罐 1 件、铜扣 1 件、铜钱 1 组 5 枚	清代	
M22	189°	长方形竖穴土坑墓	开口长 2.2、宽 1.6~1.8 米；底同口大，残深 0.7~0.8 米	南	侧身屈肢葬	木棺	釉陶罐 2 件、铜钱 1 组 3 枚、墓碑 1 件	清代	合葬墓

西城区中央音乐学院内清代建筑基址
发掘简报

2018年8月3~12日，为配合中央音乐学院运动场馆项目工程建设，北京市文物研究所〔今北京市考古研究院（北京市文化遗产研究院）〕对涉及区域开展了考古勘探工作，勘探面积5232平方米，发现清代墙址和排水沟等遗迹。2018年8月20日至10月24日，经国家文物局批准，北京市文物局组织北京市文物研究所〔今北京市考古研究院（北京市文化遗产研究院）〕对勘探过程中发现的清代遗迹进行了考古发掘工作，发掘面积525平方米。

一 地层堆积

清代建筑基址位于中央音乐学院东南部，北距清醇亲王南府临街门51.8米，南、西两侧为中央音乐学院内部道路，东侧为现代城市道路（图一）。发掘区域内地势平坦，地表下大部分区域为20世纪50年代建筑基础。

遗址地层共分6层。

第①层：渣土层。厚1~1.35米。呈灰色或浅灰色，土质一般，局部疏松，包含黄土块、石子、白灰颗粒、青砖残块及残瓦。墙址、影壁、牌楼门等遗迹均直接叠压于该层下。

第②层：距地表1米，厚0.17~0.24米。呈灰黄色，土质较松散，包含大量细沙及少量白灰颗粒、黑灰颗粒，系冲积后形成。排水沟开口于该层下。该层大部分被晚期建筑破坏，仅发掘区域最东端有少量保留。

第③层：距地表1.17~1.24米，厚0.09~0.2米。呈灰褐色，土质一般，包含少量灰陶颗粒、红烧土颗粒和较多黑灰颗粒。该层大部分被晚期建筑破坏，仅局部尚存。在西牌楼门北侧区域，该层下还叠压一个早期灰坑（H1）。

第④层：距地表1.34~1.44米，厚0.95~1.03米。呈灰黄色或浅灰色，土质一般，包含黄土块、木炭颗粒、青砖、灰陶残片以及少量白瓷片、黄釉瓷片等。

第⑤层：距地表2.29~2.37米，厚0.14~0.58米。呈浅黄色，土质稍硬，包含较多灰陶、

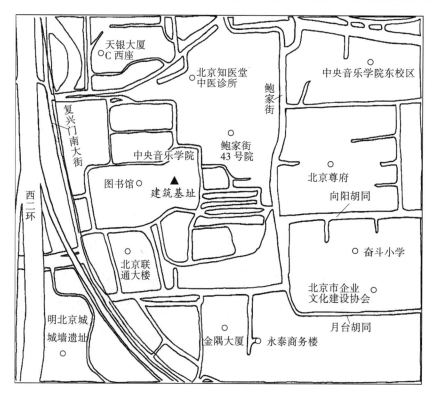

图一　遗址位置示意图

红陶残片，陶片纹饰有粗绳纹。

第⑥层：距地表 2.43~2.95 米，厚 0.06~0.2 米。呈黄褐色，土质一般，较纯净，包含少量褐色土块及较多黄沙，该层系冲积层，为生土层。

二　遗　迹

本次考古发掘共发现清代遗迹 7 处，包括墙址 2 处、牌楼门 2 处、影壁 1 处、排水沟 1 条以及路面 1 处。墙址、牌楼门及影壁大部分被近现代生产、生活活动破坏，仅排水沟局部保存较好（图二）。

为进一步厘清排水沟和墙址的结构和工程做法，在遗址范围内共布设探沟 5 条（编号 TG1~TG5）。由于后期破坏严重，TG3、TG4 内未发现墙址，仅在北部发现一小段散水遗迹，从探沟位置推测，应为影壁北侧散水。TG1 布设于墙址 1 中部，揭示了墙基础的工程做法；TG2 布设于西牌楼西南，揭示了牌楼门基础的工程做法及与墙址的关系；TG5 布设于遗址东部，揭露了排水沟的形制特征，并发现了较早期地层（图三~七）。

（一）墙址

墙址 1 位于发掘区西部，平面呈曲尺形，包括南北向和东西向两段墙体。南北向墙体方向

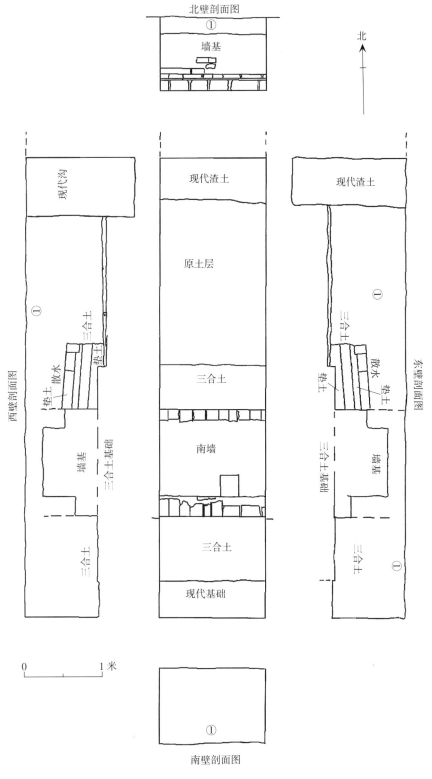

北壁剖面图

①

墙基

北

现代沟

现代渣土

现代渣土

①

原土层

西壁剖面图

三合土

垫土

散水

①

东壁剖面图

三合土

垫土

散水

三合土

三合土

墙基

三合土基础

三合土

南墙

三合土基础

墙基

①

0　　　　　　1 米

三合土

三合土

现代基础

三合土

①

南壁剖面图

图三　TG1 平、剖面图

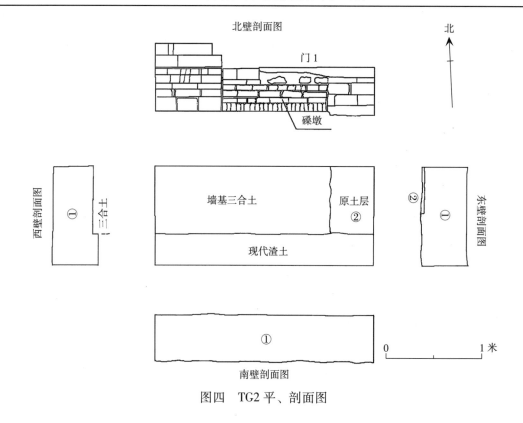

图四　TG2 平、剖面图

2°，中部因晚期建筑破坏分成南北两部分。南部残存砖墙，残长 4.1、宽 1.27、残高 0.22～
0.51 米，残存局部散水。北部仅残存三合土基础和少量青砖，残长 3.2、残宽 1.8、残高 0.48
米。东西向墙体方向 272°，东侧与西牌楼门相连，长 25、宽 1.27、残高 0.3～0.51 米。中部
发现一处排水道，由于遭后期破坏，仅存豁口，残宽 0.45 米，未发现排水口沟眼石。墙北侧
局部残存散水，南侧全部为后期破坏（彩版九八：1；图八）。

大墙做法讲究，先在平整好的土地上开挖基槽，基槽宽 2.83、总深 0.83 米。上部为砖砌
墙基，宽 2.56～2.59、高 0.4 米，砖砌墙基自下而上共分 5 层，最底一层用城砖砌筑，其上四
层外侧用青砖砌筑，内部以糙砖加五花泥填实。墙基之上为大墙墙体，外侧用细泥城砖干摆
砌筑，砌筑方式为"三顺一丁"；内部用糙砖加白灰浆填实。下部砌筑三层三合土基础，每层厚
0.16 米。城砖规格分为两种，一种为 46 厘米×22 厘米×9.8 厘米，另一种为 46 厘米×22 厘米×
11.3 厘米；青砖规格为 28 厘米×14.5 厘米×6 厘米。

墙体外侧为砖铺散水，内高外低，宽 0.78 米。采用褥子面式铺砌，外侧栽牙砖，青砖
规格分为两种，一种为 46 厘米×23 厘米×9.8 厘米，另一种为 46 厘米×23 厘米×11.3 厘米。
砖铺散水下有垫土，垫土自下而上依次为素夯土、三合土和素土，前两层厚 0.1～0.12 米，
最后一层厚 0.06～0.08 米。

墙址 2 位于发掘区东部，东西向，方向 272°，北距清醇亲王南府临街门 51.8 米，与墙址
1 间隔 36 米，西与东牌楼门相连，向东延伸出探方。墙址长 12.6、宽 1.27、残高 0.51 米。

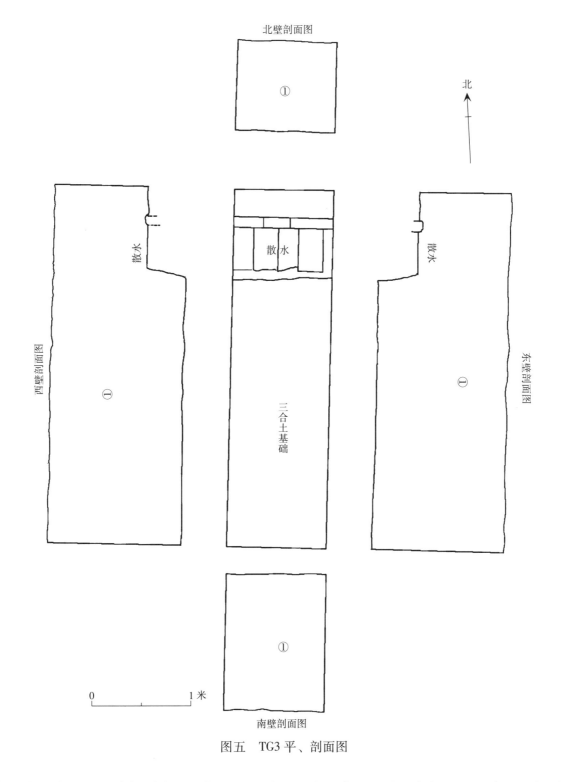

图五　TG3 平、剖面图

北侧局部残存散水，南侧散水已全部破坏。墙基下为三合土基础。发掘显示，墙址 2 的形制、砌筑工艺与墙址 1 一致，且与其处于同一平面和同一延长线上，推测两段墙址应系同时建造。结合相关历史资料、醇亲王府南府古建复原平面图及 1943 年航拍图等，推断这两处墙址可能为清醇亲王府南府大门前院落的南墙和西墙。

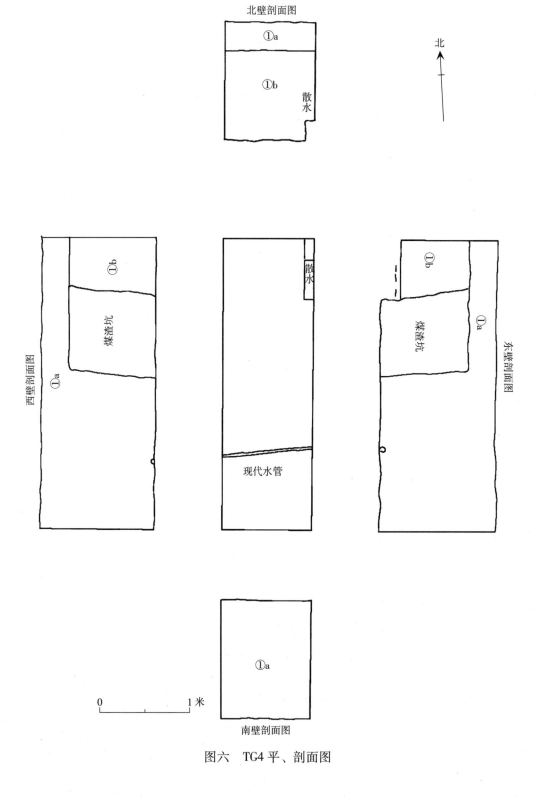

图六　TG4 平、剖面图

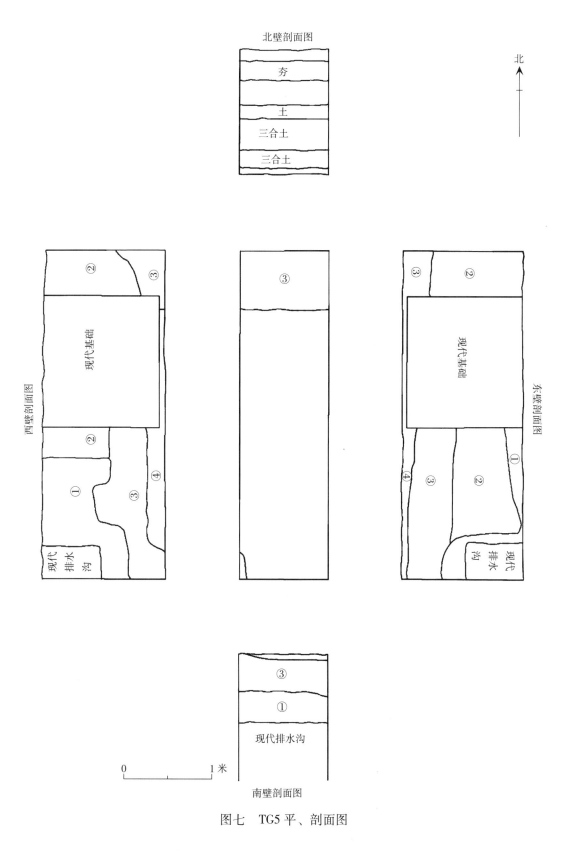

图七 TG5 平、剖面图

（二）影壁

位于两段墙址之间，大体与醇亲王南府临街门在同一中轴线上。影壁呈东西向，方向272°，长约36、宽1.74米。下为石条基础，宽3.1、深0.88米。北侧散水局部尚存，铺砌方式与墙体散水相同，外侧栽牙砖，残宽0.55米，其北侧边缘宽于两侧墙体0.49米。南侧散水已全部破坏。由于影壁中间大部分被树木占压，仅发掘影壁东西两端。影壁东端基础上残存砌石痕迹，其上置一长方形石块，表面有加工痕迹，石块长0.58、宽0.6、厚0.15~0.18米。影壁西端仅残存北侧散水，墙体已被破坏。同时揭露出影壁北侧的一段三合土路面（彩版九八：2）。

（三）牌楼门

共发现2座，分别位于影壁东西两侧，与影壁之间有短墙相连，分别长约3.3、2.5米。短墙上发现对称的排水道遗存。两座牌楼门规模、形制相同，宽度与墙体相同，面阔4.15、进深1.27米。北侧残存砖砌散水，南侧散水全部被后期破坏。门底部用青石条错缝砌筑，长0.3~2.7米，石条长0.3~2.7、宽0.3~0.57、厚0.05~0.1米。石条下为砖砌基础，用青砖错缝平砌两层，高0.22米，砖下为一层垫土，用于找平。砖砌基础两侧为砖砌磉墩，长1.27、宽1.08、高0.27米，自上而下以青砖采用"三顺一丁"方式砌筑，磉墩下为三合土基础（彩版九九）。

门道北侧为左右对称的砖砌"八"字形影壁，与墙体相连。西牌楼门影壁基本为后期破坏，仅西侧残存少量青砖。东牌楼门西侧影壁尚存两层错缝砌筑的青砖，东侧压于树下，从剖面上暴露的迹象看，其保存应较好。东牌楼门南侧尚存三合土道路，残长2.1、残宽0.72米。

门道左右两侧各发现柱洞、海窝一个。柱洞直径0.36、深1.24米，底部有垫石，柱洞内有少量已炭化成黑褐色的木屑。海窝位于两柱洞之间，彼此相距3.9米，平面近方形，边长0.13米，其内尚存一方形铁块，与海窝大小一致。铁块中心有一圆形凹槽，凹槽直径2.7、深0.8厘米。门道中间发现一长方形过门石，东西长2.8、宽14厘米。门北侧距东柱洞2.04米处发现一块戗风斗，平面近方形，边长0.45~0.48米，柱窝直径0.23~0.25、深0.0003~0.003米。西侧戗风斗应压于现树木下，保存情况不明。

东牌楼门与影壁之间短墙上发现一排水口沟眼石，西牌楼门与影壁之间短墙被近现代管道沟破坏。沟眼石宽0.3、高0.32、厚0.1米，用青石雕刻而成，正面分上下两部分，下部呈半圆形，高0.18米；上部水篦口呈拱形，高0.22、每边各宽0.07米。

（四）排水沟

南距南墙 6.6~6.85、西距西墙 6 米。排水沟西半段被晚期建筑破坏，石盖板全部无存。整体呈东西走向，东端继续向东延伸，已超出发掘区域，上宽 2.88、下宽 2.68、深 2.06、发掘总长 78.92 米。除砖石砌筑的水道本体外，其外侧和底部均用素夯土和三合土砌筑而成，自上而下可分为 4 层，第①层为素夯土，厚 0.34 米；第②层为三合土，厚 0.22 米；第③层为素夯土，共分 4 小层，总厚 0.76、每层厚 0.12~0.26 米，其内包含少量陶片、瓦片；第④层为三合土，共分 2 小层，总厚 0.54、每层厚 0.2~0.34 米（彩版一〇〇、一〇一；图九、一〇）。

东侧石盖板局部尚存，系不加雕琢的青石条，规格有 130 厘米×80 厘米、110 厘米×90 厘米、120 厘米×44 厘米和 128 厘米×23 厘米四种，厚 14~28 厘米。

水道口宽 0.6、底宽 1.54、深 0.94 米。水道壁绝大部分为后期破坏，局部甚至破坏至底，保存较完整者极少，宽 0.46~0.48、残高 0.94 米。水道壁自上而下由 8 层青砖以"一顺一丁"方式错缝砌筑，青砖规格有 46 厘米×23 厘米×12.5 厘米和 46 厘米×21 厘米×10 厘米两种。水道底铺砌一层方砖，方砖边长为 39 厘米。水道壁上可见水道底部的砖痕。

根据排水沟的开口层位、形制结构及包含物推断，其年代为清代。

（五）道路

仅西牌楼门北侧散水外尚存道路。道路东侧被近现代排水沟破坏，残长 1.6、残宽 1.05 米。道路为方砖铺砌而成，表面凹凸不平，外侧栽牙砖，方砖边长为 39 厘米，厚度不详。

发现两处人工砌筑的三合土路面，一处位于砖铺道路北侧，另一处位于影壁西端北侧。前者仅靠近墙的一侧尚存，再往北被现代建筑破坏，残宽 3.5、厚 0.13~0.15 米。三合土地面下叠压第③层，第③层下叠压 H1。由于两处三合土路面之间为近现代排水道，故推测两处三合土路面原本相连，可能为院内的铺地面。其水平高度与砖铺道路、散水一致，推测其上可能无青砖铺砌。

三　遗　物

清理各时期遗物共 101 件（套），包括瓷器、陶器、石构件等，现以典型器为例，介绍如下。

（一）瓷器

器形以碗、盘、碟为主，偶有大件器物残底。多数为瓷片，以青花瓷片为主，白瓷片次之，青瓷、五彩、颜色釉也有发现。窑口以北方民窑和景德镇窑为主，磁州窑亦有较多发现。

1. 青花瓷

共 11 件（套）。均出土于第①层，可辨器形者共 7 件，有碗、碟，其余均为残片。时代以明清时期为主，最早可至元末明初，其中清晚期瓷片数量最多。

碟　1 件。

①：31，敞口，弧腹，平底，圈足。灰胎，釉色白中泛灰。碗内壁口沿下饰押口弦纹两周，外圈较粗，内圈较细。口径 10.5、足径 5.2、高 1.8 厘米（彩版一〇二：1、2；图一一：1）。

碗　6 件。均仅存碗底。根据底的形制不同，分 2 型。

A 型　2 件。圜底。

①：10，平底微凸，圈足。胎色洁白，釉色青。内、外壁施满釉，圈足底无釉。碗内底绘"岁寒三友"纹饰，中部矗立一假山，假山上画松叶，假山左侧绘竹、右侧绘梅，其外绘弦纹两周；碗外壁依稀可辨彩绘"岁寒三友"，圈足上绘粗弦纹一周。彩绘较粗糙，边缘模糊，画

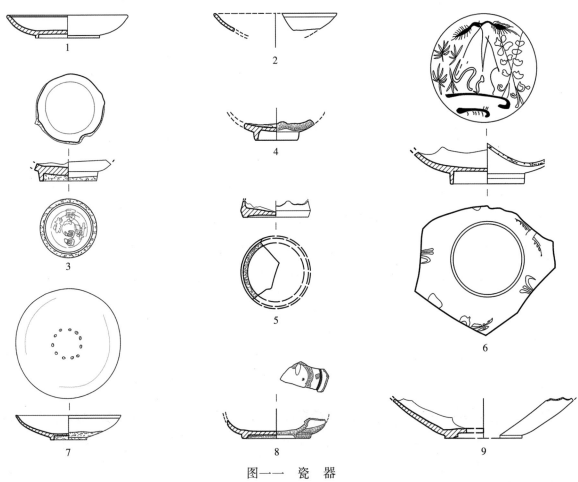

图一一　瓷　器

1. 青花碟（①：31）　2. 白瓷口沿（排水沟：1）　3、4. Ba 型白瓷碗（①：38、8）　5. 白瓷器底（①：33）
6. A 型青花碗（①：10）　7. 白瓷盘（③：1）　8. B 型青花碗（①：1）　9. Ab 型白瓷碗（①：3）　（1、6、
8 为 1/3，2、5、7 为 1/8，余为 1/4）

风率真、朴实，松树、梅花没有主干，用一根枝条串起，竹纹也仅有几根线条，竹叶散落，难以分辨。足径6、足高1、残高3.3、壁厚0.4~0.7厘米（彩版一○二：3、4；图一一：6）。

B型　4件。平底。

①：1，弧腹，平底，圈足。胎色黄，表面施一层化妆土，釉色白，青花颜色发散。内底涩圈，外壁半釉，腹部以下露胎。内壁腹部近底处饰弦纹。足径5.7、足高0.6、残高1.8、厚0.3~0.6厘米（彩版一○二：5、6；图一一：8）。

2. 白瓷

共11件（套）。大部分采集于第①层，第③层及排水沟、H1内各出土1件。胎质普遍较粗，有胎上施化妆土的现象，部分残片仿哥釉。可辨器形或部位者共8件，有盘、口沿、碗、器底，其余均为残片。时代以明清为主，最早可至辽金。

盘　1件。

③：1，撇口，微束颈，斜腹，平底，圈足。胎色灰黄，釉色米白。胎质较粗，其上施一层化妆土后再施釉。内底有支钉支烧痕迹，外壁施釉不及底，上腹部有积釉现象，下腹部及圈足无釉。口径23.1、足径8、足高0.6、通高5.2厘米（彩版一○三：1~3；图一一：7）。

口沿　1件。

排水沟：1，敞口，弧腹。胎色黄，表面施一层化妆土，釉色白。胎质较粗，有积釉现象。口径26.8、残高3.5、壁厚0.4厘米（彩版一○三：4；图一一：2）。

碗　5件。均仅存碗底。根据底的形制不同，可分2型。

A型　2件。平底。根据圈足特征，分2亚型。

Aa型　1件。

H1：1，圈足较高。口沿形制不明，弧腹。胎色白，胎质较粗，有较多气孔。釉色白，釉质较粗且釉层较薄，外底及圈足无釉。素面。足径7.8、足高1.2、残高5、壁厚0.6~0.9厘米（彩版一○三：5、6）。

Ab型　1件。

①：3，圈足较矮。辽代。口沿形制不明，下腹斜收，玉璧底。胎色白，釉色白中泛黄。内壁满釉，外壁无釉。素面，外壁露胎处有轮制痕迹。底径8.2、足高0.6、残高4.2、壁厚0.3~0.6厘米（彩版一○四：1、2；图一一：9）。

B型　3件。圜底。根据圈足特征，分2亚型。

Ba型　2件。圈足较高。

①：8，口沿形制不明，弧腹，圜底上有一洞。胎色白，胎质较粗，气孔较多，釉色白中泛青。内、外壁均施满釉，表面开片较多。素面。足径5、足高0.8、残高2.3、壁厚0.6厘米（彩版一○四：3、4；图一一：4）。

①：38，胎色白，釉色白，仿哥釉。内、外壁均施满釉，圈足及器底无釉。内底有一圈涩圈，器底有吉语款，对读，款识为"东昌□□"。足径 6.2、足高 1.1、残高 2、壁厚 0.6～0.7 厘米（彩版一〇四：5、6；图一一：3）。

Bb 型　1 件。

①：13，圈足较矮。辽代。腹部以上残缺，弧腹，圜底，圈足，器形不明。胎色白，胎质粗，包含较多杂质，釉色白。内壁满釉，外壁腹部以下无釉。内底饰凹弦纹一周。足径 9.2、足高 0.5、残高 7.4、壁厚 0.7～2.6 厘米（彩版一〇五：1、2）。

器底　1 件。

①：33，明代晚期，磁州窑。平底，圈足。胎色偏黄，胎质较粗，包含较多杂质和气孔。釉色白，有积釉现象。除圈足外通体施满釉。素面。足径 16、足高 0.3、残高 3.4、壁厚 0.5～0.7 厘米（彩版一〇五：3、4；图一一：5）。

3. 青瓷

碗　2 件（套）。均采集于第①层，仅存碗底。

①：22，明洪武时期。弧腹，圈足，圈足较高。胎色黑灰，胎质较粗，胎体较厚。釉色青，釉层较薄，内、外壁均施釉，圈足及碗底无釉，内底涩圈。足径 6.3、足高 1.3、残高 4.1、壁厚 0.5 厘米（彩版一〇五：5、6；图一二：1）。

①：6，清嘉庆时期，景德镇窑仿龙泉窑。弧腹，圈足。胎色白，胎质较细腻。釉色豆青，釉层较厚，除圈足外通体施满釉。素面。足径 5.1、足高 1、残高 3.5、底厚 3 厘米（彩版一〇六：1、2；图一二：4）。

4. 酱釉瓷

共 5 件（套）。均采集于第①层。包括口沿、碗底。

口沿　4 件。

①：12，明末清初。敞口，圆唇，斜腹，无底。胎色米白，内壁施白釉，内底有涩圈，外壁施酱釉，底部露胎，有积釉现象。口径 17.1、残高 5.9、壁厚 0.4～0.8 厘米（彩版一〇六：3、4；图一二：2）。

碗底　1 件。

①：46，弧腹，圜底，圈足，圈足较矮。内、外壁均施酱釉，内底有涩圈，外壁施釉不及底，腹部以下部分施釉，圈足及器底无釉。足径 6.9、足高 0.7、残高 3、壁厚 0.3～0.6 厘米（彩版一〇六：5、6；图一二：7）。

5. 黑釉瓷

共 3 件（套）。均为残片，其中 1 件为口沿。除标本 H1：3 外，其余均采集于第①层。

①：23，口沿。敞口，器壁微弧。胎色米白，釉色黑，釉层较薄处呈酱色。口沿无釉，

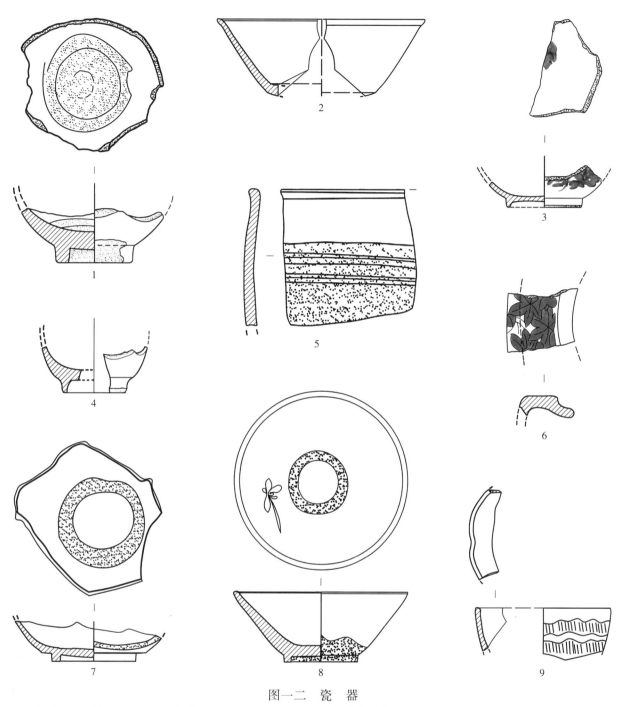

图一二　瓷　器

1、4. 青瓷碗（①：22、6）　2. 酱釉口沿（①：12）　3. 粉彩碗底（①：32）　5. 黑釉口沿（①：23）　6. 日本贴花瓷片（①：15）　7. 酱釉碗底（①：46）　8. 五彩瓷碗（①：30）　9. 粉彩瓷片（①：9）　（均为1/3）

内壁满釉，外壁施釉至肩部。宽10.5、残高10.7、壁厚0.7~0.8厘米（彩版一〇七：1、2；图一二：5）。

　6. 彩瓷

　共5件（套）。均采集于第①层。均为残片，包括五彩瓷片、五彩瓷碗、粉彩瓷片、粉彩碗底及日本贴花瓷片各1件，其中五彩瓷片残甚，不可辨器形。

五彩瓷碗　1件。

①：30，敞口，下腹斜收，平底，圈足。胎色黄，釉色白中泛灰。内底有涩圈，外壁施釉不及底，圈足及外底无釉。内壁口沿下饰押口弦纹，内壁绘釉下彩蜻蜓一只。口径13.6、足径5.7、足高0.5、通高5.7厘米（彩版一〇七：3、4；图一二：8）。

粉彩瓷片　1件。

①：9，花口，外壁呈波浪形，内壁平滑。胎色白，釉色青，口沿处以青花为地，其上绘点状纹饰一周。内壁绘三条绿色线条，疑为花草纹。口径10.6、残高4.3、壁厚0.4~0.6厘米（彩版一〇七：5、6；图一二：9）。

粉彩碗底　1件。

①：32，同治时期，磁州窑。弧腹，平底，圈足。胎色白，釉色白，内、外壁满釉，圈足无釉。外壁及内底彩绘百合纹。足径6、足高0.5、残高3.2、壁厚0.5厘米（彩版一〇八：1、2；图一二：3）。

日本贴花瓷片　1件。

①：15，敞口，折沿，其上应有盖。胎色白，釉色白。顶部贴枫叶，颜色绚丽鲜艳，具有日本"九谷烧"瓷器的鲜明特点。残长2.2、残宽4.5、壁厚0.8厘米（彩版一〇八：3；图一二：6）。

（二）陶器

共63件（套）。以夹砂红陶、灰陶为主，泥质灰陶、夹贝母红陶次之，发现大量夹砂和泥质陶瓦，可分为早、晚两种。另见少量釉陶，器形以罐、缸为主。发现部分琉璃器，包括瓦、瓦当、滴水等建筑构件，其中琉璃瓦共4件，琉璃构件共7件。

1. 夹砂陶器

共19件（套）。分为夹砂红陶、夹砂灰陶、夹贝母红陶、砂锅残片，陶瓦均为夹砂灰陶。TG3第①~③层均有出土。

夹砂红陶口沿　1件。

TG3①：3，折沿，方唇。胎色红。素面，有轮制痕迹。残长9.4、残高4.6、厚1.2厘米（彩版一〇八：4；图一三：1）。

夹贝母红陶口沿　1件。

TG3③：2，敞口，宽折沿。胎色红棕，胎体较厚，胎质较粗，包含较多贝母、杂质。外壁拍印绳纹。长8.7、高6、厚0.4~0.5厘米（彩版一〇八：5、6；图一三：2）。

砂锅残片　1件。

TG3①：5，敞口，卷唇，壁面微弧，器形不明。胎色黑，胎质粗糙，表面凹凸不平，有较

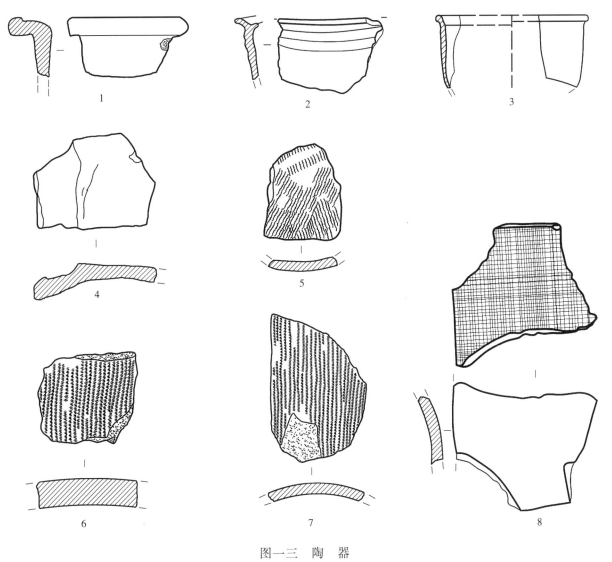

图一三 陶 器

1. 夹砂红陶口沿（TG3①：3） 2. 夹贝母红陶口沿（TG3③：2） 3. 砂锅残片（TG3①：5）
4、8. 晚期夹砂陶瓦（TG3①：10、TG3②：1） 5、6. A 型早期夹砂陶瓦（TG3③：7、14）
7. B 型早期夹砂陶瓦（TG3③：13） （3、5、8 为 1/5，余为 1/3）

多杂质、气孔。口径 21.1、残高 9.5、壁厚 0.5~0.7 厘米（彩版一〇九：1、2；图一三：3）。

夹砂陶瓦 5 件。根据年代不同，可分为晚期夹砂陶瓦和早期夹砂陶瓦。

晚期夹砂陶瓦 2 件。均为夹砂灰陶。

TG3①：10，筒瓦，残损较严重，残块为筒瓦后端瓦唇部分。瓦唇向外延伸，筒瓦凸面素面无纹饰，凹面有部分压制痕迹，角落有少量布纹。长 9.4、宽 7.2、厚 0.7~1.3 厘米，瓦唇残长 3.2、残宽 4.3~6.3、厚 0.9~1.4 厘米（彩版一〇九：3；图一三：4）。

TG3②：1，明清时期弧形板瓦。弧度较小，残损较为严重。胎体较厚，尺寸较大。凸面素面无纹饰，凹面饰布纹。残长 20、残宽 15.6、厚 1.6 厘米（彩版一〇九：4；图一三：8）。

早期夹砂陶瓦 3 件，根据形制不同，分 2 型。

A 型　2 件。均为夹砂灰陶，汉代弧形板瓦，弧度较小。

TG3③：7，残损较严重。胎体较厚，尺寸较大。凸面饰绳纹，凹面素面无纹饰。残长 13、残宽 10.8、厚 1.5 厘米（彩版一〇九：5；图一三：5）。

TG3③：14，残损较严重。胎体较厚。凸面饰绳纹，凹面饰篮纹。残长 7.2、残宽 8、厚 2.1 厘米（彩版一〇九：6；图一三：6）。

B 型　1 件。

TG3③：13，夹砂红陶，汉代弧形板瓦，弧度较大，残损较为严重。胎体较薄，尺寸较小。凸面饰绳纹，凹面饰布纹。残长 11、残宽 8、厚 1 厘米（彩版一一〇：1；图一三：7）。

2. 泥质陶器

共 19 件（套）。按陶色可分为灰陶、红陶两类，可辨器形有杯、缸口沿和瓦。第①层和 TG3 第①~③层均有出土。举例如下。

灰陶杯　1 件。

TG3②：6，撇口，宽折沿，斜腹，平底，下有三矮足，矮足由双乳丁组成。素面。口径 6.8、底径 4.4、高 3 厘米（彩版一一〇：2；图一四：1）。

灰陶缸口沿　2 件。

①：14，敛口，折沿，方唇。素面，有轮制痕迹。口径 25.8、残高 9.4、壁厚 1.1 厘米（彩版一一〇：3；图一四：5）。

灰陶瓦　2 件。汉代，弧度较大，截面呈半圆形。

TG3③：4，瓦檐凸起。凸面饰绳纹，凹面饰布纹。残长 14.8、残宽 11、高 4.6、厚 0.9~ 1 厘米（彩版一一〇：4；图一四：2）。

TG3③：15，凸面饰绳纹，凹面饰布纹。残长 27.3、残宽 9.2、高 3、厚 1 厘米（彩版 一一〇：5；图一四：6）。

3. 釉陶器

共 11 件（套）。按形制分为口沿、器底及残片。举例如下。

口沿　4 件。按照口部形制不同，分 3 型。

A 型　2 件。敛口。

①：16，束颈，弧肩。胎色红，釉色绿，表面有细小开片，阳光下可反射出不同颜色。肩部贴梅花，梅花间隔 9.4 厘米。残长 17.3、残高 6.3、壁厚 0.5~0.8 厘米（彩版一一〇：6；图一四：4）。

B 型　1 件。

①：18，敞口，折沿，方唇，丰肩。胎色红，釉色绿。残片内壁满釉，外壁仅口沿处有釉。残长 8.6、残宽 5.4、壁厚 0.5 厘米（彩版一一一：1；图一四：3）。

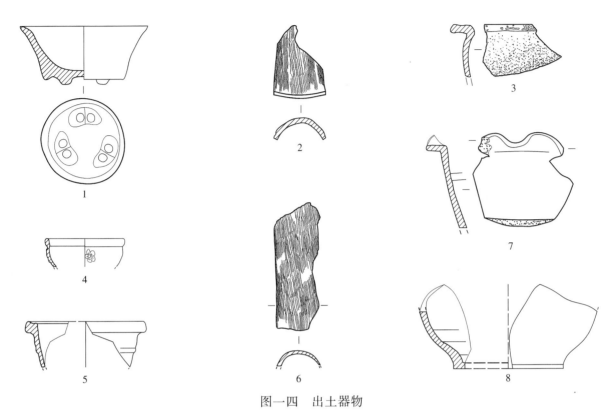

图一四　出土器物

1. 泥质灰陶杯（TG3②：6）　2、6. 泥质灰陶瓦（TG3③：4、15）　3. B 型釉陶口沿（①：18）　4. A 型
釉陶口沿（①：16）　5. 泥质灰陶缸口沿（①：14）　7. C 型釉陶口沿（①：19）　8. 釉陶器底（①：17）
（1 为 1/2，3、7、8 为 1/4，余为 1/8）

C 型　1 件。

①：19，花口，器形不明。胎色红，釉色绿，釉薄处泛黄。颈部饰凸弦纹一周。外壁施釉不及底，内壁仅口沿与颈部施釉。胎质细腻，经过淘洗。残长 10.8、残高 9.6、壁厚 0.6~0.8 厘米（彩版一一一：2；图一四：7）。

器底　1 件。

①：17，弧腹，平足。胎色红，外壁施蓝绿色琉璃釉，内壁施黄绿色釉。有轮制痕迹。底径 11.8、残高 8.7、壁厚 0.6 厘米（彩版一一一：3；图一四：8）。

4. 琉璃器

共 14 件（套）。均出土于第①层。包括瓦 2 件、瓦当 1 件、滴水 1 件、花窗 1 件和建筑构件 8 件等。

瓦　2 件。根据形制不同，分 2 型。

A 型　1 件。

①：25，板瓦。模制，前端厚，后端薄。黄褐色胎，凸面满施绿色琉璃釉。残长 15、残宽 9.7、厚 1.7 厘米（彩版一一一：4；图一五：1）。

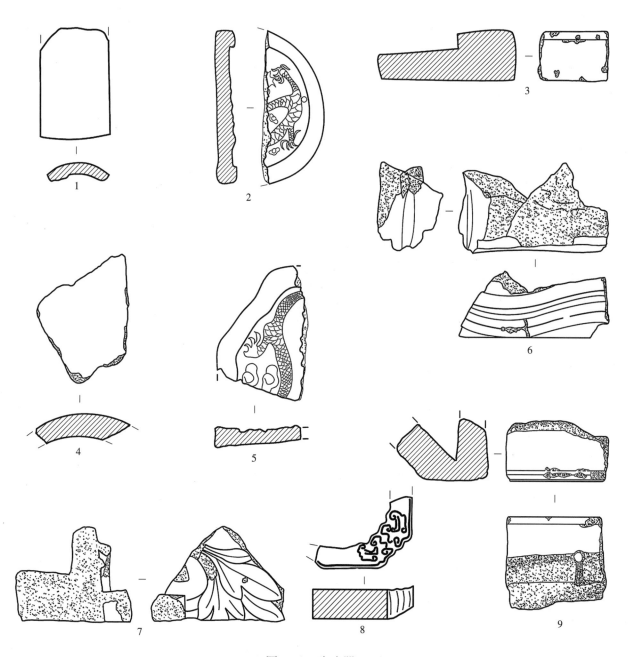

图一五　琉璃器

1. A 型瓦（①：25）　2. 瓦当（①：29）　3、6、7、9. 建筑构件（①：52、51、50、54）　4. B 型瓦（①：28）
5. 滴水（①：26）　8. 花窗（①：27）　（1、8 为 1/5，2、4、5 为 1/3，余为 1/6）

B 型　1 件。

①：28，筒瓦。残块近梯形，弧度较小。胎色黄，凸面施绿色琉璃釉。残长 9.7、残宽 7.3、厚 1.7 厘米（彩版一一一：5；图一五：4）。

瓦当　1 件。

①：29，粉红色胎，通体施绿琉璃釉。当面饰龙纹，龙纹边缘有一小孔。残径 12.5、厚 1.2~1.7 厘米（彩版一一一：6；图一五：2）。

滴水　1件。

①：26，残损较严重，仅存前半部最前端部分如意形扇面，近三角形。粉红色胎，通体施绿琉璃釉。正面饰龙纹。三边分别长10.7、7、9.7厘米，壁厚1厘米（彩版一一二：1；图一五：5）。

花窗　1件。

①：27，黄褐色胎，通体施蓝色琉璃釉。残件呈曲尺形，转角处呈波浪状，内部中空，双面饰回纹。残长13.9、宽3~4.1、厚3.9厘米（彩版一一二：2；图一五：8）。

建筑构件　8件。

①：50，长方形基座，残块正面呈三角形，整体截面呈L形。粉红色胎，正面以黄色琉璃釉为地，浮雕叶纹，施绿色琉璃釉，底面部分施黄色琉璃釉。残长22.2、残宽19.2、残高15厘米（彩版一一二：3；图一五：7）。

①：51，形状不规则，截面呈梯形。胎色粉红，以黄色琉璃釉为地，正面饰波浪浮雕二道，施绿色琉璃釉。残长24.2、残宽14、残高10.6厘米（彩版一一二：4；图一五：6）。

①：52，截面呈L形，分2级台阶，可能为建筑基底用砖。粉红色胎，L形与地面垂直部分、顶部及相邻侧面为明面，施绿色琉璃釉。明面和顶部交界处用双凹弦纹表示束腰。残长22.1、残宽11.3、残高7.8厘米（彩版一一二：5；图一五：3）。

①：54，截面呈V形，夹角53°。垂直于底面部分为明面，明面及相邻底面施绿色琉璃釉，交界处用双凹弦纹表示束腰。底面胎、釉交界处挖一贯穿圆孔，边缘有一凹槽。残长16.4、残宽14.5、残高9.7厘米（彩版一一三：1；图一五：9）。

①：55，柱状，截面呈圭形，共10面。黄色琉璃釉为地，四面正中皆饰绿色琉璃釉圭形几何图案，顶部阶梯状攒尖共6个切割面，中间饰绿色琉璃釉方形图案，如同宝石般绚丽，各图案之间使用黄色琉璃釉线条隔断。残长10.4、残宽4.8、残高4.1厘米（彩版一一三：2；图一六：1）。

①：56，平面近三角形。胎色粉红。纹饰与①：50相似，正面饰浮雕叶纹，以黄色琉璃釉为地，叶纹施绿色琉璃釉。残长19.8、残宽15.4、残高7.6厘米（彩版一一三：3；图一六：3）。

①：57，柱状，截面呈五边形，共7面。黄色琉璃釉为地，四面正中皆使用凹弦纹绘绿色琉璃釉梯形图案，顶面及底面使用凹弦纹绘绿色琉璃釉五边形图案。各图案之间使用黄色琉璃釉线条隔断。底部断裂，斜插一铁钉。残长12.4、残宽4.4、残高5.3厘米（彩版一一三：4；图一六：4）。

①：58，外形与混砖相似，背面缺失不能确认。1/4弧形为正面，正面、底部均满施绿色琉璃釉。背面上部为断面缺失，下部为整齐截面，有切割痕迹。残长19.8、残宽10.6、残高

图一六　琉璃建筑构件
1.①：55　2.①：58　3.①：56　4.①：57　（1、4 为 1/3，2、3 为 1/6）

7.3 厘米（彩版一一三：5；图一六：2）。

（三）石构件

排水口沟眼石　1 件。

①：59，整体近长方形，下半部作拱状内凹。上半部分为左右对称的两栏镂孔，镂孔作莲形窗状，中间以直栏相隔。沟眼石表面整体饰錾刻纹，外缘饰莲纹，中上部隔栏顶部饰莲纹，栏身中间作纵向凸弦纹，弦纹两侧饰对称斜向錾刻纹；镂孔内侧饰錾刻纹。长 39、宽 35、厚 10.9 厘米（彩版一一三：6；图一七）。

四　结　语

（一）考古成果

通过考古发掘，揭示出该遗址为一处清代大型院落，即由其西侧、南侧的围墙连同北侧醇亲王南府临街门一线围墙组合而成，东侧围墙暂未发现，应压于现道路之下。同时结合排水沟的开口层位、遗迹布局以及出土器物特点推断，该院落始建年代不早于清乾隆时期，并

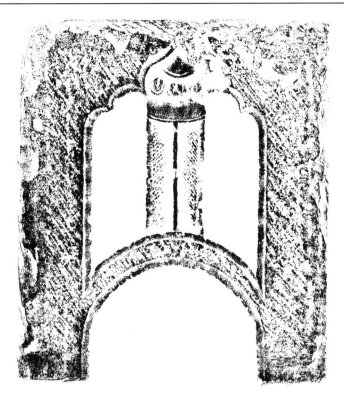

图一七　排水口沟眼石拓片（约1/4）

在咸丰时期后作为清醇亲王南府门前院落使用。

出土器物以青花瓷和白瓷为主，青瓷、彩瓷、黑釉瓷、酱釉瓷等较少。青花瓷年代主要以清晚期为主，部分可早至明代初年。大部分青花器物胎色发灰或发黄，个别加化妆土以增白。釉色白中泛灰，彩绘较粗糙，尤其是带有"岁寒三友"的青花碗底，纹饰边缘模糊，画风率真、朴实，松树、梅花没有主干，用一根枝条串起，竹纹也仅有几根线条、竹叶散落，难以分辨，故推断该遗址出土的青花瓷大部分为北方民窑所产。

白瓷盘与阿鲁科尔沁旗乌兰哈达辽墓出土白瓷盘[1]、辽宁法库叶茂台 M8 出土仿定窑瓷盘[2]形制相似，均为敞口、弧腹、圈足，胎体表面施白色化妆土，碗内底有支烧痕迹，是辽代北方窑场常见形制和装烧工艺。部分辽代白瓷器出土于早于清代遗址的第③层，证明第③层时代早于清代建筑遗迹，其年代上限或可至辽金时期。

彩瓷中发现的 1 件日本风格瓷片，在一定程度上反映了清末中国与日本的文化交往。

出土较多不同时期的瓦片，其中 TG3 出土地层清晰。TG3 第①、②层出土瓦片与北京地区明清民居瓦片相似，与北京现存王府使用瓦片形制基本相同。标本 TG3③：4、TG3③：15 均为弧形瓦片，凸面饰绳纹，凹面饰布纹，形制与河南内黄三杨庄汉代聚落遗址出土筒瓦[3]相似。据此推断 TG3 第①、②层为明清地层，第③层时代较早，上限为秦汉时期。

琉璃构件中，龙纹瓦当、滴水形制与恭王府使用琉璃瓦当、滴水相似，从残片推断，龙纹瓦当与恭王府蟠龙瓦当纹饰相似，龙纹滴水与恭王府云龙纹滴水也有相似之处；其余构件似为一琉璃建筑组成部分，纹饰与故宫斋宫门外琉璃影壁相似。

通过本次考古发掘，基本厘清了遗址的性质、布局及保存情况，明确了遗迹形制、结构和年代问题。出土器物较为丰富，尤其是早期陶器残片的发现，丰富了北京城汉代以降的历史史料。总之，该遗址的发掘为日后遗址保护、清代王府研究以及北京城历史研究均提供了重要的实物资料。

（二）清醇亲王南府的历史脉络

清醇亲王南府位于现北京市西城区中央音乐学院东北部，清代时地处北京内城西南角，其西侧原有一片湖水，名为太平湖。清代朱一新《京师坊巷志稿·太平湖》记载："城隅积潦潴为湖，由角楼北水关入护城河。"④《啸亭续录》记载："贝勒喀尔楚浑宅在太平湖，今为荣亲王府。"⑤由此可知，此处作为醇亲王南府之前，曾先后经历两代主人，分别为贝勒喀尔楚浑和荣纯亲王，而醇亲王是第三代主人。

贝勒喀尔楚浑一作哈尔出洪，太祖曾孙克勤郡王岳托三子，顺治六年（1649 年）进贝勒爵，赐太平湖畔的宅邸，顺治八年（1651 年）卒，谥显荣。其子克齐袭贝勒，雍正元年（1723 年）去世。后喀尔楚浑子鲁宾袭爵，雍正四年（1726 年）被削爵，复封辅国公，乾隆八年（1743 年）卒。子孙以奉恩将军世袭，荣宠已逐代衰降，故之后将其府邸转赐荣纯亲王。

荣纯亲王，即乾隆帝第五子永琪，生于乾隆六年（1741 年）二月初七，自幼聪颖，文武兼备，多才多艺，受到其父乾隆的极大喜爱。乾隆三十年（1765 年）晋封亲王，惜天假其才而不假其寿，乾隆三十一年（1766 年）三月初八去世，年仅 26 岁。按照清代定制，亲王晋封后，便由内务府为其物色府址，兴工建造，因选址修建尚需年月，永琪在晋封亲王后仅五个月就亡故了，所以继承这座新王府的便是其嫡子绵亿，《明善堂文集》节录《荣府史》卷一二《邸宅志》载："余邸自乾隆四十九年，荣恪郡王分府，始赐第太平湖。"⑥绵亿薨逝后，继承这座王府的是他的长子奕绘，《荣府史·绘贝勒世家》记载了此事。奕绘薨逝于京南太平湖畔荣王府，后继承王府的是其世子载钧，载钧为人呆板不慧，不受道光帝重视，道光三十年（1850 年）咸丰帝登基后，终于颁旨将荣亲王府邸转赐道光帝第七子醇亲王奕譞，另以他处宅第赐荣府贝子载钧一家居住。

奕譞生于道光二十年（1840 年），幼时居住于宫中，道光三十年，道光帝崩，咸丰帝即位，封皇七弟奕譞为醇郡王，下旨将南太平湖东岸原荣亲王府邸赐醇郡王奕譞，将其地即日兴工，依醇郡王府图式改建。咸丰九年（1859 年）三月，醇郡王府改建完工，醇郡王奕譞正式分府。但此时奕譞尚年幼，无自主生活能力，《清史稿·醇贤亲王奕譞传》云："文宗即位，封为醇郡王。咸丰九年三月，分府，命仍在内廷行走。"⑦直到奕譞十九岁时，才正式搬到南太平湖的醇郡王府居住。

同治十一年（1872 年），奕譞晋封为和硕醇亲王。光绪十四年（1888 年），慈禧太后当即准奏醇亲王奕譞的奏疏，将原醇亲王府改作潜龙邸升为宫殿，并将什刹海后海北沿櫔贝子府（原成亲王府）赐醇亲王为新邸。光绪十五年（1889 年），醇亲王新府修成，醇亲王迁居于此，结束了他在南太平湖醇王府南府居住的岁月。这一时期，自咸丰九年分府，至光绪十五年迁入新居，历时 30 年，醇亲王奕譞的整个从政生涯大体上都是在这座府邸度过的，他从政后的许多重大历史事件，也是在这座南府中发生的。

（三）关于清代建筑基址年代探讨

根据史料记载和以往研究[⑧]，该清代建筑基址并非贝勒喀尔楚浑宅。根据《乾隆京城全图》，有学者推测喀尔楚浑宅的大致位置应在太平湖东岸大士庵以东，理由有二：一是其宅应与荣亲王府同在太平湖东、中街以北和太平湖东北那条小河以南；二是大士庵以东的院落东西两路，坐北朝南，院落层次分明，主房厢房配置合理。如若依此则推断合理。从清亲王府营建规制上看，贝勒喀尔楚浑宅也与大士庵以东的院落相符。

而在喀尔楚浑宅之后兴建的只有荣亲王府和醇亲王南府，则本次考古工作所发现的建筑基址只能与后两座王府有关。结合 1943 年北平航拍图，在醇亲王南府临街门前发现有一封闭院落，位置和规模与考古发现的建筑基址基本一致，且还发现其与醇亲王南府临街门院落两端相连。而通过实地测量发现，西部南北向墙体正对临街门西侧，影壁中心与临街门中心也基本能够对应，故推断该建筑遗址至少在醇亲王南府时期，已经成为其重要组成部分了。但其始建年代能否上溯至清乾隆时期，尚无法考证。

执 笔：曹孟昕 孙浩然

注 释

① 王建国、马俊山《阿鲁科尔沁旗乌兰哈达辽墓》，《内蒙古文物考古》第 4 期，1986 年。

② 辽宁大学历史系考古教研室《辽宁法库县叶茂台 8、9 号辽墓》，《考古》1996 年第 6 期。

③ 河南省文物考古研究所等《河南内黄三杨庄汉代聚落遗址第二处庭院发掘简报》，《华夏考古》2010 年第 3 期。

④ 〔清〕朱一新《京师坊巷志稿》卷上，第 71 页，北京古籍出版社，1982 年。

⑤ 〔清〕昭梿《啸亭杂录 续录》，上海古籍出版社，2012 年。

⑥ 〔清〕奕绘原著、金启孮校笺《明善堂文集校笺》，天津古籍出版社，1995 年。

⑦ 《清史稿》卷二二一《诸王列传》，第 9107 页，中华书局，1977 年。

⑧ 北京市西城区政协文史资料委员会《府第寻踪》，中国文史出版社，2006 年。

编后记

　　北京老城指明清时期北京城护城河及其遗址以内的区域（含护城河及其遗址），占地面积约 62.5 平方千米。习近平总书记在 2014 年视察北京时提出："北京是世界著名古都，丰富的历史文化遗产是一张金名片，传承保护好这份宝贵的历史文化遗产是首都的职责。"北京老城具有无与伦比的历史、文化与社会价值，是中国传统营城理念和建造手法的集大成者，是中华优秀传统文化的精华所在。北京老城作为世界文化名城瑰宝，如何擦亮这张历史文化金名片是老城保护在新时代背景下的使命和任务。

　　北京市考古研究院（北京市文化遗产研究院）为落实北京市"一轴一城"的文博重点工作，以"老城考古"为主题，在本报告《北京老城考古发掘研究报告集（第一集）》中汇编了 2 篇研究性文章和 7 篇考古发掘报告，为老城历史文化内涵阐释研究提供了宝贵的资料，丰富了老城的历史文化资源。

　　本报告是北京市考古研究院（北京市文化遗产研究院）的集体劳动成果。绪论部分由张玉妍执笔；《老城考古启示录》作者为郭京宁；《清代京城内古器物的出土情况与意义》作者为孙勐；《西城区受壁街唐墓发掘简报》作者为曹孟昕、黄星、王祯哲；《西城区白纸坊元代1 号井遗址发掘简报》作者为李永强、徐旻；《西城区北昆 1 号井、2 号井发掘简报》作者为陈龙、古艳兵；《东城区御京花园南区遗址考古发掘报告》作者为郭京宁、杨茜；《西城区法源寺后街（东段）景观提升项目明清遗迹发掘报告》作者为张玉妍、黄星、王宇新；《西城区北昆清代墓地发掘简报》作者为陈龙、古艳兵；《西城区中央音乐学院内清代建筑基址发掘简报》作者为曹孟昕、孙浩然。2023 年 12 月，由张玉妍整合全部资料，汇编本报告。

　　2024 年 7 月 27 日，联合国教科文组织第 46 届世界遗产大会通过决议，将"北京中轴线——中国理想都城秩序的杰作"列入《世界遗产名录》。至此，中国世界遗产总数达到 59项。北京中轴线申遗历时 12 年终得正果。北京文博人将以此为新起点，继续为北京中轴线遗产保护和北京老城保护添砖加瓦。

编　者

2024 年 8 月

彩版

1. 墓葬全景

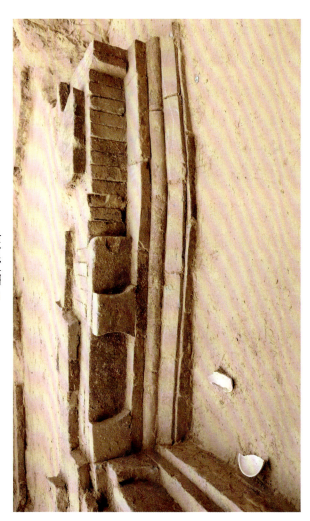

2. 墓门局部

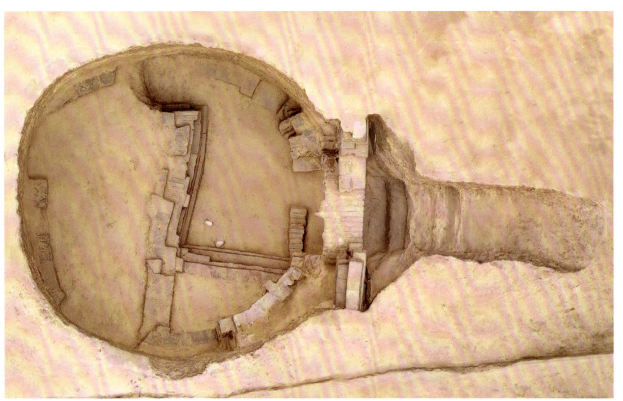

3. 墓室内台基

彩版一 受壁街唐墓（M1）发掘现场

1. 青砖

2. 白釉碗（M1∶1）

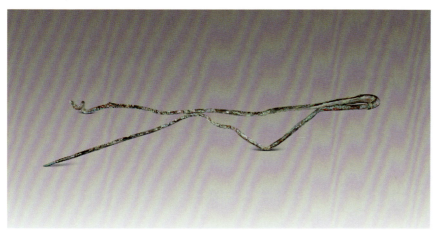

3. 铜钗（M1∶2）

4. 铜钱（M1∶3）

彩版二　受壁街唐墓（M1）出土器物

1. J1：1

2. J1：1 内底

3. J1：2

4. J1：2 内底

5. J1：3

6. J1：3 内底

彩版三　白纸坊 1 号井出土景德镇窑青白釉高足碗

1.高足碗（J1：8）

2.高足碗（J1：8）内底

3.碗（J1：7）

4.碗（J1：7）内底

5.碗（J1：20）

6.盘（J1：4）

彩版四　白纸坊 1 号井出土景德镇窑青白釉器

1. 景德镇窑青白釉碟（J1：6）

4. 磁州窑碗（J1：39）

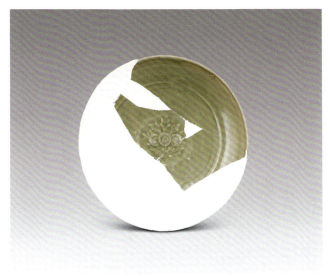

2. 龙泉窑青釉盘（J1：5）

5. 磁州窑梅瓶（J1：18）

3. 龙泉窑青釉盘（J1：5）内底款识

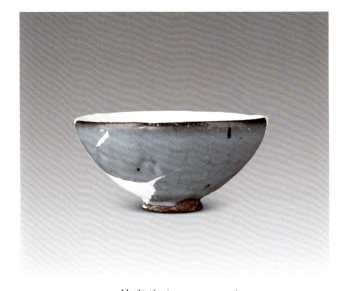

6. 钧窑碗（J1：11-2）

彩版五　白纸坊1号井出土瓷器

1.1 号井（J1）

2.2 号井（J2）

彩版六　北昆 1 号井、2 号井全景

1. 瓷瓶（J1：3）

3. 瓷碗（J1：5）

4. 瓷碟（J1：6）

2. 瓷罐（J1：4）

5. 铜权（J1：1）

彩版七　北昆 1 号井出土器物

1. 釉陶盏（J2：8）

2. 瓷罐（J2：5）

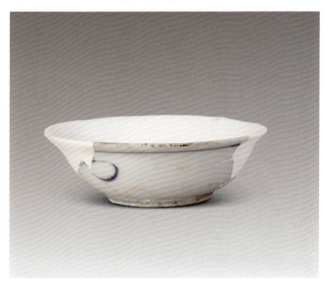

3. 青花碗（J2：6）

4. 青花盘（J2：7）

5. 银盒（J2：1）

6. 铁器（J2：2）

彩版八　北昆 2 号井出土器物

1. 铁钩（J2 ∶ 12）

2. 石夯（J2 ∶ 11）

3. 石磨（J2 ∶ 13）

4. 石球（J2 ∶ 3）

5. 石棋子（J2 ∶ 9）

6. 石碑（J2 ∶ 10）

彩版九　北昆 2 号井出土器物

1. T1

2. T1 内夯土堆积

彩版一〇　御京花园南区遗址 T1

1. T1 内残存砌砖

2. T1 北扩方

彩版一一　御京花园南区遗址 T1 及 T1 北扩方

1. T2

2. T2 北扩方

彩版一二　御京花园南区遗址 T2 及 T2 北扩方

1. T3

2. T3 内夯土堆积

彩版一三　御京花园南区遗址 T3

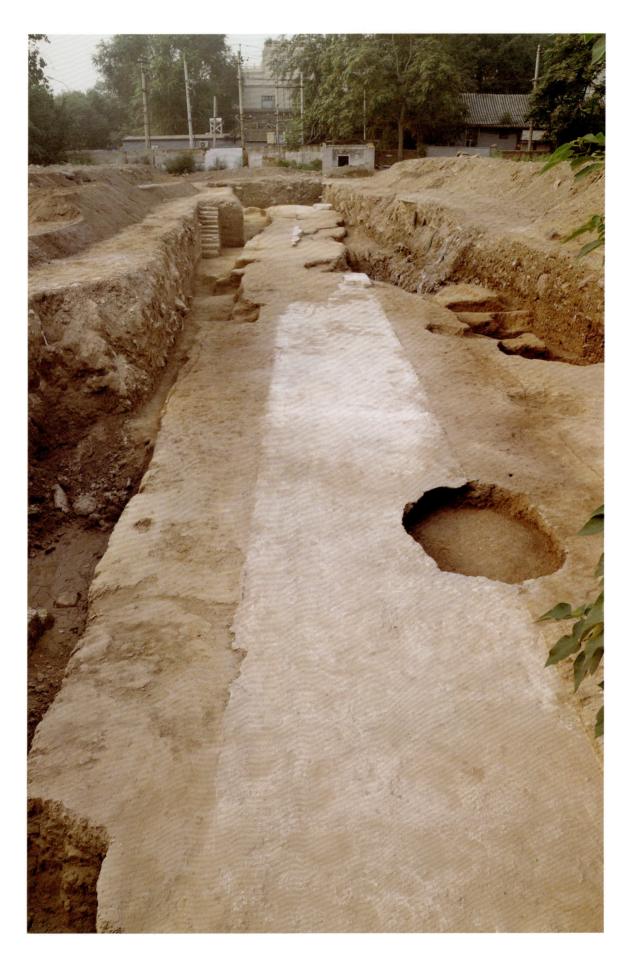

彩版一四　御京花园南区遗址古城墙基础

1. 碗（T1①：1）

2. 碗（T2北扩方②：4）

3. 碗（T2北扩方②：10）

4. 碗（T2北扩方②：12）

5. 盘（T1①：4）

6. 盘（T1①：4）内壁

彩版一五　御京花园南区遗址出土元代龙泉窑青釉器

1. 龙泉窑青釉瓶（T2 北扩方②：5）

2. 景德镇窑青花瓷片（T2 北扩方②：7）

3. 景德镇窑卵白釉碗（T2 北扩方②：6）内底

4. 景德镇窑卵白釉碗（T2 北扩方②：6）

彩版一六　御京花园南区遗址出土元代瓷器

1. 筒瓦（T1 北扩方②：16）

2. 筒瓦（T1 北扩方②：19）

3. 筒瓦（T1 北扩方②：22）

4. 筒瓦（T1 北扩方②：23）

5. 筒瓦（T1 北扩方②：25）

6. 板瓦（T1 北扩方②：17）

彩版一七　御京花园南区遗址出土明代琉璃建筑构件

1. 勾头（T3①：10）正面

2. 勾头（T3①：10）背面

3. 勾头（T1北扩方②：18）正面

4. 勾头（T1北扩方②：18）背面

5. 钉帽（T1北扩方②：20）

6. 钉帽（T1北扩方②：20）底部

彩版一八　御京花园南区遗址出土明代琉璃建筑构件

1. 仙人（T1 北扩方②：24）正面

2. 仙人（T1 北扩方②：24）背面

3. 仙人（T1 北扩方②：27）正面

4. 仙人（T1 北扩方②：27）背面

5. 走兽凤（T1 北扩方②：26）正面

6. 走兽凤（T1 北扩方②：26）背面

彩版一九　御京花园南区遗址出土明代琉璃建筑构件

1. T2 北扩方②：16

2. T2 北扩方②：16 内壁

3. T1 ①：11

4. T1 ①：11 内壁

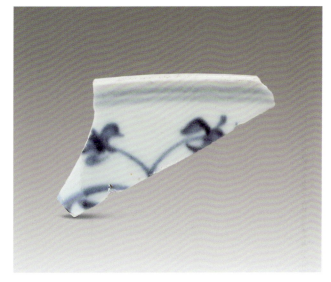

5. T1 ①：26

6. T1 ①：26 内壁

彩版二〇　御京花园南区遗址出土明代景德镇窑青花碗

1. 龙泉窑青釉碗（T1 北扩方②：1）

2. 景德镇窑青花碗（T2 ①：5）

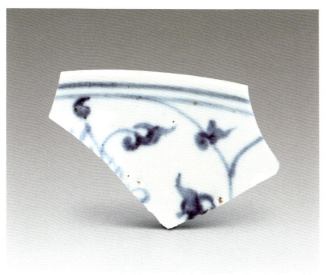

3. 景德镇窑青花碗（T1 北扩方②：3）

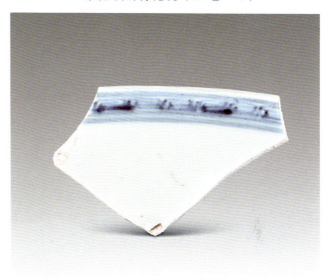

4. 景德镇窑青花碗（T1 北扩方②：3）内壁

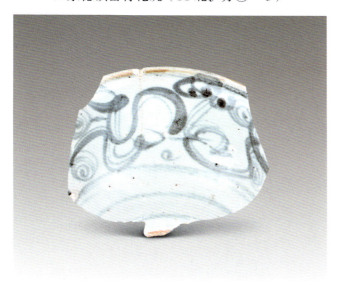

5. 景德镇窑青花碗（T2 ②：7）

6. 景德镇窑青花碗（T2 ②：7）内壁

彩版二一　御京花园南区遗址出土明代瓷器

1. T1 ① : 25

2. T1 ① : 15

3. T1 ① : 5

4. T1 ① : 5 内壁

5. T1 ① : 14

6. T1 ① : 14 内壁

彩版二二　御京花园南区遗址出土明代景德镇窑青花碗

1. T1 北扩方②：2

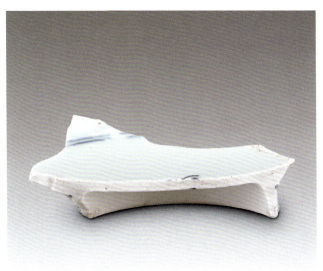

2. T1 北扩方②：2 内壁

3. T1 北扩方②：6

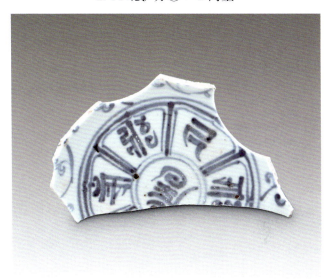

4. T1 北扩方②：6 内壁

5. T1 北扩方②：7

6. T1 北扩方②：7 外壁

彩版二三　御京花园南区遗址出土明代景德镇窑青花碗

1. T1 北扩方②：12 内底

4. T2 ②：5 内底

2. T1 北扩方②：12

5. T2 ②：5

3. T1 北扩方②：12 外底

6. T2 ②：5 外底

彩版二四　御京花园南区遗址出土明代景德镇窑青花碗

1. 景德镇窑青花碗（T3①：2）

2. 景德镇窑青花碗（T3①：2）内底

3. 景德镇窑青白釉碗（T1 北扩方②：4）

4. 景德镇窑青白釉碗（T1 北扩方②：4）内壁

5. 景德镇窑青白釉碗（T3①：6）

6. 景德镇窑青白釉碗（T3①：6）内底

彩版二五　御京花园南区遗址出土明代瓷器

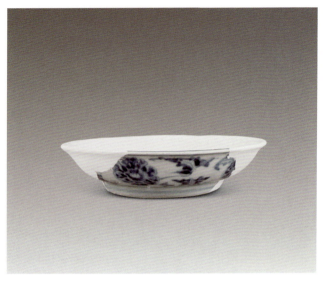

1. T2 北扩方②：14

2. T2 北扩方②：14 内壁

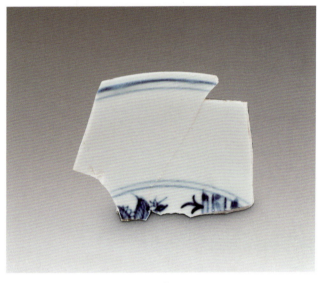

3. T1 北扩方②：11 内壁

4. T1 北扩方②：11 外壁

5. T1 ①：9

6. T1 ①：9 内底

彩版二六　御京花园南区遗址出土明代景德镇窑青花盘

1. 景德镇窑青花盘（T1 北扩方②：14）内底

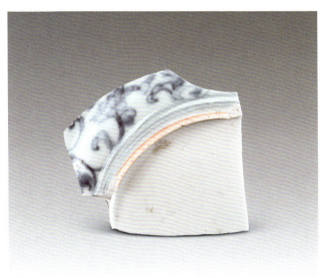

2. 景德镇窑青花盘（T1 北扩方②：14）外底

3. 景德镇窑青花盘（T2①：6）内底

4. 景德镇窑青花盘（T2①：6）外底

5. 霍窑白釉盘（T3①：4）

6. 石捶丸（T2①：8）

彩版二七　御京花园南区遗址出土明代器物

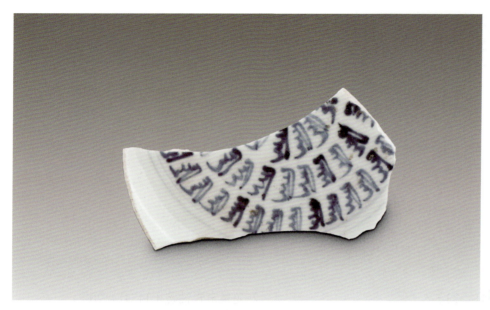

1. 内底

2. 侧面

3. 外底

彩版二八　御京花园南区遗址出土明代景德镇窑青花盘（T3①：5）

1. 陶片（T1①：33）

2. 龙泉窑青釉碗（T1①：20）

3. 陶壶流（T1 北扩方②：21）

4. 陶壶流（T1 北扩方②：21）口部

5. 釉陶盏（T1①：3）

6. 釉陶盏（T2①：9）

彩版二九　御京花园南区遗址出土清代器物

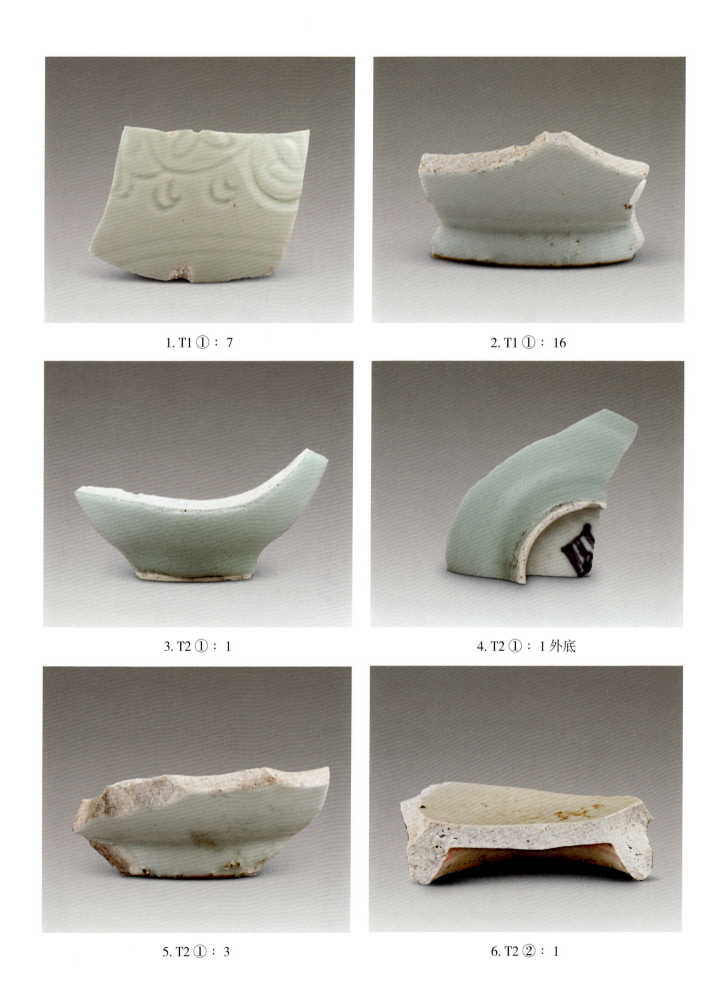

1. T1 ① : 7

2. T1 ① : 16

3. T2 ① : 1

4. T2 ① : 1 外底

5. T2 ① : 3

6. T2 ② : 1

彩版三〇　御京花园南区遗址出土清代龙泉窑青釉碗

1. 碗（T2②：2）

4. 碗（T3②：6）

2. 碗（T2②：3）

5. 碗（T3②：6）外壁

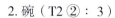

3. 盘（T2北扩方②：8）

6. 碗（T3②：6）外底

彩版三一　御京花园南区遗址出土清代龙泉窑青釉器

1. 龙泉窑青釉杯（T2北扩方②：15）

2. 龙泉窑青釉杯（T2北扩方②：15）外底

3. 龙泉窑青瓷片（T1①：29）

4. 景德镇窑青花碗（T2①：4）

5. 景德镇窑青花碗（T1①：23）

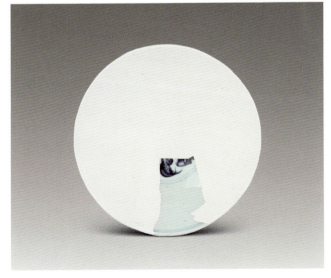

6. 景德镇窑青花碗（T1①：23）内壁

彩版三二　御京花园南区遗址出土清代瓷器

1. T1 北扩方②：28

2. T1 北扩方②：28 内壁

3. T1 ①：35

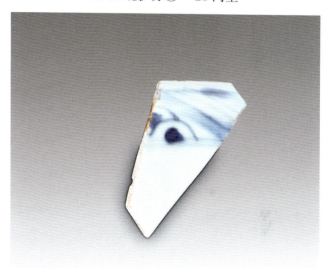

4. T1 ①：35 内壁

5. T3 ①：1

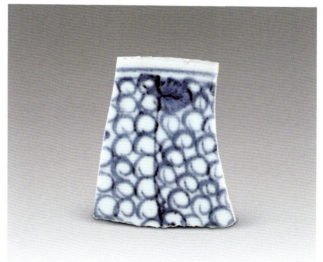

6. T3 ①：1 内壁

彩版三三　御京花园南区遗址出土清代景德镇窑青花碗

1. T2②：4

4. T1①：6 内底

2. T3①：9

5. T1①：6

3. T3①：9 内壁

6. T1①：6 外底

彩版三四　御京花园南区遗址出土清代景德镇窑青花碗

1. T3 ②：4

2. T3 ②：4 内壁

3. T1 ①：31

4. T1 ①：31 内壁

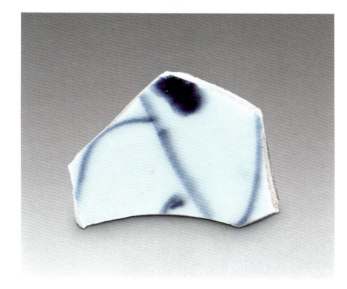

5. T1 ①：32

6. T1 ①：32 内壁

彩版三五　御京花园南区遗址出土清代景德镇窑青花碗

1. T1 ① : 34

2. T1 ① : 34 内壁

3. T1 北扩方② : 29

4. T1 北扩方② : 29 内壁

5. T1 ① : 27

6. T1 ① : 27 内壁

彩版三六　御京花园南区遗址出土清代景德镇窑青花碗

1. T1 ① : 10

2. T1 ① : 10 内底

3. T1 ① : 12

4. T1 ① : 12 内底

5. T1 ① : 22

6. T1 ① : 22 内壁

彩版三七　御京花园南区遗址出土清代景德镇窑青花碗

1. T1 北扩方②：15 内底

4. T1 ①：28 内底

2. T1 北扩方②：15

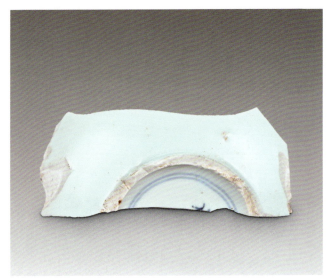

5. T1 ①：28 外底

3. T1 北扩方②：15 外底

彩版三八　御京花园南区遗址出土清代景德镇窑青花碗

1. T2①：2

3. T1①：17 内底

2. T2①：2 内壁

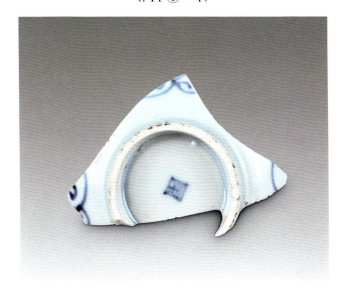

4. T1①：17

5. T1①：17 外底

彩版三九　御京花园南区遗址出土清代景德镇窑青花碗

1. T2 ①：7 内底

4. T2 北扩方②：1 内底

2. T2 ①：7

5. T2 北扩方②：1

3. T2 ①：7 外底

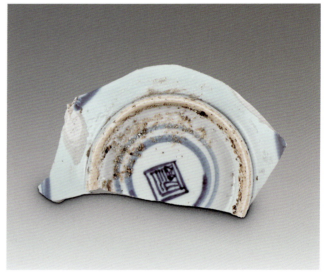

6. T2 北扩方②：1 外底

彩版四〇　御京花园南区遗址出土清代景德镇窑青花碗

1. T2 北扩方②：2 内底

4. T2 北扩方②：9 内底

2. T2 北扩方②：2

5. T2 北扩方②：9

3. T2 北扩方②：2 外底

6. T2 北扩方②：9 外底

彩版四一　御京花园南区遗址出土清代景德镇窑青花碗

1. T2 北扩方②：11 内底

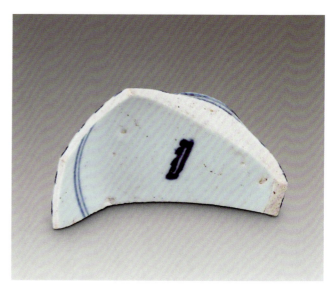

4. T2 北扩方②：13 内底

2. T2 北扩方②：11

5. T2 北扩方②：13

3. T2 北扩方②：11 外底

6. T2 北扩方②：13 外底

彩版四二　御京花园南区遗址出土清代景德镇窑青花碗

1. T3①：3

2. T3①：3 外壁

3. T3①：8

4. T3①：8 内壁

5. T3②：2 内底

6. T3②：2 外底

彩版四三　御京花园南区遗址出土清代景德镇窑青花碗

1. 青花碗（T2②：6）

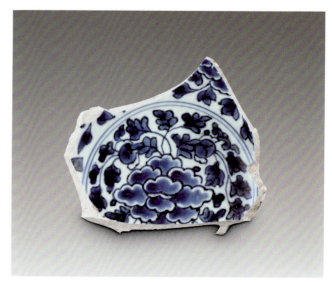

2. 青花碗（T2②：6）内底

3. 霁蓝釉碗（T3②：5）

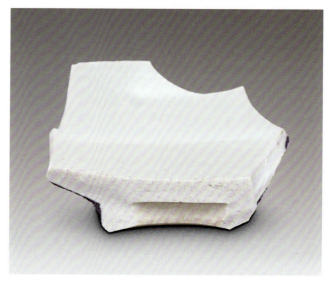

4. 霁蓝釉碗（T3②：5）内壁

5. 青花盘（T1①：13）

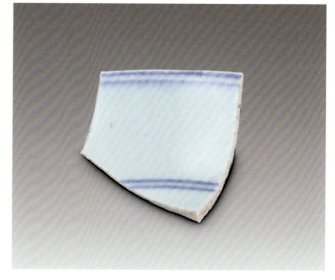

6. 青花盘（T1①：13）内壁

彩版四四　御京花园南区遗址出土清代景德镇窑瓷器

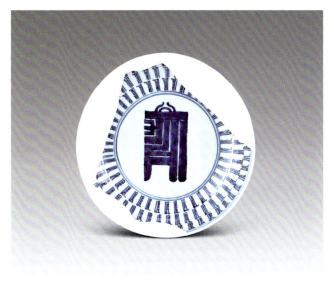

1. T2 ②：9 内底

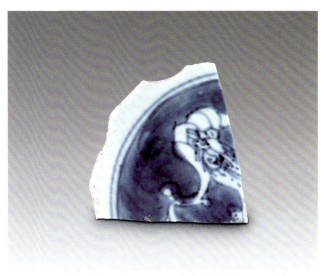

4. T1 ①：21 内底

2. T2 ②：9

5. T1 ①：21

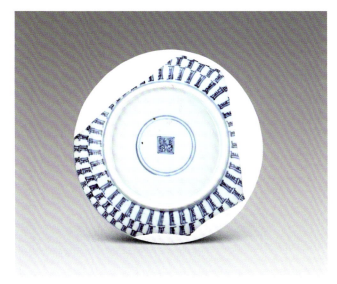

3. T2 ②：9 外底

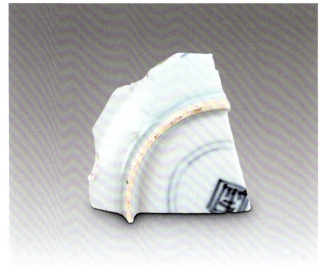

6. T1 ①：21 外底

彩版四五　御京花园南区遗址出土清代景德镇窑青花盘

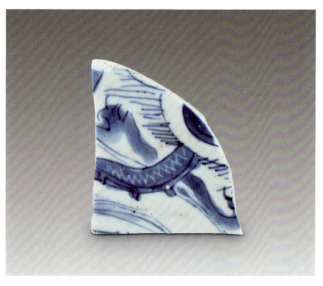

1. T1 北扩方②：5 内底

2. T1 北扩方②：5 外底

3. T1 北扩方②：10

4. T1 北扩方②：10 内壁

5. T3 ①：7

6. T3 ①：7 内壁

彩版四六 御京花园南区遗址出土清代景德镇窑青花盘

1. 景德镇窑青花盘（T2 北扩方②：3）内底

4. 磁州窑碗（T2 北扩方②：17）内底

2. 景德镇窑青花盘（T2 北扩方②：3）

5. 磁州窑碗（T2 北扩方②：17）

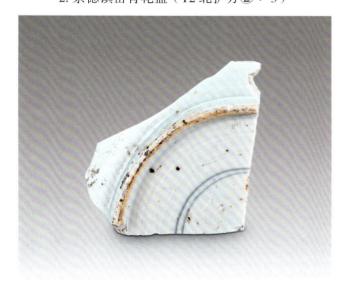

3. 景德镇窑青花盘（T2 北扩方②：3）外底

6. 磁州窑碗（T2 北扩方②：17）外底

彩版四七　御京花园南区遗址出土清代瓷器

1. 釉上彩盘（T1 ①：18）

2. 釉上彩盘（T1 ①：18）外底

3. 青花杯（T2 ①：10）

4. 青花杯（T2 ①：10）内底

5. 青花杯（T1 ①：30）

6. 青花杯（T1 ①：30）内底

彩版四八　御京花园南区遗址出土清代景德镇窑瓷器

1. 瓶（T1 北扩方②：13）

2. 瓶（T3②：1）

3. 瓶（T3②：7）

4. 瓶（T1①：24）

5. 瓶（T1①：8）

6. 壶（T3②：3）

彩版四九　御京花园南区遗址出土清代景德镇窑青花瓷器

1. 瓶（T1 北扩方②：9）

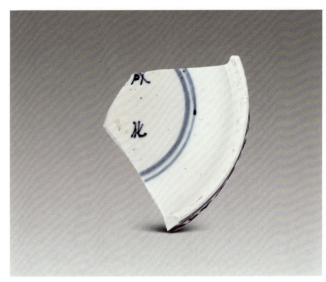

2. 瓶（T1 北扩方②：9）外底

3. 瓶（T2②：8）

4. 瓶（T2②：8）外底

5. 瓷片（T1 北扩方②：8）

6. 瓷片（T1 北扩方②：8）内壁

彩版五〇　御京花园南区遗址出土清代景德镇窑青花瓷器

1. 景德镇窑青花瓷片（T3 ①：11）

2. 景德镇窑青花瓷片（T1 ①：36）

3. 景德镇窑青花瓷片（T1 ①：37）

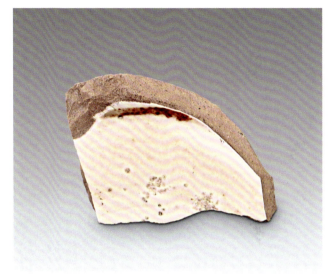

4. 磁州窑白地褐彩碗（T1 ①：19）

彩版五一　御京花园南区遗址出土清代瓷器

1. 青花五彩碗（TG1①：1）内底

4. 青花碗（TG1①：3）内底

2. 青花五彩碗（TG1①：1）

5. 青花碗（TG1①：3）

3. 青花五彩碗（TG1①：1）外底

6. 青花碗（TG1①：3）外底

彩版五二　法源寺后街（东段）明清遗迹 TG1 第①层出土瓷器

1. TG1 ①：4

2. TG1 ①：4 外底

3. TG1 ①：5

4. TG1 ①：5 外底

5. TG1 ①：8

彩版五三　法源寺后街（东段）明清遗迹 TG1 第①层出土青花碗

1. TG1 ①：7 内底

4. TG1 ①：11 内底

2. TG1 ①：7

5. TG1 ①：11

3. TG1 ①：7 外底

6. TG1 ①：11 外底

彩版五四　法源寺后街（东段）明清遗迹 TG1 第①层出土青花碗

1. TG1 ①：12 内底

4. TG1 ①：18 内底

2. TG1 ①：12

5. TG1 ①：18

3. TG1 ①：12 外底

6. TG1 ①：18 外底

彩版五五　法源寺后街（东段）明清遗迹 TG1 第①层出土青花碗

1. TG1 ①：13

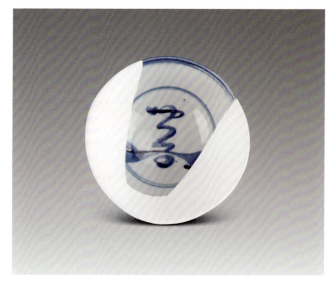

2. TG1 ①：13 内底

3. TG1 ①：17

4. TG1 ①：17 外底

5. TG1 ①：21

6. TG1 ①：21 内底

彩版五六　法源寺后街（东段）明清遗迹 TG1 第①层出土青花碗

1. 碗（TG1①：19）内底

4. 杯（TG1①：23）内底

2. 碗（TG1①：19）

5. 杯（TG1①：23）

3. 碗（TG1①：19）外底

6. 杯（TG1①：23）外底

彩版五七　法源寺后街（东段）明清遗迹 TG1 第①层出土青花瓷器

1. 杯（TG1①：22）

2. 杯（TG1①：22）外底

3. 小碗（TG1①：25）

4. 小碗（TG1①：25）外底

5. 小碗（TG1①：26）

6. 小碗（TG1①：26）外底

彩版五八　法源寺后街（东段）明清遗迹 TG1 第①层出土青花瓷器

1. 三彩器盖（TG1 ①：2）

2. 三彩器盖（TG1 ①：2）顶部

3. 白釉杯（TG1 ①：6）

4. 白地黑彩碗（TG1 ①：9）

5. 青白釉彩绘盘（TG1 ①：27）

6. 青白釉彩绘盘（TG1 ①：27）内壁

彩版五九　法源寺后街（东段）明清遗迹 TG1 第①层出土瓷器

1. 黑釉瓶（TG1 ① : 28）

2. 半釉三足炉（TG1 ① : 24）

3. 陶月饼（TG1 ① : 10）

4. 陶月饼（TG1 ① : 10）顶部

5. 陶灯（TG1 ① : 14）

6. 陶灯（TG1 ① : 15）

彩版六〇　法源寺后街（东段）明清遗迹 TG1 第①层出土器物

1. 陶灯（TG1 ① : 16）

2. 釉陶灯盏（TG1 ① : 20-1）

3. 釉陶灯盏（TG1 ① : 20-2）

4. 黄釉碗（TG1 ② a : 1）

5. 青釉碗（TG1 ② a : 2）

6. 黄釉碗（TG1 ② a : 11）

彩版六一　法源寺后街（东段）明清遗迹 TG1 出土器物

1. TG1②a：4

2. TG1②a：4 内底

3. TG1②a：6

4. TG1②a：6 内底

5. TG1②a：12

6. TG1②a：12 内底

彩版六二　法源寺后街（东段）明清遗迹 TG1 第②a 层出土青花碗

1. 蓝釉碗（TG1②a：3）

2. 蓝釉碗（TG1②a：3）内底

3. 黑釉碗（TG1②a：10）

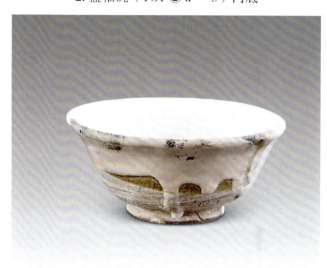

4. 白釉杯（TG1②a：9）

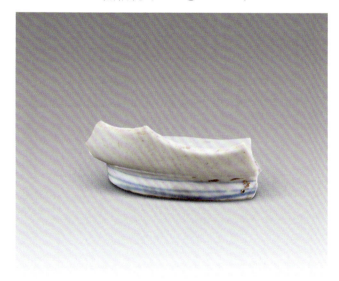

5. 青花杯（TG1②a：7）

6. 青花杯（TG1②a：7）外底

彩版六三　法源寺后街（东段）明清遗迹 TG1 第②a 层出土瓷器

1. 青花五彩杯（TG1②a：8）内底

4. 坩埚（TG1②a：5）

2. 青花五彩杯（TG1②a：8）

5. 青釉碗（TG1②b：1）

3. 青花五彩杯（TG1②a：8）外底

6. 青釉碗（TG1②b：7）

彩版六四　法源寺后街（东段）明清遗迹 TG1 出土器物

1. 青釉碗（TG1②b：2）内底

4. 青釉碗（TG1②b：15）

2. 青釉碗（TG1②b：2）

5. 青花碗（TG1②b：3）

3. 青釉碗（TG1②b：2）外底

6. 青花碗（TG1②b：9）

彩版六五　法源寺后街（东段）明清遗迹 TG1 第②b 层出土瓷碗

1. 青花碗（TG1②b：10）

2. 青花碗（TG1②b：10）内底

3. 青花碗（TG1②b：33）

4. 青花碗（TG1②b：33）内底

5. 蓝釉碗（TG1②b：8）

6. 蓝釉碗（TG1②b：8）外底

彩版六六　法源寺后街（东段）明清遗迹 TG1 第②b 层出土瓷碗

1. TG1②b：16 内底

4. TG1②b：17 内底

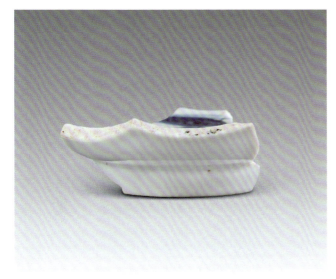

2. TG1②b：16

5. TG1②b：17

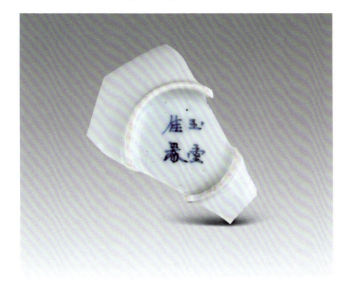

3. TG1②b：16 外底

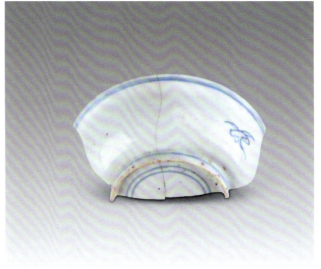

6. TG1②b：17 外底

彩版六七　法源寺后街（东段）明清遗迹 TG1 第②b 层出土青花碗

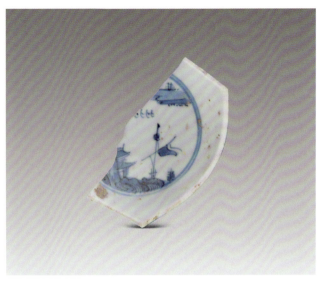

1. 青花碗（TG1②b：23）内底

4. 蓝釉碗（TG1②b：28）

2. 青花碗（TG1②b：23）

5. 青花釉里红碗（TG1②b：11）

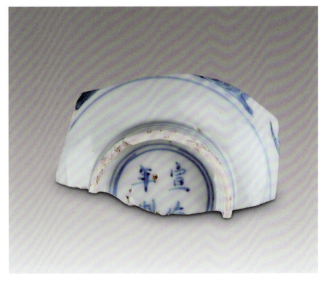

3. 青花碗（TG1②b：23）外底

6. 青花釉里红碗（TG1②b：11）内底

彩版六八　法源寺后街（东段）明清遗迹 TG1 第②b 层出土瓷碗

1. 白地黑彩碗（TG1②b：12）

2. 白地黑彩碗（TG1②b：12）内底

3. 白地褐彩碗（TG1②b：19）

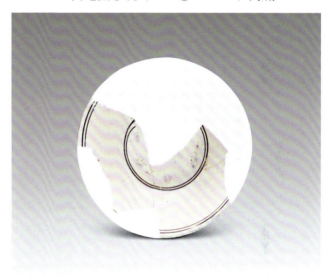

4. 白地褐彩碗（TG1②b：19）内底

5. 白釉碗（TG1②b：20）

6. 白釉碗（TG1②b：20）内底

彩版六九　法源寺后街（东段）明清遗迹 TG1 第②b 层出土瓷碗

1. TG1 ② b：26

2. TG1 ② b：26 内底

3. TG1 ② b：27

4. TG1 ② b：29

5. TG1 ② b：14 内壁

6. TG1 ② b：14 外底

彩版七〇　法源寺后街（东段）明清遗迹 TG1 第②b 层出土白釉碗

1. 白釉碗（TG1②b：30）

2. 黑釉盘（TG1②b：5）

3. 青白釉碗（TG1②b：21）

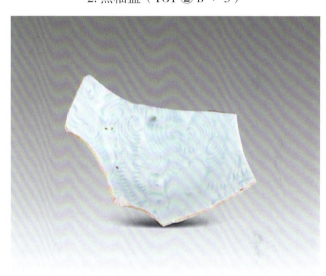

4. 青白釉碗（TG1②b：21）内底

5. 黄釉碗（TG1②b：35）

6. 黄釉碗（TG1②b：35）内壁

彩版七一　法源寺后街（东段）明清遗迹 TG1 第②b 层出土瓷碗

1. 青白釉盘（TG1②b：4）

2. 青白釉盘（TG1②b：4）内底

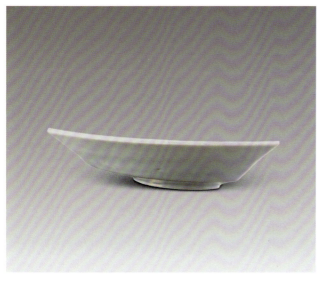

3. 青白釉盘（TG1②b：13）

4. 青白釉盘（TG1②b：13）内底

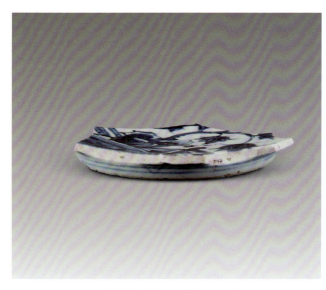

5. 青花盘（TG1②b：6）

6. 青花盘（TG1②b：6）内底

彩版七二　法源寺后街（东段）明清遗迹 TG1 第②b 层出土瓷盘

1.青花盘（TG1②b：22）内底

4.青花盘（TG1②b：32）内底

2.青花盘（TG1②b：22）

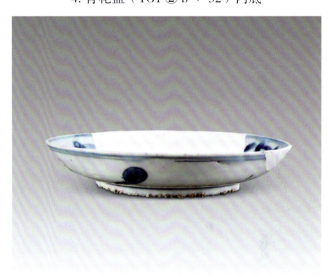

5.青花盘（TG1②b：32）

3.青花盘（TG1②b：22）外底

6.白釉器盖（TG1②b：18）

彩版七三　法源寺后街（东段）明清遗迹 TG1 第②b 层出土瓷器

1. 青花杯（TG1 ② b：24）

2. 青花杯（TG1 ② b：24）内底

3. 白釉杯（TG1 ② b：34）

4. 半釉小瓷瓶（TG1 ② b：25）

5. 黄褐釉碗（H2：1）

6. 黄褐釉碗（H2：2）

彩版七四　法源寺后街（东段）明清遗迹出土瓷器

1. 黄褐釉碗（H2：3）

2. 黄褐釉碗（H2：4）

3. 黄褐釉碗（H2：5）

4. 黄褐釉碗（H2：13）

5. 青花碗（H2：14）

6. 青花碗（H2：14）内底

彩版七五　法源寺后街（东段）明清遗迹 H2 出土瓷器

1.青花碗（H2：17）

2.青花碗（H2：17）内底

3.青花碗（H2：18）

4.青花碗（H2：18）内底

5.白地褐彩碗（H2：6）

6.白地褐彩碗（H2：15）

彩版七六　法源寺后街（东段）明清遗迹 H2 出土瓷碗

1.青花碗（H2：20）内底

4.酱釉钵（H2：7）

2.青花碗（H2：20）

5.绿釉罐（H2：8）

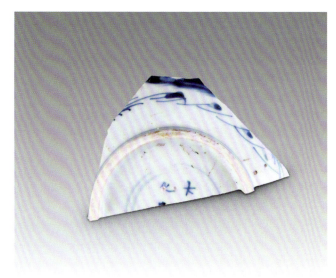

3.青花碗（H2：20）外底

6.半釉三足炉（H2：9）

彩版七七　法源寺后街（东段）明清遗迹 H2 出土瓷器

1. 砂锅（H2：10）

2. 砂锅（H2：10）口部

3. 陶杯（H2：11）

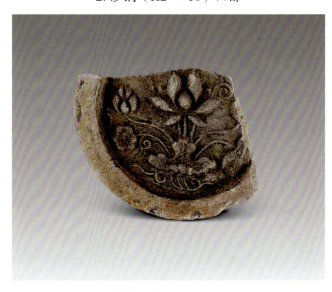

4. 莲纹瓦当（H2：12）

5. 石饼（H2：16）

6. 石球（H2：19）

彩版七八　法源寺后街（东段）明清遗迹 H2 出土器物

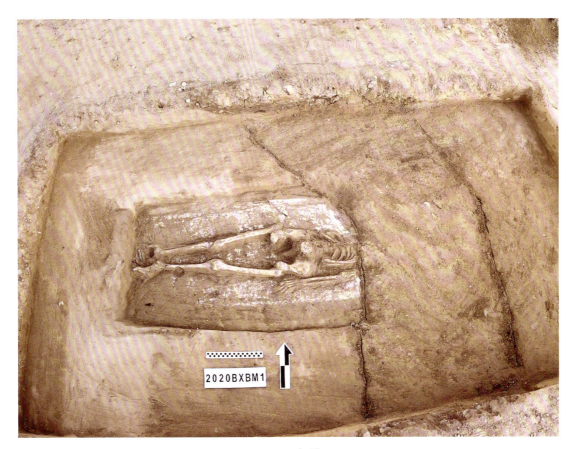

1. M1 全景

2. M2 全景

彩版七九　北昆清代墓葬（M1、M2）

1. M3 全景

2. M4 全景

彩版八〇　北昆清代墓葬（M3、M4）

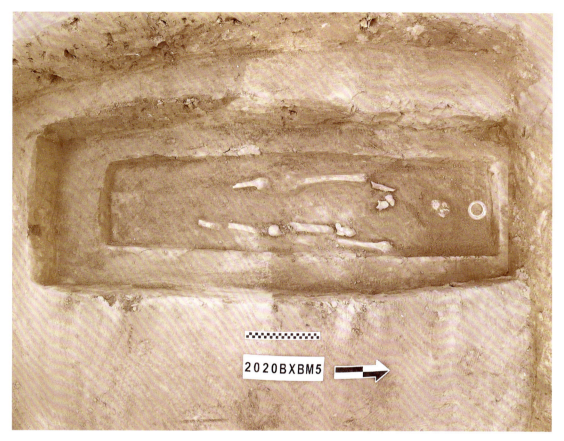

1. M5 全景

2. M6 全景

彩版八一　北昆清代墓葬（M5、M6）

1. M7 全景

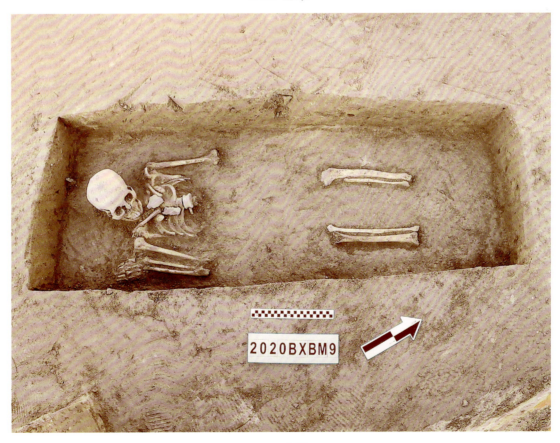

2. M9 全景

彩版八二　北昆清代墓葬（M7、M9）

1. M10 全景

2. M11 全景

彩版八三　北昆清代墓葬（M10、M11）

1. M12 全景

2. M13 全景

彩版八四　北昆清代墓葬（M12、M13）

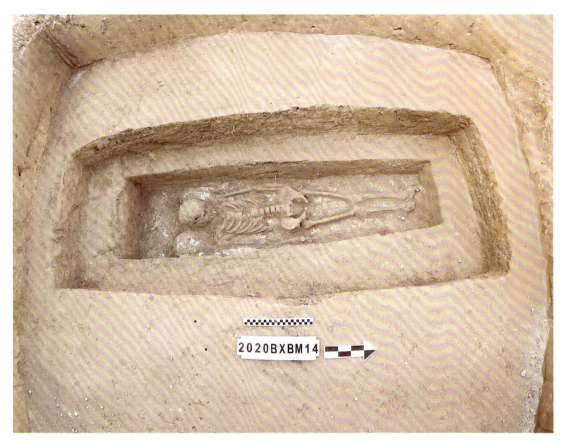

1. M14 全景

2. M15 全景

彩版八五　北昆清代墓葬（M14、M15）

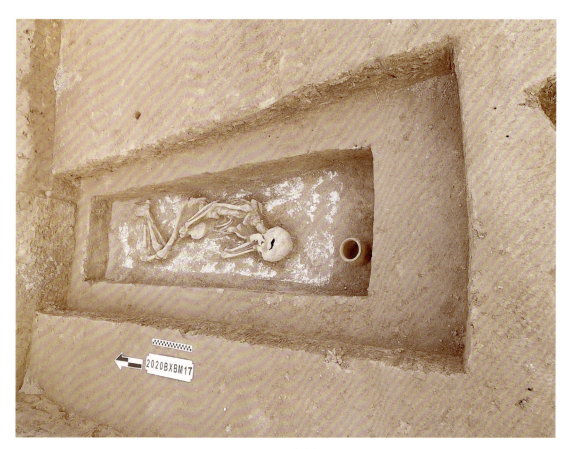

1. M17 全景

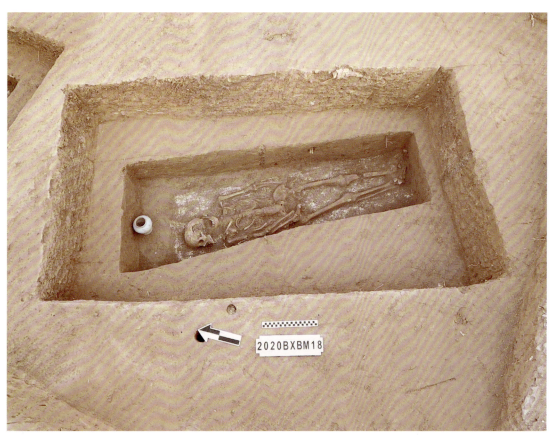

2. M18 全景

彩版八六　北昆清代墓葬（M17、M18）

1. M21 全景

2. M8 全景

彩版八七　北昆清代墓葬（M21、M8）

1. M16 全景

2. M19 全景

彩版八八　北昆清代墓葬（M16、M19）

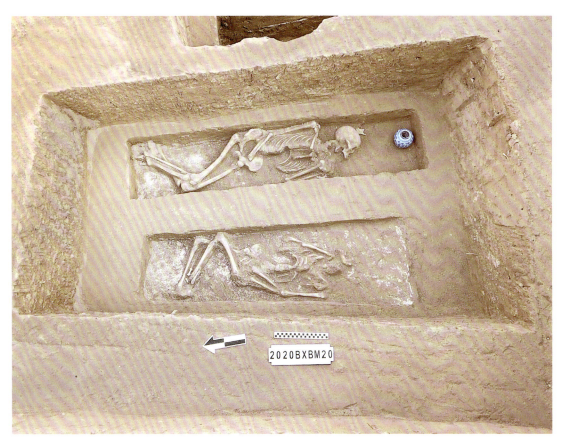

1. M20 全景

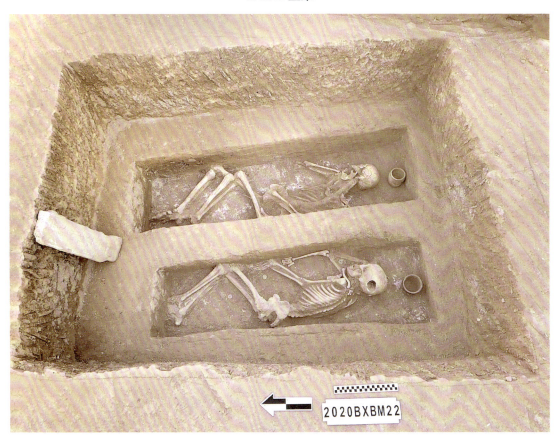

2. M22 全景

彩版八九　北昆清代墓葬（M20、M22）

1. 瓷罐（M2：1）

2. 釉陶罐（M3：1）

3. 瓷罐（M5：1）

4. 瓷罐（M6：1）

5. 瓷罐（M7：1）

6. 釉陶罐（M9：1）

彩版九〇　北昆清代墓葬出土器物

1. 陶罐（M9：2）

2. 瓷罐（M10：1）

3. 瓷罐（M11：1）

4. 瓷罐（M12：1）

5. 瓷罐（M13：1）

6. 釉陶罐（M15：1）

彩版九一　北昆清代墓葬出土器物

1.釉陶罐（M17：1）

2.青釉罐（M18：1）

3.釉陶罐（M21：1）

4.釉陶罐（M8：1）

5.瓷罐（M16：2）

6.瓷罐（M16：3）

彩版九二　北昆清代墓葬出土器物

1. 瓷罐（M19 : 1）

2. 釉陶罐（M19 : 3）

3. 釉陶罐（M22 : 1）

4. 釉陶罐（M22 : 2）

彩版九三　北昆清代墓葬出土器物

2. 罐身

1. 口部

3. 底部

彩版九四　北昆清代墓葬出土青花罐（M20∶1）

1. 墓碑（M7：2）

2. 墓碑（M22：4）

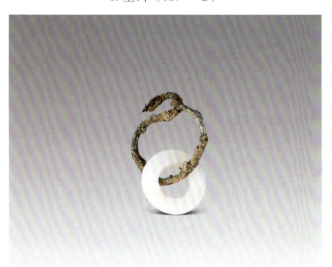

3. 耳饰（M14：2）

4. 铜扣（M21：2）

彩版九五　北昆清代墓葬出土器物

1.铜扣（M4：2）

2.银扁方（M13：2）

3.银簪（M13：3）

彩版九六　北昆清代墓葬出土器物

1.铜饰（M19：2）

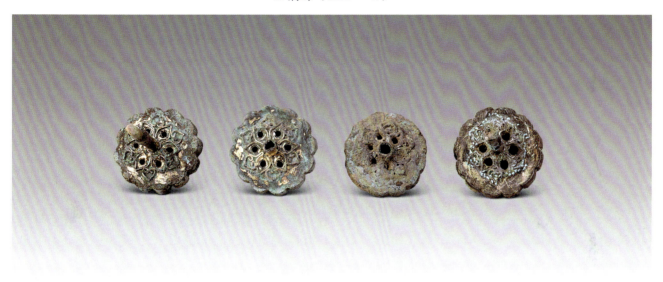

2.铜饰（M19：2）背面

3.铜扣（M19：5）

彩版九七　北昆清代墓葬出土器物

1.墙址 1 西段

2.影壁东端

彩版九八　中央音乐学院内清代建筑基址遗迹

1. 西牌楼门

2. 东牌楼门

彩版九九　中央音乐学院内清代建筑基址遗迹

1. 全景（西—东）

2. 西段（东—西）

彩版一〇〇　中央音乐学院内清代建筑基址排水沟

1. 西侧剖面

2. 遗址东壁剖面

彩版一〇一　中央音乐学院内清代建筑基址排水沟

1. 碟（①∶31）

2. 碟（①∶31）外底

3. A 型碗（①∶10）

4. A 型碗（①∶10）外底

5. B 型碗（①∶1）

6. B 型碗（①∶1）外底

彩版一〇二　中央音乐学院内清代建筑基址出土青花瓷器

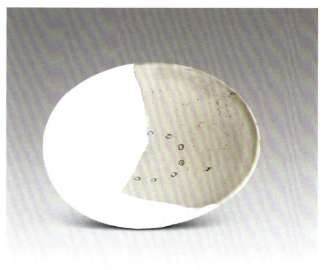

1. 盘（③：1）内底

4. 口沿（排水沟：1）

2. 盘（③：1）

5. Aa 型碗（H1：1）

3. 盘（③：1）外底

6. Aa 型碗（H1：1）外底

彩版一〇三　中央音乐学院内清代建筑基址出土白瓷器

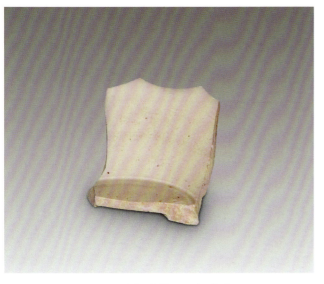

1. Ab 型碗（①：3）内底

2. Ab 型碗（①：3）外底

3. Ba 型碗（①：8）

4. Ba 型碗（①：8）外底

5. Ba 型碗（①：38）

6. Ba 型碗（①：38）外底

彩版一〇四　中央音乐学院内清代建筑基址出土白瓷器

1. Bb 型白瓷碗（①：13）

2. Bb 型白瓷碗（①：13）外底

3. 白瓷器底（①：33）

4. 白瓷器底（①：33）外底

5. 青瓷碗（①：22）

6. 青瓷碗（①：22）外底

彩版一〇五　中央音乐学院内清代建筑基址出土瓷器

1. 青瓷碗（①：6）

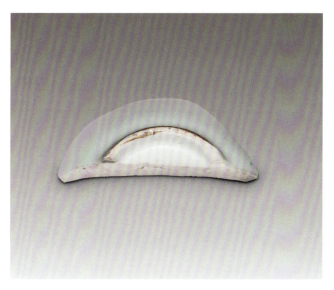

2. 青瓷碗（①：6）外底

3. 酱釉口沿（①：12）

4. 酱釉口沿（①：12）外壁

5. 酱釉碗底（①：46）

6. 酱釉碗底（①：46）外壁

彩版一〇六　中央音乐学院内清代建筑基址出土瓷器

1. 黑釉口沿（①：23）

2. 黑釉口沿（①：23）内壁

3. 五彩瓷碗（①：30）

4. 五彩瓷碗（①：30）内底

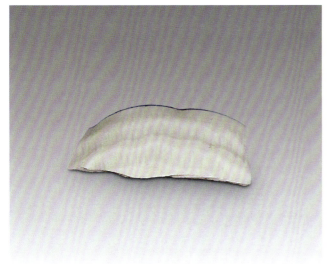

5. 粉彩瓷片（①：9）

6. 粉彩瓷片（①：9）内壁

彩版一〇七　中央音乐学院内清代建筑基址出土瓷器

1. 粉彩碗底（①：32）

2. 粉彩碗底（①：32）外底

3. 日本贴花瓷片（①：15）

4. 夹砂红陶口沿（TG3①：3）

5. 夹贝母红陶口沿（TG3③：2）

6. 夹贝母红陶口沿（TG3③：2）背面

彩版一〇八　中央音乐学院内清代建筑基址出土器物

1. 砂锅残片（TG3 ① : 5）

2. 砂锅残片（TG3 ① : 5）内壁

3. 晚期夹砂陶瓦（TG3 ① : 10）

4. 晚期夹砂陶瓦（TG3 ② : 1）

5. A 型早期夹砂陶瓦（TG3 ③ : 7）

6. A 型早期夹砂陶瓦（TG3 ③ : 14）

彩版一〇九　中央音乐学院内清代建筑基址出土器物

1. B 型早期夹砂陶瓦（TG3③：13）

2. 泥制灰陶杯（TG3②：6）

3. 泥制灰陶缸口沿（①：14）

4. 泥制灰陶瓦（TG3③：4）

5. 泥制灰陶瓦（TG3③：15）

6. A 型釉陶口沿（①：16）

彩版一一〇　中央音乐学院内清代建筑基址出土器物

1. B 型釉陶口沿（①：18）

2. C 型釉陶口沿（①：19）

3. 釉陶器底（①：17）

4. A 型琉璃瓦（①：25）

5. B 型琉璃瓦（①：28）

6. 琉璃瓦当（①：29）

彩版一一一　中央音乐学院内清代建筑基址出土器物

1. 滴水（①：26）

2. 花窗（①：27）

3. 建筑构件（①：50）

4. 建筑构件（①：51）

5. 建筑构件（①：52）

彩版一一二　中央音乐学院内清代建筑基址出土琉璃建筑构件

1.琉璃建筑构件（①：54）

2.琉璃建筑构件（①：55）

3.琉璃建筑构件（①：56）

4.琉璃建筑构件（①：57）

5.琉璃建筑构件（①：58）

6.排水口沟眼石（①：59）

彩版一一三　中央音乐学院内清代建筑基址出土器物